Le panafricanisme dans un monde globalisé

Collection « Études africaines »

Forte de plus de mille titres publiés à ce jour, la collection « Études africaines » fait peau neuve. Elle présentera toujours les essais généraux qui ont fait son succès, mais se déclinera désormais également par séries thématiques : droit, économie, politique, sociologie, etc.

Dernières parutions

Yves-Alain KOUMBA, *L'élection présidentielle gabonaise de 2016, Contribution à une problématique de la construction démocratique en Afrique francophone*, 2025.

Gérard Martin PEKASSA NDAM (dir.), *La fiscalité post-Covid-19 en Afrique subsaharienne francophone. Regards croisés,* 2025.

Mohamed AHMED ISSA, *Politiques linguistiques familiales à Djibouti-ville. Étude de la transmission intergénérationnelle des langues,* 2025.

Khaled AMRANI, *Les oiseaux du sahara, Précis d'ornithologie saharienne (Algérie)*, 2025.

Hugues Morell MELIKI, Ferdinand MBEN LISSOUCK (dir.), *Communautés et foncier à l'épreuve du capital au XXIe siècle. Dynamiques émergentes en Afrique noire*, 2025.

Coumba CISSÉ, *Vivre à l'ombre du barrage de Manantali, Les représentations sociales des impacts*, 2025.

Sidi Tiémoko TOURÉ, *L'histoire oubliée de Mori Touré le Conquérant. De l'Empire songhaï à Marabadjassa (1492-1960),* 2025.

Mamadi KABA, *Renaissance du Sahel, L'Alliance des États du Sahel*, 2025.

Amadou MBEYAP KUTNJEM, *La justice sportive au Cameroun. Genèse et dynamiques du processus de règlement des litiges sportifs*, 2025.

Trésor LUMFUANKENDA BUNGIENA, *Architecture du care en République démocratique du Congo, Repenser l'infrastructure hospitalière*, 2025.

Willy Jackson

Le panafricanisme dans un monde globalisé

Communauté politique panafricaine, cosmopolitisme et droit international

L'Harmattan

Du même auteur :

Intégrations économiques internationales. Idéologies, méthodes institutionnelles et dynamiques spatiales, Paris, Classiques Garnier, 2023.

Le panafricanisme, entre politique et droit, Paris, L'Harmattan, 2023.

5-7, rue de l'École Polytechnique - 75005 Paris
www.editions-harmattan.fr
ISBN : 978-2-336-54339-0
EAN : 9782336543390

À Nya Ndolo Olga.

AVERTISSEMENT

Sauf mention contraire, j'ai moi-même assuré la traduction de l'anglais au français.

SOMMAIRE

SOMMAIRE 11

PREMIÈRE PARTIE
COMMUNAUTÉ POLITIQUE PANAFRICAINE, COSMOPOLITISME ET UNIVERSALISME **17**

CHAPITRE I. LE PANAFRICANISME, DE L'ÉCHEC HISTORIQUE D'UN « ÊTRE-ENSEMBLE » POLITIQUE À L'UTOPIE DE L'AFRICANITÉ POLITIQUE GLOBALE 23

LE PANAFRICANISME OU LA MISE EN ÉCHEC DE L'IDÉE DE COMMUNAUTÉ POLITIQUE 23
L'AFRICANITÉ POLITIQUE GLOBALE, UNE ALTÉRITÉ POLITIQUE PANAFRICAINE FONDÉE EN UTOPIE 46

CHAPITRE II. LA COMMUNAUTÉ POLITIQUE PANAFRICAINE, UN IDÉAL À ARTICULER AU COSMOPOLITISME 85

PANAFRICANISME ET COSMOPOLITISME, UNE RELATION CONFLICTUELLE 86
LA COMMUNAUTÉ POLITIQUE PANAFRICAINE, UN BESOIN À LA FOIS D'UNIVERSALISME ET DE RELATIVISME 112

DEUXIÈME PARTIE
LA FONCTION DU DROIT DANS LA MISE EN ŒUVRE DE LA COMMUNAUTÉ POLITIQUE PANAFRICAINE **127**

CHAPITRE III. DROIT INTERNATIONAL ET COMPLEXITÉ DU MULTIPLE PANAFRICAIN 131

LA NOTION DE COMMUNAUTÉ POLITIQUE PANAFRICAINE, UN IMPENSÉ EN DROIT INTERNATIONAL AU REGARD DES ÉLÉMENTS CONSTITUTIFS DE L'ÉTAT 131
LES FIGURES POLITIQUES ET JURIDIQUES POSSIBLES DE LA COMMUNAUTÉ POLITIQUE PANAFRICAINE AU REGARD DU DROIT INTERNATIONAL 138
LA COMMUNAUTÉ POLITIQUE PANAFRICAINE ET LA NÉCESSITÉ DU PLURALISME JURIDIQUE 150

CHAPITRE IV. LA COMMUNAUTÉ POLITIQUE PANAFRICAINE À L'ÉCHELLE DE LA SOCIÉTÉ MONDIALE ET DE SON DROIT 159

LA COMMUNAUTÉ POLITIQUE MONDIALE, ÉCHELON ULTIME DE LA COMMUNAUTÉ POLITIQUE PANAFRICAINE.. 160
UN DROIT MONDIAL ADAPTÉ À LA FOIS À LA COMMUNAUTÉ POLITIQUE UNIVERSELLE ET À LA COMMUNAUTÉ POLITIQUE PANAFRICAINE.. 171

CONCLUSION 193

BIBLIOGRAPHIE 199

INDEX DES NOMS DE PERSONNES 211

INDEX THÉMATIQUE 221

INTRODUCTION

Dans son essence, le panafricanisme est un projet politique d'émancipation substantielle des peuples africains qui ont connu et connaissent aujourd'hui encore différentes formes de domination. Ce dessein intemporel de liberté a pris naissance parmi les Noirs « esclavisés[1] » et déportés pendant la traite négrière transatlantique aux Amériques, dans les Caraïbes, mais aussi en Europe. Il a mobilisé, dans la longue durée historique, différentes catégories d'acteurs et de protagonistes visant des objectifs politiques ciblés. On y compte la société civile internationale panafricaine engagée pour la revendication des droits civiques ; les peuples africains colonisés en lutte pour leur indépendance ; et, enfin, les États africains indépendants investis dans la réalisation de l'unité continentale[2].

Porteur d'aspirations et de promesses imparfaitement réalisées[3], le panafricanisme semble être aujourd'hui dans un chemin d'impasse. Il est par conséquent interpelé quant à la nécessité d'un renouvellement de ses perspectives. Ainsi pourra-t-il répondre aux attentes de milliers d'êtres humains pour qui il continue d'être une promesse de libération. Le panafricanisme est en effet interrogé, par-delà les discussions et les passions intellectuelles qu'il suscite, sur sa capacité réelle à imprimer un nouveau cours à la vie concrète des peuples africains confrontés, pour certains, à de dures conditions d'existence. Convoquer le passé, penser le présent, pour changer le futur devient alors œuvre de nécessité. Dans la construction de cet autre possible à inventer et à venir, il faudra nécessairement nouer le politique et le juridique, tant les deux sont indissociables dans le fonctionnement des sociétés humaines[4]. Cette altérité panafricaine en puissance doit être enracinée dans une pensée globale du monde. Le panafricanisme est, quant à sa

---

[1] Catherine Coquery-Vidrovitch, *Les routes de l'esclavage. Histoire des traites africaines, VIe-XXe siècle,* Paris, Albin Michel, Arte Éditions, 2018, p. 25.

[2] Willy Jackson, *Le panafricanisme, entre politique et droit,* Paris, L'Harmattan, 2023.

[3] Michel Kounou, *Le panafricanisme, de la crise à la renaissance. Une stratégie globale de reconstruction effective pour le troisième millénaire,* Yaoundé, Éditions Clé, 2007 ; Saïd Bouamama, *Pour un panafricanisme révolutionnaire. Pistes pour une espérance politique continentale,* Paris, Éditions Syllepse, 2023.

[4] Philippe Raynaud, *Le juge et le philosophe. Essais sur le nouvel âge du droit,* Paris, Armand Colin, coll. « La lettre et l'idée », 2020.

nature, un mouvement transnational de circulations matérielles et immatérielles croisées impliquant plusieurs régions géographiques et aires civilisationnelles. De plus, il s'inscrit aujourd'hui dans le vaste réseau d'enchevêtrement et d'interpénétration des activités et des relations humaines caractéristiques de la mondialisation. Toute pensée se donnant pour objet la réinvention et le renouvellement du panafricanisme ne peut ignorer que l'environnement international de ce mouvement est celui d'un monde désormais globalisé et ouvert, dans lequel les stratégies de repli identitaire sont débordées et dépassées par le formidable brassage des humains et de leurs activités. Le cosmopolitisme, cet universel humain[1], est au cœur de la problématique contemporaine du panafricanisme. Exister et coexister, dans une relation non conflictuelle avec la société mondiale devenue diverse et plurielle, tel est le défi auquel le panafricanisme est désormais confronté. Quels rapports entretient ce dernier avec le cosmopolitisme et l'universalisme ? Quel panafricanisme promouvoir à l'heure de la globalisation du monde ? La formidable diversité panafricaine attestée par la pluralité de ses composantes humaines géographiquement dispersées peut-elle s'agréger et former une communauté politique ?

Expliciter cette notion de communauté politique panafricaine fera l'objet d'une première partie qui en explore le contenu théorique et doctrinal. Tenant compte des enjeux et problématiques qui sollicitent particulièrement les peuples africains, ce concept suggère la possibilité pour ces derniers d'y apporter une réponse collective par l'établissement entre eux d'un lien d'association politique nécessairement enracinée dans le cosmopolitisme et l'universel.

Une deuxième partie examine la part nécessaire du droit dans la fécondation et la réalisation de ce projet de communauté politique panafricaine. Le politique ne peut en effet s'émanciper du droit, ce dernier ayant pour fonction de légitimer la vision politique en la traduisant en énoncés normatifs : « On admet donc sans difficulté qu'un texte juridique soit l'aboutissement d'une politique[2] », écrit à ce propos

---

[1] Étienne Tassin, *Un monde commun. Pour une cosmo-politique des conflits,* Paris, Le Seuil, 2003. ; Peter Coulmas, *Les citoyens du monde. Histoire du cosmopolitisme,* Paris, Albin Michel, 1995.

[2] Denis Alland, dir., *Droit international public,* Paris, Presses Universitaires de France, 1ère édition, 2000, p. 23 ; Jacques Commaille, Laurence Dumoulin, Cécile

Denis Alland. Ce recours au droit en tant qu'instrument de possibilité de l'intentionnalité politique panafricaine nécessite une mise en questionnement et en perspective de la représentation politique et juridique de l'État, notamment de ses attributs et éléments distinctifs (souveraineté, territoire, population, gouvernement).

Robert, dir., *La juridicisation du politique,* Paris, LGDJ, Lextenso Éditions, coll. « Droit et société », 2010. ; Jacques Commaille, François Chazel, dir., *Normes juridiques et régulation sociale,* Paris, LGDJ, 1991.

PREMIÈRE PARTIE

COMMUNAUTÉ POLITIQUE PANAFRICAINE, COSMOPOLITISME ET UNIVERSALISME

Marqué par une profonde crise de sens, le panafricanisme est mis au défi de se réinventer pour véritablement représenter et incarner l'espérance collective des peuples africains. Ce ressourcement n'est possible que sous la forme d'une association politique, d'une communauté politique. Ce concept de communauté politique doit cependant être explicité dans une démarche de clarification sémantique. Le qualificatif « politique » accolé au substantif « communauté » détermine la nature singulière et distinctive de ce phénomène. Parce que politique, la communauté dont il est question ici ne s'identifie pas à la perception qu'un groupe humain particulier a de lui-même. La communauté politique ne se confond pas, par exemple, avec le communautarisme[1]. Le communautarisme, appréciation de soi par soi-même, exprime un besoin d'affirmation et de reconnaissance identitaires. Il peut éventuellement conduire la collectivité particulière à s'opposer aux autres composantes humaines de la société. Le communautarisme apparaît alors comme étant un enfermement du groupe sur lui-même, dans une relation de conflictualité consciente avec les autres non semblables. Le communautarisme est un entre-soi, un produit dérivé de la catégorisation qui porte toujours en elle la racine de l'exclusion. Le communautarisme est un rejet de l'autre différent. Il peut se manifester sous la forme d'un communautarisme ethnique et engendrer dans ses manifestations les plus extrêmes de la violence identitaire[2]. La communauté politique au contraire est ce lieu commun où tous se rencontrent, et où se tisse entre eux le lien de l'être, du vivre et de l'agir-ensemble dans une société donnée, dans l'expression et l'acceptation des particularismes. La communauté politique est un élan vers l'autre, un désir de l'autre qui pousse à sortir de soi, mouvement par lequel des humains différenciés apprenant à se connaître inventent une nouvelle relation sociale caractérisée par la rencontre de l'un avec l'autre. En ce sens, la communauté politique est une naissance de chacun et de tous à une forme sublimée de vie sociale par transformation et dépassement de l'individualité grégaire en collectivité

[1] Marwan Mohammed, Julien Talpin, *Communautarisme ?*, Paris, PUF, coll. « La vie des idées », 2018.

[2] Exemples des génocides contemporains des Tutsi par les Hutus (Rwanda), des Rohingya par les forces armées birmanes, ou passés perpétrés à l'encontre des Juifs par l'Allemagne nazie.

humaine ouverte. C'est une communauté humaine supérieure dont les membres sont unis par un contrat politique de liberté, d'égalité et de fraternité, termes expressifs d'une communauté humaine généreuse et conviviale inscrits en tant que devise au fronton de la République française. Cette forme de regroupement humain est définie en ces termes par Monique Chemillier-Gendreau : « L'association politique (ou la communauté politique, expression qu'il est possible de considérer comme synonyme de la première) résulte de ce moment fraternel au cours duquel des individus formant un peuple assument leurs désaccords dans la recherche d'une émancipation commune fondée sur le principe d'égalité[1] ». Le besoin d'une telle relation politique est une nécessité tant au niveau national qu'à celui international, car à tous les échelons de la vie sociale, l'homme est consubstantiellement, au sens aristotélicien, « un animal politique[2] », par le lien de sociabilité indissoluble qui l'unit à ses semblables. Le lien politique est dès l'instant où se forme une communauté humaine[3], celle-ci se caractérisant inévitablement par le déchaînement des passions et des aspirations contradictoires de ses éléments. La conflictualité est au cœur du politique. La régulation politique permet seule alors, par son potentiel de pacification, de sortir de l'état de nature où l'animalité effrénée de l'homme le conduit à être un « loup pour l'homme[4] ». Dans cet ordre d'idées, il n'y a de liberté véritable que politique, c'est-à-dire dans le vivre-ensemble dans la société, et « La tâche du pouvoir est de gérer l'espace politique des hommes, de maintenir une cohérence au sein des tensions nées d'antagonismes d'intérêts divergents[5] ». La société politique est un espace public où se rencontrent les individualités et où la liberté de l'un n'écrase pas celle de son autre non-semblable. En elle s'opère le dépassement de la « tension entre d'un

---

[1] Monique Chemillier-Gendreau, *De la guerre à la communauté universelle. Entre droit et politique,* Paris, Fayard, 2013, p. 94.

[2] Aristote, *Politique,* Édition et trad. du grec ancien par Jean Aubonnet. Préface de Jean-Louis Labarrière, Paris, Gallimard, coll. « Tel », (N° 221), 1993, (livre I, II, 9-12).

[3] Julien Freund, *L'essence du politique,* Paris, Éditions Sirey, coll. « Philosophie politique », 1965.

[4] Thomas Hobbes, *Léviathan ou la matière, la forme et la puissance d'un état ecclésiastique et civil* (Éd. 1921), Paris, Hachette/BnF, 2018.

[5] François Chirpaz, *Raison et déraison de l'utopie,* Paris, L'Harmattan, 1999, p. 140.

côté ce qu'on appellera l'ordre ancien, certains diraient : l'ordre *naturel,* de la politique, et de l'autre le projet et l'espérance d'un ordre nouveau, métapolitique ou post-politique, l'ordre nouveau de l'humanité unifiée[1] ».

Il s'ensuit, compte tenu de ce qui précède, que le politique doit être placé au cœur du nouveau panafricanisme en tant qu'il est le moyen par lequel se forge, par absorption et dépassement des différences, et non par leur négation ou par leur effacement artificiel, la conscience d'un destin partagé et d'un horizon commun. Or ce qui a manqué et qui manque cruellement au panafricanisme, c'est la représentation politique d'un « être-ensemble », d'un « avec-l'autre » (chapitre I). Ce quelque chose « à-venir », ce pensé non encore présent, ne saurait cependant être seulement une affirmation panafricaine de soi, par fermeture au monde ; il doit nécessairement être aussi une ouverture au cosmopolitisme et à l'universalisme (chapitre II).

---

[1] Pierre Manent, *Cours familier de philosophie politique,* Paris, Gallimard, coll. « Tel », 2004, p. 309.

CHAPITRE I

LE PANAFRICANISME, DE L'ÉCHEC HISTORIQUE D'UN « ÊTRE-ENSEMBLE » POLITIQUE À L'UTOPIE DE L'AFRICANITÉ POLITIQUE GLOBALE

Considéré dans la longue durée historique, le mouvement panafricain se caractérise par son échec à s'incarner dans une communauté politique en tant que cette dernière est la représentation symbolique et accomplie d'un groupe humain se projetant dans un avenir commun. Á partir de ce rien, de cette absence de positivité, il est alors possible d'imaginer un modèle d'association politique se réalisant par l'utopie de l'africanité politique globale.

LE PANAFRICANISME OU LA MISE EN ÉCHEC DE L'IDÉE DE COMMUNAUTÉ POLITIQUE

Par son éclatement géographique, le panafricanisme est, dès l'origine, un phénomène transnational et transcontinental[1] ayant mobilisé, à partir de divers foyers, les peuples africains en lutte pour leur émancipation. Comme le suggère le suffixe « pan » qui est accolé au substantif « africanisme », il implique l'idée d'une globalité. Le panafricanisme concerne aussi bien les Africains diasporisés par la dispersion esclavagiste, que les Africains continentaux sédentarisés. Il n'est pas un nationalisme au sens étroit de ce terme car il se caractérise par sa transfrontalité. L'histoire montre comment la conscience raciale d'une souffrance identique a favorisé la mise en relations de ces différents démembrements du corps panafricain et généré un sentiment de forte solidarité entre eux. Il s'agit alors d'un pan-négrisme globalisé.

[1] Oruno D. Lara, *La naissance du panafricanisme. Les racines caraïbes, américaines et africaines du mouvement au XIXe siècle,* Paris, L'Harmattan, 2015. ; Tony Martin, *The Pan-African Connection. From Slavery to Garvey and beyond,* Majority Press, 1984. ; Claire Bourhis-Mariotti, *L'union fait la force. Les Noirs Américains et Haïti, 1804-1893,* Rennes, Presses universitaires de Rennes, 2015. ; Paul Gilroy, *L'Atlantique noir. Modernité et double conscience,* Éditions Amsterdam, 2017. ; Vincent Bakpetu Thomson, *The Making of the African Diaspora in the Americas 1441-1900,* New York, Longman Inc, 1987.

La revendication de la liberté et de l'égalité avait une visée panafricaine qui s'est notamment concrétisée par la tenue des différents congrès auxquels participèrent des délégués de diverses origines géographiques[1]. Ce militantisme rassembleur se traduit-il pour autant par la perception et la représentation d'un devenir politique commun en tant que finalité de l'action contestataire ? Au-delà de l'immédiateté et du caractère consensuel de ses revendications, peut-on dire que le mouvement panafricain exprimait également une conscience politique se projetant dans une forme de collectivité humaine fédérative et agrégative des pluralismes qui le caractérisaient ? Les protagonistes de ce mouvement étaient-ils mus, en d'autres termes, par la conscience et le désir d'un destin politique collectif ? On verra que l'ambivalence dans le panafricanisme des buts de l'émancipation politique n'accrédite pas l'idée d'une communauté politique panafricaine. Une appréciation divergente quant à l'encadrement institutionnel de ce mouvement participe aussi de la dépréciation de l'idée de communauté politique panafricaine.

LE PANAFRICANISME, UNE ÉNONCIATION AMBIVALENTE DES BUTS DE L'ÉMANCIPATION POLITIQUE

Le panafricanisme peut être décomposé en trois phases historiques distinctes[2]. Il est nécessaire de faire retour à celles-ci pour rendre compte de la manière dont la problématique de la communauté politique est perçue dans ce mouvement. La finalité politique du panafricanisme n'a pas été la même à chacun de ces moments. De plus, à l'intérieur même de chacune de ces séquences temporelles s'exprimaient de fortes contradictions quant au contenu et à l'assignation politique du combat pour l'émancipation. Un bref survol de ces différentes déclinaisons s'impose. On est alors amené à distinguer le panafricanisme de la revendication des droits civiques et de l'égalité raciale, celui de la lutte pour l'indépendance et, enfin, celui de l'unité continentale.

---

[1] Marika Sherwood, « Pan-African Conferences, 1900-1953 : What Did 'Pan-Africanism' Mean ? », *The Journal of Pan African Studies,* vol. 4, N° 10, January 2012, p. 106-126.

[2] Willy Jackson, *Le panafricanisme, entre politique et droit, op. cit.*

LE PANAFRICANISME DE LA REVENDICATION DES DROITS CIVIQUES ET DE L'ÉGALITÉ RACIALE

Le panafricanisme de la revendication des droits civiques et de l'égalité raciale (1900-1945)[1] était surtout territorialisé et circonscrit dans les nations esclavagistes : « C'est l'esclavage, accompagné du racisme anti-africain qui a fait prendre conscience aux Africains de la diaspora de leur héritage africain commun et de l'importance de s'unir pour faire front contre l'oppression qu'ils subissaient en dehors du continent[2] ».

Deux tendances scindaient ce courant du panafricanisme originel : d'une part, celle qui prônait la reconnaissance des droits des Noirs à égalité avec la population blanche dans les sociétés esclavagistes ; d'autre part, celle pour laquelle le combat antiraciste avait pour terminus l'Afrique, la mère patrie. Alors que la première mouvance visait, par l'amélioration substantielle de leurs conditions de vie à intégrer les Noirs dans la société esclavagiste blanche, la deuxième, elle, dont la figure de proue était Marcus Garvey, militait ouvertement pour le retour et le rapatriement des esclaves en Afrique en vue de la création d'une République noire regroupant tous les peuples africains. Pour ce dernier courant, le panafricanisme peut être assimilé au sionisme par emprunt et appropriation des mythes fondateurs de la nation juive, autant par son contenu racial que par sa postulation du retour à la terre promise[3]. De ces deux perceptions, il s'ensuit que le projet d'une communauté politique panafricaine n'était pas au cœur des

[1] La première conférence panafricaine qui se tient à Londres en 1900 marque le début de l'institutionnalisation du mouvement des droits civiques. Cette séquence s'achève en 1945 avec la conférence panafricaine de Manchester.

[2] "It was enslavement, accompanied by anti-African racism, that made Africans in the diaspora aware of their common African heritage and the importance of coming together to ameliorate the oppression they faced outside the continent", Hakim Adi, « Pan-Africanism. An Ideology and a Movement », dans Dorothy L. Hodgson, Judith A. Byfield, ed., *Global Africa. Into the Twenty-First Century,* Oakland, California, University of California Press, 2017, p. 91.

[3] Benyamin Neuberger, « Black Zionism – The Return To Africa In Theory And Practice", https://doi.org/10.1163/ej.9789004174702.-788.202, in "Transnationalism, Diasporas and The Advent of a New (Dis) order", *International Comparative Social Studies,* Vol. 19, 2009, p. 595-611 ; Michael W. Williams, 'Pan-Africanism and Zionism : The Desilusion of Comparability", *Journal of Black Studies,* Vol. 21, N° 3 (Mar. 1991), p. 348-371.

préoccupations des partisans d'un enracinement dans les sociétés esclavagistes, à partir du moment où ils avaient fait le choix de la sédentarisation intérieure. La communauté politique panafricaine est, dans ce courant, un impensé théorique, car évacué de la conscience politique de ses animateurs. Elle est quelque chose d'innomé parce que non conçu. Quant au contre-modèle du retour en Afrique, pour séduisant qu'il fût, on rappellera qu'il ne se réalisa jamais à une grande échelle, le Libéria et la Sierra Leone constituant les seuls archétypes en Afrique de ce retour « réel[1] », à l'opposé du retour bien plus important « sur place[2] », sans déplacement physique, qui est la « recréation-perpétuation, en terre américaine, de traits culturels africains[3] ».

Par ailleurs, la greffe des rapatriés africains dans les sociétés de retour ne se fit pas sans heurts avec les populations autochtones *(Natives)*, problème qui a perduré bien au-delà des premières expériences de cette nature. Katharina Schramm montre, à partir de l'exemple du Ghana, comment l'idéologie du retour est devenue une rhétorique de la politique africaine et comment ce discours passe sous silence les difficultés liées à l'accueil des Afrodescendants dans la grande famille africaine[4]. Ses analyses rejoignent à cet égard celles de David Jenkins[5]. Et c'est dans une sorte d'enthousiasme panafricain aveugle de ces difficultés que le Président ghanéen Nana Akufo-Ado a proclamé que 2019 était « l'année du retour » en Afrique des Afro-Américains et de tous les Africains de la diaspora ainsi invités « à rentrer à la maison ». En fait, cet appel lancé dans le cadre de la commémoration des quatre-cents ans de la traite négrière n'était pas exempt d'arrière-pensée : il s'agissait surtout d'une habile opération de communication et de marketing destinée à favoriser le tourisme mémoriel, véritable manne économique, des Afrodescendants de plus en plus en recherche de leurs racines africaines. Achille Mbembe plaide

---

[1] Christine Sully-Sitchet, « Noirs Américains, rêve d'Afrique et invention du retour », *Hommes & Migrations,* 2002, 1235, p. 72-81.

[2] *Ibid.*

[3] *Ibid.*

[4] Katharina Schramm, *African Homecoming. Panafrican Ideology and Contested Heritage,* London, Left Coast Press, 2010.

[5] David Jenkins, *Black Zion. The Return of Afro-Americans and West-Indians to Africa,* London, Wildwood House, 1975, notamment les chapitres 1, « A Phantom Land » (p. 25-59) et 2, « The Black man's Grave » (p. 61-88).

aussi, sans autre précision, pour une juridicisation du droit au retour des populations noires diasporisées[1].

Une communauté politique ne peut être constituée uniquement à partir d'un élan de solidarité raciale provoquant à juste titre l'émoi et l'indignation chaque fois que les Africains non continentaux sont victimes de pratiques de discrimination et de meurtres dans les États dont ils ont la nationalité. Le 25 mai 2020, George Floyd mourait à Minneapolis dans l'État du Minnesota aux États-Unis, de suite de brutalités policières. Ce crime qui a suscité émoi et condamnation en Afrique[2] interroge quant à la perception que l'Afrique a de ses communautés diasporiques confrontées au racisme dans leurs lieux d'implantation. Il y a eu des assassinats de Noirs avant celui de George Floyd[3], et il y en aura malheureusement beaucoup d'autres après, aussi longtemps que le racisme ne sera pas combattu avec fermeté. Le slogan unificateur *« Black Lives Matter »* qui a émergé de ces tragédies et qui a été scandé à échelle planétaire est certes significatif d'une conscience globale du refus de l'arbitraire, notamment policier, ciblant particulièrement les populations noires. Mais une communauté d'émotions et de sentiments n'est pas pour autant une communauté politique au sens où nous l'avons définie, c'est-à-dire une association pluraliste d'hommes et de femmes libres ayant fait le choix d'un destin commun dans l'acceptation et le respect de leurs différences. Et cette forte mobilisation n'a pas concerné que les communautés noires qui ne

---

[1] https://www.nouvelobs.com/monde/20200724.OBS31504/achille-mbembe-il-nous-faut-constitutionnaliser-un-droit-au-retour-en-afrique.html, consulté le 08.09.2020.

[2] Voir communiqué du Président de la Commission de l'Union africaine, Moussa Faki Mahamat, https://au.int/fr/pessreleases/20200529/communique-du-president-suite-au-meurtre-de-george-floyd-aux-usa ; Winnie Byanyima, « Deux ans après le meurtre de George Floyd, il est urgent de mettre fin aux inégalités et à la discrimination raciales », Lettre ouverte par le Groupe des hauts fonctionnaires d'ascendance africaine des Nations Unies (UNSAG), Afrique Renouveau, 25 mai 2022. ; Jean-Hugues Chérif N'doli, « [Tribune]. George Floyd, l'Union africaine et l'identité noire », 8 juin 2020, https://www.jeuneafrique.com/995485/politique/tribune-george-floyd-lunion-africaine-et-lidentite-noire/ ; Cyril Bensimon, « Mort de George Floyd : l'Afrique oscille entre indignation et retenue », https://www.lemonde.fr/afrique/article.2020/06/03/mort-de george-floyd-l-afrique-oscille-entre-indignation-et-retenue_6041671_3212.html

[3] À l'exemple de celui de Michael Brown, jeune Afro-Américain de dix-huit ans, abattu le 9 août 2014 à Fergusson dans le Missouri.

peuvent de ce fait se prévaloir, aujourd'hui pas plus qu'hier, du monopole de la réprobation du racisme.

LE PANAFRICANISME DE LA LUTTE POUR L'INDÉPENDANCE

Il faut maintenant examiner si le panafricanisme de la lutte pour l'indépendance des peuples africains colonisés (1945-1957)[1] comporte un débouché en termes de communauté politique panafricaine. Bien que compris et soutenu par les mouvements de l'anticolonialisme international, l'essentiel du combat pour l'indépendance fut mené en Afrique par les peuples africains eux-mêmes, par leur revendication du droit à l'autodétermination et par les luttes de libération nationale que certains d'entre eux durent mener pour briser le joug de la domination coloniale. La lutte de ces peuples pour l'émancipation se caractérisait par une opposition entre logiques réformiste et radicale, entre aile conservatrice et une autre progressiste. La première mouvance s'accommodait du colonialisme sous réserve qu'il s'humanisât et devînt libéral ; la deuxième était notoirement anticoloniale et réclamait l'indépendance, celle-ci pouvant être obtenue pacifiquement ou par le moyen de la violence révolutionnaire. Ce moment du panafricanisme à visée d'indépendance consacre aussi une rupture dans le mouvement panafricain qui verra sa composante diasporique se recentrer, comme aux États-Unis, dans la lutte anti-raciale, et celle africaine militer pour hâter l'avènement de l'indépendance dans les pays africains. Ce dépareillement perceptible particulièrement après le Congrès de Manchester de 1945 constitue un obstacle à l'idée de communauté politique panafricaine puisqu'il contribue à scinder le mouvement panafricain et à lui faire perdre son unité organique. Or pour qu'une communauté soit vue comme politique, il faut qu'elle soit constitutive de tous ses membres. La communauté politique panafricaine ne peut se faire par soustraction de sa composante diasporique. L'exclusion d'une partie du tout ne fait plus le tout. Imanuel Geiss décrit cette scission intervenue dans le mouvement panafricain en ces mots : « C'est après

[1] Cette périodisation s'explique par la reterritorialisation à partir de 1945 du panafricanisme en Afrique, mouvement désormais consacré à la lutte anticoloniale. Cette séquence est sanctionnée par l'indépendance en 1957 du Ghana, anciennement Gold Coast, évènement inaugural et accélérateur de la cascade des indépendances des autres territoires africains sous domination coloniale.

que l'unité africaine soit devenue l'objectif du panafricanisme, et que les Afro-Américains du Nouveau Monde aient été exclus de ce mouvement que le panafricanisme a revêtu sa forme actuelle, ainsi que la signification qui lui est généralement associée aujourd'hui[1] ».

Le panafricanisme réducteur ne peut se prévaloir d'être la quintessence du panafricanisme. L'idée même de communauté politique panafricaine est à apprécier diversement à l'intérieur des courants du panafricanisme de l'indépendance. L'accommodement au colonialisme, même rénové, conduisit à l'adhésion assumée de certains leaders africains aux formes d'association politique inventées par le colonisateur pour perpétuer sa domination sur les peuples accédant à l'indépendance (Union française, Communauté française, Commonwealth britannique, etc.). Il n'y a là rien qui augure d'une possible communauté politique africaine et a fortiori panafricaine. L'arrimage des indépendances aux regroupements néocoloniaux excentrés porte un coup sévère à la possibilité d'une association politique entre peuples africains et dénature l'objet et la finalité de leur lutte politique. Quant à la frange ouvertement anticoloniale du panafricanisme de l'indépendance, elle est aussi déconnectée de la base diasporique panafricaine ; aussi se contentera-t-elle de proposer des formules de regroupement politique limitées au cadre géographique africain, régional ou continental, le premier échelon pouvant d'ailleurs constituer une étape transitoire vers le deuxième. S'agissait-t-il, pour les peuples accédant à l'indépendance, de se barricader dans des États nationaux constitutifs de communautés politiques nationales fermées, ou alors de s'ouvrir à la perspective d'unités politiques plus larges où l'indépendance de l'un est le commencement de l'indépendance de tous parce que devant déboucher au regroupement de plusieurs peuples, territoires et États ? Si certains comme Kwame Nkrumah et Sékou Touré apportaient comme offrande à l'Afrique l'indépendance de leurs pays respectifs, beaucoup plus nombreux furent ceux qui nationalisèrent celle des leurs et refusèrent en conséquence des

[1] "Only after the unity of the whole African continent had become the goal, and Afro-American of the New World had been excluded, did Panafricanism attain the form from which it derives its name and the meaning generally associated with it today", Imanuel Geiss, *The Pan-African Movement,* translated by Ann Keep, London, Methuen and Co. Ltd, 1974, p. 4.

abandons de souveraineté[1]. Au vu de ces contradictions, il faut déduire que l'épisode de la lutte des peuples africains pour l'indépendance ne permet pas de conclure quant à la possibilité de l'existence d'une communauté politique panafricaine en tant que prise de conscience et projection vers un destin commun.

LE PANAFRICANISME DE L'UNITÉ CONTINENTALE

Le panafricanisme de la visée par les États africains de l'unité continentale (depuis 1958)[2] permit-il alors une prise de conscience et une formulation théorique sans équivoque de la communauté politique panafricaine en tant que finalité de l'action politique ? Le terme « unité » qui qualifie ce courant est-il significatif d'une mobilisation globale à l'échelle panafricaine ou réduite uniquement à la dimension africaine ? Les deux textes fondateurs des regroupements africains à vocation politique continentale éclairent sur ce sujet. La Charte de l'OUA commence par ces mots : « Nous, Chefs d'État et de Gouvernement africains… », auxquels répond en écho l'Acte constitutif de l'UA qui proclame à son tour : « Nous, Chefs d'État et de Gouvernement des États membres de l'Organisation de l'Unité Africaine (OUA)… ». Ces formulations attestent du rétrécissement de la sphère géographique du panafricanisme désormais replié sur le continentalisme. En ce sens, le panafricanisme unitaire continental est une exclusion et ne peut sans contredit prétendre à la qualité de communauté politique englobant la totalité du monde panafricain. Le refus d'admettre Haïti à l'UA au motif que cet État n'est pas africain discrédite à lui seul la panafricanité de cette organisation et souligne son incongruence avec l'idée d'association politique. L'octroi à ce pays en 2012 du statut de membre associé inaugure-t-il alors l'ère d'un « néo-panafricanisme » qui verrait, comme le pense Stéphane Kader Dabiré, l'Union africaine disposée désormais à accueillir en son sein les États non-continentaux composés en majorité de descendants

[1] Maximum du pouvoir, la souveraineté est définie par les juristes comme étant la compétence des compétences, une qualité attribuée par le droit international à l'État par laquelle ce dernier ne se reconnaît de limites que celles qu'il se fixe à lui-même.
[2] De l'accession du Ghana à l'indépendance en 1957 en passant par la création de l'OUA en 1963 et sa transformation en UA en 2002, l'unité continentale est la thématique majeure des États africains parvenus à l'indépendance.

africains ? Cette avancée mineure n'en demeure pas moins discriminante. En effet, être membre associé d'une organisation ne confère pas au titulaire de ce statut les mêmes droits qu'à un membre plénier[1]. Au demeurant, cet auteur relève lui-même une contradiction rédhibitoire qui plombe toute possibilité d'élargissement géographique extra continental de l'UA : « ... la question de l'admission ou pas des États noirs de la diaspora est un enjeu de conflit qui oppose le panafricanisme au souverainisme[2] ». On voit bien alors que la souveraineté et le continentalisme constituent des obstacles à une possible adhésion à l'UA d'États non continentaux comportant des peuples africains. Cette perspective d'une intégration politique à plein titre des communautés noires diasporiques dans le processus de la construction africaine est pour le moment bloquée.

Mais même recentré et replié sur la ligne continentale, le panafricanisme unitaire est-il véhiculaire de l'idée de communauté politique ? La nature juridique et politique de l'OUA et de l'UA n'accrédite pas une telle idée. Ce sont en effet des organisations de coopération interétatique sans ambition supranationale affichée et assumée, qui assurent plutôt la pérennité des États qui en sont membres. Les communautés politiques nationales ainsi sauvegardées s'opposent à la formation d'une communauté politique africaine. L'affrontement permanent sur la forme de l'unité africaine se traduit dans les dénominations contradictoires de l'imaginaire politique africain : Communauté des États indépendants d'Afrique, États-Unis d'Afrique, Confédération des États africains, État unitaire africain, etc. Ces désignations ne se différencient pas uniquement par des nuances lexicales ; elles sont chacune représentatives d'un courant doctrinal de la pensée politique extériorisant ses fins dans des formes institutionnelles correspondantes. Ainsi donc, ni l'OUA hier, ni l'UA aujourd'hui, n'offrent une assise théorique à la conceptualisation de la

[1] Le statut d'associé s'applique à toute « Entité...participant, en vertu de l'acte constitutif ou d'un accord international, à l'activité d'une organisation internationale sans avoir les mêmes droits qu'un membre à part entière », dans Jean Salmon, dir., *Dictionnaire de droit international,* Bruxelles, Bruylant, 2001, entrée « Associé », p. 104.

[2] Stéphane Kader Dabiré, *Le panafricanisme : analyse de l'histoire d'un mouvement fédéraliste,* Mémoire présenté comme exigence partielle de la Maîtrise en Science politique, Université du Québec à Montréal, 2017, p. 160.

communauté politique panafricaine. Elles ne sont pas en cela des organisations panafricaines. Quant aux regroupements régionaux conçus pour être des passerelles à la réalisation de l'unité continentale, ils ne sont porteurs d'aucune perspective en termes d'association politique tant proprement africaine que panafricaine, les mêmes ferments de blocage caractéristiques des organisations continentales agissant également à leur niveau. Dans ce sens, l'intégration régionale apparaît comme un mauvais substitut du panafricanisme. Marquées par l'absence d'une ambition porteuse d'un élan vers la réalisation d'une communauté politique, les institutions régionales, comme continentales, qui prétendent incarner l'idéal panafricain « sont davantage l'expression d'une volonté de gestion commune de certains problèmes que du désir de dessiner un avenir commun dans la poursuite d'un projet d'émancipation[1] ».

Le mouvement panafricain se distingue ainsi par une absence de théorisation et de prise en compte de la notion de communauté politique. Le découplage du panafricanisme en deux branches, diasporique et continentale, ainsi que les choix politiques des acteurs de ce mouvement témoignent de la sous-estimation des enjeux de la problématique de la communauté politique panafricaine en tant qu'elle est la forme achevée de l'émancipation politique globale. La perception différenciée quant aux formes institutionnelles du regroupement panafricain participe aussi de ce manque de vision d'un destin politique commun.

LE PANAFRICANISME, UNE PERCEPTION CONTRASTÉE DES FORMES DU REGROUPEMENT PANAFRICAIN

Le panafricanisme s'est-il traduit par une appréciation consensuelle de son institutionnalisation ? Cette problématique est d'importance dans la mesure où c'est au travers de l'institution entendue, au sens large, comme un « ensemble des mécanismes et structures notamment juridiques qui régissent les conduites d'une collectivité donnée[2] », que toute communauté politique réalise son être.

---

[1] Monique Chemillier-Gendreau, dans Willy Jackson, *Le panafricanisme, entre politique et droit, op. cit.,* préface, p. 12.

[2] Jean Salmon, dir., *Dictionnaire de droit international public,* Bruxelles, *op. cit.,* (entrée « Institution », p. 586.

Une vision politique commune doit en effet et nécessairement s'extérioriser dans des institutions communes. Une telle structure représentative d'un sens commun a manqué au mouvement panafricain caractérisé plutôt par une diversité de vues. La multiplicité des représentations du regroupement panafricain constitue alors un obstacle à la possibilité d'une communauté de destin. Deux tendances, l'une politique, et l'autre, économique, s'observent en matière de conceptualisation du regroupement panafricain.

LA REPRÉSENTATION POLITIQUE DU REGROUPEMENT PANAFRICAIN

Au fondement de la vision politique du regroupement panafricain, se trouve l'idée qu'il faut réaliser l'unité politique du continent africain. Ce dernier a été marqué par deux traumatismes historiques : d'une part, l'esclavage transatlantique, à l'origine de la déportation des peuples africains ; d'autre part, le morcellement du continent dû au partage colonial par les puissances européennes lors de la Conférence de Berlin (1884-1885). Un courant de la pensée politique africaine et panafricaine considère alors que le panafricanisme doit s'incarner dans des institutions politiques comme moyen de reconstituer l'unité organique continentale, autant dans sa dimension humaine que géographique. On observe néanmoins des intonations différentes dans le mouvement panafricain dans ce combat pour la restauration d'un être panafricain supposé originel et intemporel.

Cheikh Anta Diop, le chantre de l'afrocentricité, doctrine de l'unité culturelle et politique de l'Afrique, a ainsi conçu un fédéralisme négro-africain qui n'est ni un continentalisme, ni un méta-continentalisme qui se déploierait au-delà des limites géographiques de l'Afrique noire[1]. De même Théophile Obenga circonscrit aussi, dans la lignée intellectuelle de Cheikh Anta Diop, la sphère du fédéralisme africain à l'Afrique noire[2].

---

[1] Cheikh Anta Diop, *Les fondements culturels, techniques et industriels d'un futur État fédéral d'Afrique noire,* Paris, Présence Africaine, 1960, p. 29. Ouvrage réédité sous le titre *Les fondements économiques et culturels d'un État fédéral d'Afrique noire,* Paris, Présence Africaine, 1974.

[2] Théophile Obenga, *L'État fédéral d'Afrique noire : la seule issue,* Paris, L'Harmattan, 2012.

Un auteur comme Doumby-Fakoly a imaginé un édifice institutionnel englobant tous les mondes panafricains sous la dénomination de Ligue des Peuples Noirs. Les limites spatiales de cette construction intégreraient les éléments suivants : les pays africains continentaux à l'exception de ceux membres de l'UMA, Union du Maghreb arabe (Algérie, Libye, Maroc, Mauritanie, Tunisie[1]) ; les populations africaines ; les États hors du continent à majorité noire (Jamaïque, Trinidad et Tobago, Barbade, République Dominicaine, Haïti, Antigua, Surinam, Guyana, Grenade, etc.) appelés à rejoindre la Ligue soit en qualité de membres pléniers soit en qualité d'observateurs ; la diaspora, « populations noires vivant en Arabie, en Amérique, en Asie, en Europe, en Océanie et sur la terre africaine même, dans des pays dont elles n'ont pas le contrôle[2] ». La Ligue s'attèlerait à la création à bref délai des États-Unis d'Afrique ou des États-Unis de l'Afrique et de sa Diaspora qui emprunteraient le chemin transitoire de deux Fédérations sous-régionales (Afrique de l'Ouest et du Centre ; Afrique de l'Est et Afrique australe), ou de trois Fédérations sous-régionales (Afrique de l'Ouest, Afrique du Centre et de l'Est, Afrique australe) ; quant à eux, « les pays indépendants de la diaspora devront être encouragés à rejoindre l'une ou l'autre de ces entités fédérales transitoires[3] ». La Ligue mettrait alors tout en œuvre pour réaliser la fusion de ces entités sous-régionales, fusion qui accoucherait des États-Unis d'Afrique ou États-Unis de l'Afrique et de sa Diaspora. Dans cette optique de la globalisation et du regroupement du monde noir, l'accession à l'indépendance des Antilles, de la Guyane, de la Nouvelle-Calédonie, etc., doit être une priorité car « Nulle part dans le monde, une portion de territoire, dont la population est à majorité noire, ne doit rester sous la domination d'un autre pays, encore moins d'une autre race[4] ». La Ligue serait dotée de structures transitoires (Sommet des chefs d'État, Conseil des ministres des Affaires étrangères, Forum

[1] Doumby-Fakoly, *Pour une Ligue des Peuples noirs,* Paris, L'Harmattan. : « Ces pays ne peuvent donc pas être concernés par la Ligue des Peuples Noirs. Pas même la Mauritanie, du moins pour l'heure et quoi qu'elle soit peuplée majoritairement de Noirs. Ni l'Égypte, qui n'est pas membre de l'union mais dont la population est pour l'essentiel blanche et arabe », p. 49.

[2] *Ibid.,* p. 49-50.

[3] *Ibid.,* p. 74.

[4] *Ibid.,* p. 75.

de la société civile africaine et de sa Diaspora) en attendant la mise en place, dans un deuxième temps, d'une institution politique continentale qui aurait entre autres missions, celle de « rétablir l'équilibre de la terreur[1] » par la création d'un arsenal militaire de dissuasion. Elle adopterait un passeport unique permettant à tout Africain de se déplacer librement dans tout pays de la Ligue, alors que les ressortissants de la diaspora seraient nantis d'une « carte de citoyenneté de la Ligue », document permettant l'admission de cette catégorie de personnes dans tous les pays de l'espace ainsi constitué. La Ligue établirait par ailleurs une zone monétaire indépendante. Les faiblesses conceptuelles de ce projet sont manifestes : connotation raciale et raciste, mésestimation de la capacité de résilience des États constitués, appropriation et attribution à une entité indéterminée et fictive des prérogatives régaliennes normalement dévolues à l'État souverain (pouvoir de battre monnaie et de délivrer des documents de voyage), etc. La Ligue est-elle un État ? Va-t-elle absorber les États existants ? Par quel processus ? Autoritaire ou démocratique ? L'auteur de ce projet ne donne aucune précision par rapport à ces questions cruciales.

Pour Abdoulaye Wade, le panafricanisme englobe, outre les Africains d'Afrique, les Nègres de la diaspora d'Europe et des Amériques, populations que le développement de l'Afrique ne saurait laisser indifférents. Il suggère alors une formule d'association consistant à « définir ensemble des formes d'échange et de coopération que dicte une coopération naturelle puisant sa force dans l'histoire de trois siècles qui nous est commune et dans l'unité de la culture fondamentale qui fait notre identité[2] ». Cette position a abouti à l'inclusion de la diaspora dans le panafricanisme en tant qu'elle constitue la sixième région de l'Afrique[3]. Elle ne débouche donc sur aucune perspective d'unification politique des différentes composantes du corps panafricain.

---

[1] *Ibid.*

[2] Abdoulaye Wade, *Un destin pour l'Afrique,* Paris, Éditions Karthala, 1989, p. 104-105.

[3] Protocole sur les amendements de l'Acte constitutif de l'Union africaine du 11 juillet 2003, article 3(q) ; Résolution sur la Diaspora, Doc. Assembly/AU/14(XVIII) Add.3.

Dans la même veine, Justin Koné Katinan appelle à imiter l'exemple d'Israël en instaurant une solidarité agissante entre l'Afrique et sa diaspora, et à amener celle-ci à soutenir l'unification politique du continent par une étroite collaboration, notamment dans les domaines intellectuel, technologique, artistique, financier : « Des réunions périodiques se tiendront entre le mouvement africaniste du continent et l'intelligentsia africaine de la diaspora. La structure continentale doit favoriser la mise sur place d'une structure centrale au niveau de la diaspora[1] ». De toutes ces propositions intégrées dans l'architecture de l'UA émane une volonté malsaine d'instrumentaliser la diaspora par son assignation utilitariste. Cette posture questionne quant à l'existence, à la base, d'un réel lien affectif scellé ensuite dans un contrat de libre adhésion politique dans un processus démocratique, seuls éléments véritablement fondateurs d'une destinée commune.

Klah Popo est, quant à lui, empêtré dans une confusion entre trans-continentalisation et régionalisation du panafricanisme. Il émet l'idée de la création d'institutions transcontinentales qui seraient un pont entre le Continent et les territoires africains hors continent autour desquels s'organiseraient dans un premier temps des territoires de souveraineté politique dans un cadre régional réparti en Sud, Est, Ouest, Nord, Centre et Diaspora. Chacune de ces régions serait respectivement tractée par une locomotive : Afrique du Sud, Soudan, Nigeria, Égypte, République Démocratique du Congo, Ayiti : « Ces pays abriteraient seulement le siège de leur fédération régionale panafricaine, mais y auraient une voix rigoureusement égale à celle des autres États membre[2] ». Par ailleurs, une langue officielle panafricaine serait adoptée dans chaque région, tandis que le « Kréyol » serait celle de la Diaspora, et l'Arabe celle du Nord, l'Anglais étant la langue internationale pour tous. Les fédérations régionales ainsi constituées adopteraient chacune une monnaie unique fédérale dans le cadre d'une union économique et monétaire. Et au final, les six régions stratégiques devraient se regrouper dans une confédération : « En tout état de cause, à partir d'une myriade d'ectoplasmes d'États continentaux néocolonisés il n'est pas

[1] Justin Koné Katinan, *Idéologie, conscience et combat politique en Afrique,* Paris, L'Harmattan, 2018, p. 233.

[2] Klah Popo, *Yovodah et Panafricanisme. Résister pour survivre. S'unir pour renaître,* Paris, Anibwe Éditions, 2012, p. 170.

raisonnable d'envisager la création immédiate des États-Unis d'Afrique ; pas plus qu'il n'est raisonnable de projeter un tel dessein sans la participation effective des *pays et régions africains d'Autre-Rive* dont certains illustres citoyens furent les premiers à imaginer l'unité politique fédérative panafricaine[1] ». Au catalogue des dispositions propres à assurer la défense des intérêts du Noir, Klah Popo aligne des mesures de rétorsion contre les acteurs, économiques et autres, ayant attenté aux intérêts collectifs des Africains partout dans le monde et parmi eux, les complices de coups d'État et de régimes dictatoriaux en Afrique, le « Continent-Mère[2] » ; la réparation due par les « États esclavagistes-négriers-colonialistes[3] » pour commission du crime contre l'humanité nègre. L'inconsistance d'un tel projet saute aux yeux, au regard de l'usage abusif et inapproprié du concept de souveraineté[4], de l'imprécision théorique des notions de territoires africains de « l'Autre Rive », de territoire de souveraineté politique, et des critères qui président au choix des régions voulues stratégiques. Les États comme les États-Unis et le Brésil, ou bien d'autres encore, à composante diasporique africaine sont-ils des territoires africains ? Comment enjamber les structures étatiques existantes pour fonder des unités politiques étatiques panafricaines ? Là encore, le panafricanisme global enfermé dans la structure de l'État peine à se donner un visage institutionnel rationnel et cohérent. L'histoire politique du panafricanisme renseigne que la plupart des formules ayant visé à la structuration de ce mouvement l'ont été dans le cadre non pas d'un panafricanisme global, total, mais dans celui d'un panafricanisme partiel, fragmenté, car repositionné en Afrique et, par conséquent, mutilé de sa composante diasporique.

L'institutionnalisation politique du panafricanisme aboutit presque toujours à l'appel au fédéralisme et au confédéralisme comme support

---

[1] *Ibid.*, p. 171-172.

[2] *Ibid.*, p. 184.

[3] *Ibid.*

[4] « Assurément, le contexte de performance pertinent pour la reconquête efficace de la souveraineté politique panafricaine consiste dans l'intégration politique et économique des six principales régions de l'écoumène panafricain. Cette souveraineté suppose nécessairement une autonomie monétaire pleine et entière, une capacité militaire d'autodéfense, ainsi qu'une réhabilitation des langues panafricaines », *Ibid.*, p. 172.

architectural de l'unité africaine. Les intellectuels africains ont dans ce sens emboîté le pas aux leaders politiques, notamment ceux du panafricanisme débutant. Doudou Thiam considère par exemple que le fédéralisme est une forme de l'unité africaine. Il distingue le fédéralisme territorial, celui des regroupements territoriaux de l'ère coloniale, du fédéralisme étatique, celui qui rassemble les États africains indépendants. Ce dernier fédéralisme africain comporte deux déclinaisons d'un même phénomène : « C'est le processus par lequel s'organise la société africaine à l'intérieur du continent pour constituer de vastes ensembles régionaux, ces ensembles pouvant être soit des États, soit des organisations régionales. Entre fédéralisme et organisation régionale, il n'y a pas de solution de continuité. Tous les deux participent d'un même processus qui est un processus d'intégration, du moins en thèse générale[1] ». De son point de vue, si le fédéralisme africain ne peut se réaliser à l'heure actuelle sous sa forme étatique, conventionnelle, avec un relent de supranationalité, du moins peut-il s'exprimer au moyen « d'organisations régionales souples, respectant la souveraineté des entités étatiques[2] ».

Le panafricanisme prôné par Guy Rossatanga-Rignault et Flavien Enongoué, en substitution au « vieux panafricanisme né en Amérique » consiste, pour sa part, en l'évincement de la composante diasporique africaine et à un ancrage dans les réalités africaines communes à tous les peuples continentaux : « Le panafricanisme réaliste, c'est effectivement cette nécessaire prise en compte des grands traits de la civilisation africaine que l'on retrouve dans la quasi-totalité des États et chez presque tous les peuples d'Afrique. C'est cela qui doit constituer le socle commun, le sous-bassement de la construction continentale. C'est dans la culture sous toutes ses formes et dans l'Histoire qu'il faut aller chercher ce ciment unificateur[3] » ; il existe certes des différences qui ont été sous-estimées par les pères du panafricanisme, et il s'agit maintenant, par une relecture de l'histoire de ce mouvement, d'en tenir

[1] Doudou Thiam, *Le Fédéralisme africain. Ses principes et ses règles,* Paris, Présence Africaine, 1972, p. 23.
[2] *Ibid.,* p. 77.
[3] Guy Rossatanga-Rignault, Flavien Enongoué, *L'Afrique existe-t-elle ? Á propos d'un malentendu persistant sur l'identité,* Chennevières-sur-Marne, Éditions Dianoïa, Libreville, Éditions Raponda-Walker, 2006, p. 91.

compte et de les dépasser. D'où la nécessité, en s'appuyant sur l'Union africaine et sur les États qui la composent, de laisser libre cours à l'expression des pluralismes des peuples africains réunis dans une alliance africaine des peuples. Ces deux auteurs ne pensent pas qu'un État continental africain soit viable, car ingouvernable. La grande taille de l'État entraînerait en effet un exercice dictatorial du pouvoir, au sens de Kant : « Les lois perdent toujours en énergie autant que le gouvernement gagne en étendue ; et un despotisme, qui, tenant les âmes, y étouffe les germes du bien, dégénère tôt ou tard en anarchie[1] » ; ou encore de Montesquieu : « Un grand empire suppose une autorité despotique dans celui qui gouverne[2] » ; mais aussi de Rousseau : « ...plus l'État s'agrandit, plus la liberté diminue[3] ». Guy Rossatanga-Rignault et Flavien Enongoué proposent alors, d'une part, de substituer à la méthode d'unification politique des États du continent telle que pensée depuis l'OUA, une autre qui consiste, tout en conservant les frontières africaines, à opérer une « greffe miraculeuse des peuples qui, organisés politiquement en États, constituent les acteurs principaux d'une scène politique africaine de moins en moins inorganique[4] » ; de faire, d'autre part, « la promotion d'une citoyenneté (africaine post-nationale)[5] ». S'il est louable de vouloir associer les peuples africains à l'œuvre de construction continentale et de marquer le souci de préserver leur pluralisme, il est hautement plus improbable de voir se constituer entre eux une alliance se formant à la marge et en contournement des États existants. Si on fait reposer le changement sur un miracle espéré, alors on se met en position de ne plus être acteur, mais spectateur des évènements. Par ailleurs, il semble quelque peu contradictoire de faire dériver le processus d'édification continentale africaine d'une institution comme l'UA, et de vouloir en même temps émanciper de

[1] Emmanuel Kant, *Projet de paix perpétuelle. Essai philosophique,* (1795). Traduit de l'allemand avec un nouveau supplément de l'auteur. Premier supplément : « De la garantie de la paix perpétuelle », Königsberg, Frédéric Nicolovius, 1796, p. 62.

[2] Montesquieu, *L'Esprit des lois. Suivi de la défense de l'Esprit des lois,* Paris, Langue Librairie Éditeur, 1844, Livre VIII, Chapitre XIX, p. 86.

[3] Jean-Jacques Rousseau, *Du contrat social ou Principes du Droit politique* (1762), Livre III, Chapitre 1er, Amsterdam, Marc Michel Rey, 1762.

[4] Guy Rossantanga-Rignault, Flavien Enongoué, *op. cit.,* p. 94 et suivantes.

[5] *Ibid.*

cette structure les peuples qui la composent au travers de ses États membres.

Le même souci de neutralisation et de marginalisation de la branche diasporique du panafricanisme anime Marc-Louis Ropivia. Reste alors, selon lui, à bâtir une structure institutionnelle dans le cadre uniquement de l'Afrique continentale en opposant deux stratégies : « l'une classique, toujours abreuvée dans la vieille fontaine des utopies unitaristes, préconisant l'État continental ; l'autre, plus récente... envisage, par la stratégie du fédéralisme nucléaire, une pluralité d'États fédéraux régionaux[1] ». Si les deux procédés concourent à l'unité politique de l'Afrique, il n'en demeure pas moins que « Le fédéralisme régional représente la voie la plus sûre pour l'avenir[2] ». Ce « néo-fédéralisme africain[3] » a pour socle et support « l'État en tant que structure d'organisation de la communauté politique[4] » dont la représentativité doit néanmoins être vérifiée en ce qu'il lui faut satisfaire aux exigences d'un « État de souveraineté populaire[5] », qui tire sa légitimité des suffrages librement exprimés par le peuple. Ce fédéralisme se constitue sur la base des unités étatiques actuelles réparties en différentes aires politico-culturelles : Afrique sahélo-soudanienne, zone guinéenne, Afrique centre-occidentale, Afrique centre-orientale, Afrique australe moyenne, Nubie-Abyssinie. Ces aires géographiques ne concernent que l'Afrique noire ; l'Afrique blanche est donc exclue de ce schéma institutionnel, ce qui amène d'ailleurs l'auteur à écarter le fédéralisme continental des pôles fédérateurs d'Edem Kodjo, regroupements politico-économiques censés aboutir au final à l'unité africaine continentale[6]. Nombreux sont cependant les obstacles qui bloquent la réalisation du fédéralisme régional que l'auteur appelle de ses vœux : « Parmi ceux-ci il y a d'abord l'utopie panafricaniste qui, jusqu'ici, empêche les Africains de regarder de l'intérieur les problèmes qui concernent l'unification politique du continent. Il y a ensuite les dogmes unitaristes endogènes qui, malgré

[1] Marc-Louis Ropivia, *Géopolitique de l'intégration en Afrique noire,* Paris, L'Harmattan, 1994, p. 208.

[2] *Ibid.,* p. 209.

[3] *Ibid.,* p. 157.

[4] *Ibid.,* p. 157-158

[5] *Ibid.,* p. 158.

[6] Edem Kodjo, *...Et demain l'Afrique,* Paris, Stock, 1985.

tout, continuent de dispenser aux nouvelles générations le rêve éculé d'un État continental plus que jamais désuet. Mais il y a surtout les illusions d'un processus de pseudo-fédéralisation sur lequel nous avons attiré l'attention à propos des expériences en cours d'intégration économique régionale en Afrique occidentale et centrale[1] ». L'auteur s'interroge alors sur le fait de savoir si le fédéralisme nucléaire qu'il propose ne constitue pas une utopie supplémentaire. En réalité, il n'y a dans cet échafaudage aucun élément nouveau par rapport à des idées déjà avancées par d'autres penseurs. L'habillage terminologique nouveau retiendra l'attention, ainsi que la volonté de fonder l'unification politique de l'Afrique sur une base démocratique. Mais c'est d'une Afrique rétrécie et mutilée qu'il s'agit, ayant acté le dépareillage non seulement de la composante diasporique, mais aussi d'une partie significative de la composante continentale. Nous sommes bien loin de la prise en compte de l'africanité politique globale.

La piste du fédéralisme continental est également promue par Guy Martin qui propose de découper l'État fédéral africain en cinq entités fédérées sous-régionales : Kimit (Afrique du Nord), Mali (Afrique de l'Ouest), Kongo (Afrique centrale), Kush (Afrique de l'Est, Corne de l'Afrique), Zimbabwe (Afrique australe) ; le nouvel ensemble ainsi constitué serait doté d'une capitale, Napata, et pourvu d'institutions fédérales communes : gouvernement, parlement, banque centrale, armée[2].

Parmi une longue liste, qui ne saurait être exhaustive, de partisans de l'institutionnalisation fédérale du panafricanisme, on mentionnera aussi Hermann Yameogo pour qui la marche vers l'unité, véritable « décathlon panafricaniste[3] », est possible seulement dans le cadre d'une régionalisation internationale[4]. Tel pense aussi Théodore Ottro Abie quand il défend l'idée d'un État fédéral africain souverain doté d'une constitution adoptée par référendum et garantissant la liberté de

---

[1] *Ibid.,* p. 209.

[2] Guy Martin, « L'État africain dans une perspective historique : origine, nature et évolution », dans Michel Galy, Elena Sannella, dir., *Les défis de l'État en Afrique,* Paris, L'Harmattan, 2007, p. 43-54.

[3] Hermann Yameogo, *Repenser l'État africain. Ses dimensions et prérogatives,* Paris, L'Harmattan, 1994, p. 166.

[4] *Ibid.,* p. 188 et suivantes.

circulation[1]. Quant à la démarche de « Désincarcération intellectuelle[2] », de prise en mains par l'Afrique de son destin prônée par Nlend V, elle vise à accoucher au plan politique d'un « État fédéral maintenant[3] », d'une « Coalition politique fédérale[4] ». Cette pensée est néanmoins enfermée dans un encensement des peuples noirs et ne prend pas en compte la formidable diversité humaine des peuples africains. Au demeurant, Yamb Ntimba, l'un de ses préfaciers exprime son doute quant à la réalisabilité d'un État fédéral kemet (noir). Aussi propose-t-il de reconfigurer le territoire politique africain à partir de plusieurs combinaisons et d'un chronogramme pour former au final un État fédéral africain[5] à composante raciale noire.

LA REPRÉSENTATION ÉCONOMIQUE DU REGROUPEMENT PANAFRICAIN

Le deuxième mode d'institutionnalisation du panafricanisme réside dans une approche privilégiant les aspects économiques. La justification théorique et idéologique de cette forme de regroupement panafricain réside dans la croyance selon laquelle la grande nation géographique est un facteur de développement économique[6]. La recherche d'un espace économique élargi dans le cadre de l'intégration économique permet, selon ce point de vue, aux petites nations, notamment africaines, de surmonter leurs handicaps structurels et d'accélérer leur développement. Dans cette optique ont été créées de nombreuses organisations africaines sur le modèle de la construction européenne subordonnant l'intégration politique à la réalisation préalable de l'intégration économique. Cette approche découle de la perception de Bela Balassa, l'un des représentants du courant libéral de

---

[1] Théodore Ottro Abie, *De l'Union africaine à un État fédéral africain,* Paris, L'Harmattan, 2009.

[2] Nôb Georges Boniface Nlend V, *L'Afrique s'est-elle résignée à la colonialité ? Tout rebâtir et arrêter le drame des peuples noirs,* Paris, L'Harmattan Cameroun, 2021, p. 14.

[3] *Ibid.,* p. 19.

[4] *Ibid.,* p. 20.

[5] *Ibid.,* p. 74-75.

[6] Marcel Yondo, *Dimension nationale et développement économique (Théorie - Application dans l'UDEAC),* Paris, LGDJ, 1970. ; A.G. Anguilé, J.E. David. *L'Afrique sans frontières,* Monaco, Éditions Paul Bory, 1965.

l'intégration des marchés, laquelle vise à abolir les restrictions aux échanges. Dans ce courant doctrinal, la libéralisation totale des échanges emprunte les formes institutionnelles graduées suivantes : zone de libre-échange, union douanière, marché commun, union économique, intégration économique totale[1].

Sanou Mbaye se situe dans ce lignage. Il souhaite voir se réaliser une union entre les populations du continent et les membres de la diaspora fondée sur un « socle identitaire symbolisé par la couleur de la peau, objet de mépris : une plus grande compréhension entre les peuples noirs du monde qui doivent faire de leur histoire commune, leur héritage et leur diversité, une source de richesse et non de confrontation, un élan de renaissance et d'enrichissement mutuel, et non de mépris de soi conduisant aux difficultés qu'a le Noir à s'identifier à un autre Noir[2] ». Après avoir critiqué la méthode d'approche de l'unité africaine en ce qu'elle est une construction au sommet sans assise solide et enracinement populaire, l'auteur plaide pour une implication des populations et de la société civile dans le processus d'édification africaine qui consiste prioritairement, par l'abandon des souverainetés nationales, en « la création d'une zone de libre-échange et d'un marché commun pour faire du commerce intra-régional le premier levier du développement de la région[3] ». Il s'agit, avec le démantèlement des obstacles aux échanges, d'aboutir au final, et selon l'optique libérale de l'intégration économique, à la « constitution des États-Unis d'Afrique, ultime étape du processus d'union[4] » ; il ajoute : « seule l'instauration d'une union douanière effective, conduisant à la réalisation d'un marché commun fonctionnel, constitue la stratégie adéquate devant conduire à l'unité politique et monétaire[5] ». Au plan institutionnel, les organisations régionales seraient restructurées et elles auraient pour mission de relayer les programmes d'intégration politique et

[1] Bela Balassa, *The Theory of Economic Integration,* Homewood, Richard D. Irwin Inc. 1961. On trouvera un exposé des différentes formes d'intégration dans Willy Jackson, *Intégrations économiques internationales. Idéologies, méthodes institutionnelles et dynamiques spatiales,* Paris, Classiques Garnier, 2023.

[2] Sanou Mbaye, *L'Afrique au secours de l'Afrique,* Paris, Les Éditions de l'Atelier/Éditions ouvrières, 2009, p. 93-94.

[3] *Ibid.,* p. 93.

[4] *Ibid.,* p. 95.

[5] *Ibid.,* p. 97-98.

économique de l'Union africaine[1]. Cette architecture serait recentrée sur les priorités africaines et comporterait plusieurs volets : mobilisation des ressources, mise en place d'une Confédération panafricaine des producteurs de matières premières, exercice démocratique du pouvoir, réformes sociales et institutionnelles, etc. Il s'agit de sonner l'appel à la résistance : « Les pays du continent doivent s'affranchir du diktat des marchés pour rejoindre le camp de la résistance au capitalisme sauvage et belliqueux des adeptes de la version actuelle néolibérale de la mondialisation[2] ». Il est permis de douter que ces idées généreuses puissent se réaliser dans le cadre de l'Union africaine dont l'auteur fait le moteur de ces changements, compte tenu des contradictions internes de cette organisation et de son affiliation idéologique plutôt néolibérale.

Pathé Diagne considère de même que l'Afrique ne peut se développer sur la base d'espaces économiques étroits. Aussi propose-t-il « d'affranchir l'économie des frontières nationales et des limites que lui imposait une trop étroite politique des nationalités[3] », en érigeant des ensembles économiques régionaux. Il suggère que soit constitué un front politique, national ou interafricain, animé par les peuples africains (partis politiques, syndicats, intellectuels, étudiants). Chacun de ces segments de la société aurait la double tâche de participer à la démocratisation de son propre pays et d'œuvrer à la formation d'ensembles élargis : panafricain, ouest-africain, centre-africain, soudano-sahélien, bantou, arabo-berbère, etc.[4] Son « panafricanisme multinationaliste[5] » a pour objet de construire une « Afrique des nationalités[6] » respectueuse des minorités, ainsi que des spécificités linguistiques et culturelles. Son panafricanisme est un militantisme qui vise à rompre le cycle de la domination extérieure qui étrangle le continent africain : « Il faut poser, face aux hégémonies externes, le

[1] *Ibid.*, p. 112.
[2] *Ibid.*, p. 190.
[3] Pathé Diagne, *Pour l'unité oust-africaine, Micro-États et intégration économique,* Paris, Éditions Anthropos, 1972, p. 246.
[4] *Ibid.*, p. 336.
[5] *Ibid.*, p. 334.
[6] *Ibid.*, p. 326.

problème de la lutte d'émancipation et d'unité africaines en termes d'intégration régionale, sous-régionale et continentale[1] ».

Au total, la formule des regroupements régionaux, notamment économiques, reste la plus usitée en matière d'institutionnalisation du panafricanisme continental. C'est aussi celle proposée par Jean Ping qui ne voit de solution aux problèmes africains qu'à travers la magie qu'opérerait la Communauté économique africaine adossée aux mécanismes des financements internationaux, notamment du NEPAD[2]. Il pousse à l'ingestion par l'Afrique des valeurs occidentales qu'il juge universelles, à « l'intégration idéologique », selon ses termes, de ce continent[3]. L'Afrique serait donc, à ses yeux, une substance vide et elle n'aurait rien en propre à faire valoir face au reste du monde. Cette pensée de la soumission est en totale opposition à tout le combat panafricain depuis son origine. On ne peut réduire le panafricanisme à un mercantilisme et l'inféoder aux intérêts des puissances étrangères. Au demeurant, l'inconsistance de la méthode d'un regroupement politique panafricain par le détour des intégrations économiques doit être soulignée. En échec en Europe[4], elle l'est également en Afrique qui se trouve ainsi mise au défi de refonder son intégration sur d'autres paradigmes théoriques.

On retiendra de ce parcours des modes d'institutionnalisation du panafricanisme l'extrême difficulté à structurer ce phénomène pris dans sa globalité et son extensivité. Les formules d'association du panafricanisme débutant des Pères fondateurs étaient segmentaires, car territorialisées et circonscrites d'abord en Afrique de l'Ouest puis, plus tard, dans les autres régions du continent. Ni l'Union africaine, ni l'OUA qui l'a précédée ne sont pas non plus porteuses d'une vision politique globale du panafricanisme. La question n'est donc pas de savoir quelle formule d'association politique, États-Unis, Confédération d'États, etc., exprime le mieux l'aspiration unitaire des peuples africains. À partir du moment où est actée la mise hors-jeu

---

[1] *Ibid.*, p. 327.

[2] Acronyme anglais du Nouveau Partenariat pour le Développement de l'Afrique.

[3] Jean Ping, *Et l'Afrique brillera de mille feux,* Paris, L'Harmattan, 2009. ; voir particulièrement la troisième partie : « Le renouveau du panafricanisme et du multilatéralisme » ; « L'intégration économique : le temps de la géoéconomie ».

[4] Willy Jackson, *Le panafricanisme, entre politique et droit, op. cit.*, p. 197-199.

d'une partie du monde panafricain dans les évolutions en cours qui voient le panafricanisme se réfugier en Afrique, la question se déplace du terrain des formes d'institutionnalisation vers celui de l'essence même du projet politique panafricain. Une communauté politique africaine uniquement continentale peut-elle se prévaloir d'être panafricaine ? L'association politique panafricaine peut-elle n'être qu'africaine ? Non à l'évidence, à moins de considérer que les contingences historiques du panafricanisme l'emportent sur son intemporalité. On accréditerait alors l'idée que le panafricanisme a changé de nature et de sens en s'africanisant. S'il en était ainsi, alors le panafricanisme serait une édulcoration et un travestissement de ce qu'il est supposé être en réalité, un mouvement transcontinental multipolarisé et décentré, et à vocation d'émancipation des peuples africains. Portée par l'utopie de l'africanité politique globale, la notion de communauté politique panafricaine est de nature à exprimer toute l'amplitude du panafricanisme.

L'AFRICANITÉ POLITIQUE GLOBALE, UNE ALTÉRITÉ POLITIQUE PANAFRICAINE FONDÉE EN UTOPIE

La problématique d'une nouvelle fondation du politique à l'échelle panafricaine implique l'invention d'un agir et d'un vivre-ensemble des différentes communautés panafricaines territorialement éparpillées. Le panafricanisme de la communauté politique tire de l'utopie sa force créatrice. Enchevêtrement d'échelons politiques hétérogènes, il soulève le problème de la recherche d'un fondement identitaire commun.

L'UTOPIE ET LA POSSIBILITÉ D'UNE COMMUNAUTÉ POLITIQUE PANAFRICAINE

L'utopie est mal considérée dans l'opinion publique. Elle est généralement assimilée dans le sens commun à la rêverie par sa déconnection supposée du réel et par l'impossibilité dans laquelle elle se trouverait de réaliser ses fins : « Quelle pourrait être d'ailleurs l'efficacité d'une utopie ? Certainement pas sa réalisation, puisqu'elle ne peut se réaliser. Une bonne utopie est une utopie qui demeure une utopie, un songe, un monde virtuel, ce qui est le lot de toutes les utopies qui seraient donc, à cette aune, toutes de belles utopies[1] ». Or l'utopie se définit dans un rapport d'altérité entre ce qui est, et ce qui n'est pas encore venu, entre le réel existant et le possible entrevu. C'est du moins cette signification que lui donne Thomas More dans son texte publié en 1516[2]. Thomas More était conscient de la distance entre la société corrompue de son temps, et celle vertueuse qu'il appelait de tous ses vœux. Après avoir exposé les tares des systèmes politiques de son époque, Raphaël Hythlodée, personnage central de son récit, transporte le lecteur en Utopie, île préfigurant la cité idéale ; il prône en substitution du système spoliateur et appauvrissant existant, une égale répartition des ressources entre tous : « Je suis donc convaincu que les ressources ne peuvent être réparties également et justement, que les affaires des hommes ne peuvent être heureusement gérées si l'on ne supprime la propriété privée. Aussi longtemps qu'elle subsistera, la partie la plus nombreuse et la meilleure de l'humanité portera un lourd et inévitable fardeau de misère et de soucis[3] ». Thomas More apparaît ainsi comme un précurseur de l'idéal communiste.

L'utopie ne se satisfait pas de la contemplation et de l'acceptation d'un présent exécrable ; elle préfigure et annonce un au-delà du visible : « C'est pourquoi l'utopie n'est pas, comme le serait une atopie, de l'ordre du pur non-être ou du pur non-sens ; mais elle se rapporte plutôt à un devoir-être[4] ». Procédant d'une critique du réel, «...l'utopie est donc par essence révolutionnaire, si l'on entend par là qu'elle refuse l'imperfection du réel et lui oppose un idéal[5] ». Monique Chemillier-

---

[1] Denis Langlois, *L'utopie est morte ! Vive l'utopie,* Paris, Éditions Michalon, 2005, p. 17. Sur l'irréalisabilité de l'utopie, voir aussi Micheline Hugues, dir., *L'utopie,* Paris, Armand Colin, 1999, et notamment cette assertion : « Les auditeurs sentent s'exacerber en eux le désir d'un monde meilleur, que l'impossibilité de le substituer à la réalité reporte dans un Ailleurs inaccessible », p. 19.

[2] Thomas More, *L'utopie ou le traité de la meilleure forme de gouvernement,* texte traduit et commenté par Marie Delcourt, Paris, La Renaissance du Livre, sd, ; Genève, Librairie Droz, 1983.

[3] *Ibid.,* Livre Premier, p. 52-53.

[4] Pierre Macherey, *De l'utopie,* Paris, De l'incidence Éditeur, 2011, p. 58-59.

[5] Micheline Hugues, dir., *L'utopie, op. cit.,* p. 74. ; sur le même registre de l'utopie comme démarche révolutionnaire, se référer aussi à Denis Langlois, *op. cit.,* p. 33 : « C'est un besoin vital d'émancipation jamais assouvi de l'individu et de la communauté humaine, au moins d'une partie de la communauté humaine, la plus démunie, la plus écrasée. Une aspiration fondamentale à découvrir d'autres possibles, à les inventer. Un moteur rebelle de l'Histoire. Allez donc arrêter un moteur rebelle

Gendreau insiste aussi sur la vertu émancipatrice de l'utopie et montre comment les juristes contemporains ont évacué cette réflexion de leurs préoccupations, marqués qu'ils sont par le positivisme qui exclut tout questionnement philosophique de sa démarche[1]. Si on peut la distinguer de l'idéologie en tant que celle-ci est une déformation imaginaire du réel, un discours marqué par la cécité de ce qui est réellement, au sens de Marx et Engels[2], elle s'en approche cependant si on considère que l'idéologie peut avoir aussi la signification de projet d'agir sur le réel en vue de le transformer. Il peut y avoir une homologie entre les deux concepts, telle que l'a montré Karl Mannheim[3] ; et « L'utopie disposerait alors d'une dimension projective, propre précisément à un *projet* tourné vers l'avenir sur lequel il anticipe en en effectuant la construction prévisionnelle, ce qui confirme sa vertu innovante, tendanciellement progressiste, au sens où...la représentation du progrès repose sur l'anticipation d'un avenir différé... Mais, pour qu'il en soit

---

de l'Histoire ». ; voir aussi ce texte de Bronislaw Baczko, dans *Lumières de l'utopie,* Paris, Payot, 1978, : « La démarche utopique prend son point de départ dans le sentiment...d'une rupture entre le devoir-être, l'idéal et la réalité sociale. L'utopie vise une vie nouvelle au nom des valeurs qui transcendent la réalité existante et qui seules sont jugées aptes à régénérer la vie individuelle et collective », p. 30.

[1] Monique Chemillier-Gendreau, *Un autre droit pour un autre monde. Comment sortir des impasses du droit international contemporain ?,* collection Doctrine (s), Paris, Éditions A. Pedone, 2019. ; voir le chapitre XIX « L'utopie, indispensable renouvellement de l'horizon politique », p. 335-349.

[2] Karl Marx, Friedrich Engels, *L'idéologie allemande,* Paris, Éditions sociales, 2012 : « Á l'encontre de la philosophie allemande qui descend du ciel sur la terre, c'est de la terre au ciel que l'on monte ici. Autrement dit, on ne part pas de ce que les hommes disent, s'imaginent, se représentent, ni non plus de ce qu'ils sont dans les paroles, la pensée, l'imagination et la représentation d'autrui, pour aboutir ensuite aux hommes en chair et en os ; non, on part des hommes dans leur activité réelle ; c'est à partir de leur processus de vie réel que l'on représente aussi le développement des reflets et des échos idéologiques de ce processus vital », p. 20.

[3] Karl Mannheim, *Idéologie et utopie*, Paris, Éditions de la Maison des Sciences de l'homme, 2006 : « Dans l'idée d'idéologie et d'utopie, dans l'effort pour échapper également au monde de l'idéologie et de l'utopie, c'est à vrai dire la réalité qui, somme toute, est recherchée. Ces deux représentations modernes sont des instruments du doute productif, et il y a lieu de les approuver car elles contrecarrent la grande tentation de la conscience, la propension de l'idée à demeurer auprès de soi, à occulter des réalités ou simplement à les outrepasser », p. 81, ou encore, « Ainsi, dans l'idée d'idéologie et d'utopie, c'est encore une fois la question de la réalité qui surgit. Les deux représentations contiennent la même exigence : l'idée doit faire état de sa couverture dans le réel », p. 81.

ainsi, il faudrait admettre que l'utopie contient dans son concept la dimension de la réalisabilité[1] ». Raisonner en utopie consiste donc à penser le non-être pour l'amener à l'être. On comprend alors que le détour par l'utopie soit une étape nécessaire dans l'avènement de la communauté politique panafricaine, car elle est précisément le moyen par lequel l'inexistant conceptualisé s'incarne dans le réel anticipé. L'utopie d'aujourd'hui est le réel de demain. Pensée d'abord en utopie, la communauté politique panafricaine devient ensuite une phénoménalité, une abstraction se manifestant dans le monde sensible. La communauté politique panafricaine devient alors la matrice institutionnelle de l'africanité politique globale, notion qu'il convient d'expliciter.

La notion d'africanité politique globale est une déclinaison spécifique de celle d'africanité globale entendue comme étant une « …histoire des Africains et des personnes d'ascendance africaine à l'échelle du monde…de l'expansion initiale des êtres humains à partir du continent africain pour peupler le globe, aux diasporas qui se sont succédé dans le temps jusqu'à la période contemporaine[2] ». L'africanité globale considère les mondes africains comme un tout déployé dans un continuum historique malgré la diversité qui les caractérise. Ce concept suggère que face au monde contemporain, les peuples africains sont confrontés à des problématiques communes qui interpellent conséquemment quant à la nécessité de ressouder les diverses branches du mouvement panafricain en dépit de leur dispersion géographique ; il implique aussi un regard endogène sur les réalités panafricaines, un redressement de l'image des peuples africains dévaluée par les puissances dominantes. Il tend notamment à démontrer que loin d'être un monde immobile et figé, l'Afrique multipolarisée est de tout temps un univers en mouvement et en mutation, se réinventant sans cesse face à lui-même et dans sa confrontation avec le monde.

Le panafricanisme en tant que perception d'un monde africain éclaté et déterritorialisé est au cœur de la thématique de l'africanité globale. Mais s'il est relativement aisé d'imaginer et de tisser des relations dans les domaines de la culture, de l'art, de l'éducation, etc.,

[1] Pierre Macherey, *op. cit.*, p. 69.

[2] Unesco, *Histoire générale de l'Afrique. Volume IX*, sous presse. Note d'orientation, p. 4.

entre les différents mondes panafricains comme le préconise la pensée de l'africanité globale, il devient beaucoup plus difficile de concevoir l'entrée en relation politique de ceux-ci. Les territoires et peuples panafricains sont en effet sous la coupe des États souverains, le politique ayant été pensé depuis les Temps modernes dans la matrice de l'État. Et la phase historique dans laquelle se trouve le développement politique des sociétés humaines est encore celle de la prééminence de l'État souverain. Or cette structure de l'État n'est pas favorable à l'expression politique de l'africanité globale. La communauté politique panafricaine ne peut en effet être une association d'États souverains disséminés sur le globe, désunis quant à leurs intérêts, et dont les groupes humains différenciés sont encartés dans le lien de la nationalité. L'ouverture vers une communauté politique panafricaine n'est donc possible que dans le débordement de l'État souverain, et dans le dépareillage de la nationalité et de la citoyenneté, et aussi dans le recours à la démocratie. Car l'appartenance nationale rattache l'individu à l'État et restreint par son ancrage au sol la sphère de ses possibles et multiples appartenances. La nationalité s'oppose en cela à la citoyenneté, malgré la très regrettable confusion entretenue entre les deux termes dans la pensée politique et juridique[1]. La nationalité est le lien juridique qui relie un individu à un État ; elle est excluante car établissant une ligne de distinction ségrégative entre nationaux et étrangers. La citoyenneté est consubstantielle à l'agir politique par lequel toute personne, quelle que soit sa nationalité, entre en démocratie dans une société donnée dans le cadre de l'exercice des libertés ; intégrative et inclusive, elle est universelle par essence et se confond alors avec les droits de l'homme.

Des rapports dialectiques se nouent autour des notions de nationalité, de citoyenneté et d'identité nationale. Qu'il s'agisse de la dimension individuelle de l'identité (celle des sujets) ou de la dimension collective de celle-ci (communauté politique), le rôle de l'État est déterminant en ce que lui seul, parce que doté de l'attribut de la souveraineté, a compétence pour définir ses politiques de nationalité et de citoyenneté. Sa fonction régalienne de dire le droit l'autorise à

[1] Monique Chemillier-Gendreau, « Quelle citoyenneté universelle adaptée à la pluralité du monde ? », *Tumultes,* 2005/1, N° 24, p. 165-178.

décider qui sont les sujets appartenant à la communauté nationale et ceux qui en sont exclus. En d'autres mots, l'État détermine seul, au travers de ses lois et de sa réglementation, les catégories de nationaux et d'étrangers. On voit bien alors que la pluralité des mondes panafricains constitués d'États souverains se traduit conséquemment par une pluralité de nationalités adossées à l'idéologie de l'identité nationale vectrice d'un rapport d'inclusion/exclusion. Il faut donc substituer aux notions de nationalité et d'identité nationale celles de citoyenneté et d'identité panafricaine. Émancipées du carcan étatique, celles-ci sont seules expressives de la diversité qui caractérise les sociétés panafricaines. La communauté politique panafricaine, agglomération de groupements humains géographiquement éparpillés, ne peut être pensée dans le carcan d'une collectivité étatique unique, car constituée d'une pluralité d'échelons politiques.

LE PANAFRICANISME, UN ENCHEVÊTREMENT D'ÉCHELONS POLITIQUES HÉTÉROGÈNES

Le panafricanisme est l'image même de la complexité du politique, par sa démarche qui vise à agréger en un projet de destin commun de liberté des sujets humains particuliers pouvant avoir des attentes contradictoires. La communauté politique dont les contours sont ici esquissés est en effet caractérisée par un entrecroisement de divers échelons politiques, autant au niveau diasporique, qu'à celui continental africain. Ces entités différenciées qui comportent elles-mêmes plusieurs démembrements soulèvent le problème d'un dessein politique panafricain commun, autrement dit, de leur articulation et de leur cohérence avec le projet unitaire panafricain.

LES DIASPORAS AFRICAINES, UNE INTRICATION DE COMMUNAUTÉS ET LE DÉFI D'UNE PERSPECTIVE POLITIQUE PANAFRICAINE

L'on s'accorde généralement sur le fait que la diaspora est « la fraction d'un peuple vivant en dehors de son pays d'origine[1] ». La

[1] Walter Robert Connor, cité par Steve Tametong Nguemo Tsidié, « La place de la diaspora africaine dans l'Agenda 2063 de l'Union africaine », dans Paul Elvic Batchom, Patrice Moundounga Mouity, dir., *L'État africain et sa diaspora face à la mondialisation. La nation dans l'entre-deux,* Paris, L'Harmattan, 2021, p. 210.

diaspora se caractérise donc par la dispersion géographique d'une communauté à partir d'un foyer originel, comme le montre Patrick Manning pour la diaspora africaine[1].

Loin de former un ensemble homogène, la diaspora africaine se présente comme étant constituée de communautés éclatées. En 2010, sa répartition géographique était ainsi évaluée par l'Union africaine en nombre de personnes : Amérique du Nord : 39,16 millions ; Amérique latine : 112,65 millions ; Caraïbes : 13,56 millions ; Europe : 3,51 millions. Une telle dispersion territoriale pose bien évidemment le problème du lien politique entre ces différentes branches, c'est-à-dire de la représentation qu'elles peuvent avoir quant au partage d'une destinée commune entre elles ; mais elle soulève aussi la question de leur lien politique avec l'Afrique continentale, le foyer géographique de l'arrachement et du déracinement. On cherchera à savoir si l'histoire de ces lignées africaines diasporiques permet de conclure à l'existence entre elles d'une conscience politique se projetant dans un désir d'avenir collectif. Si une telle aspiration politique existe, comment se manifeste-t-elle ? Et si elle est absente, comment expliquer ce blocage vers la formation d'une communauté de nature politique ?

La thématique de la réinvention et de la survie de l'identité culturelle[2] constitue le prisme par lequel sont classiquement étudiés les mondes africains de la diaspora. Á côté de cette approche, se manifeste-t-il aussi dans ces sociétés, aux échanges intenses et de différentes formes, la perspective d'un en-commun politique ? La nature des nationalismes qui ont cours dans ces espaces géographiques permet de répondre à cette préoccupation. Ceux-ci se développent dans un contexte géopolitique où se télescopent revendications et frustrations nationalistes, aspirations panafricanistes, domination des anciennes puissances coloniales et de leurs alliés. Dans un tel environnement de conflictualité larvée ou réelle, l'enjeu majeur est celui de l'émancipation des peuples et de la formation des alliances nécessaires

[1] Patrick Manning, *The African Diaspora. A History Through Culture,* New York, Columbia University Press, 2010.

[2] Christine Chivallon, *La diaspora noire des Amériques. Expériences et théories à partir de la Caraïbe,* Paris, CNRS Éditions, « coll. Espaces et milieux », 2004. ; Toyin Falola, Cacee Hoyer, eds., *Global Africans. Race, Etnicity and Shifting Identities,* London, New York, Routledge, 2017.

à la réalisation de leurs desseins politiques. Le panafricanisme devient alors la jauge des recompositions politiques envisagées. Diverses prises de position pour des projets de globalisation politique institutionnelle impliquant la formation d'une communauté politique panafricaine ont été exprimées à cet égard. Les grandes figures de la lutte anti-raciale aux États-Unis (Malcom X, Stokely Carmichael, Eldridge Cleaver, etc.) et leurs mouvements (Black Panthers, Organization of Afro-American Unity, etc.) ont, à un moment ou à un autre, cherché à internationaliser leur combat en l'élargissant aux autres communautés noires du monde. Cette transnationalisation de la question raciale déboucha sur la vision militante d'un *« Black Power »* et d'une Nation noire globale qui rassemblerait toutes les personnes d'origine africaine. C'est ce qu'entrevoyait notamment Malcom X, créateur en juin 1964, avec d'autres Afrodescendants américains, de l'Organisation de l'Unité afro-américaine (acronyme anglais OAAU) inspirée de l'OUA ; des États-Unis, elle est appelée à disséminer dans le reste des mondes noirs[1]. Ainsi, les Africains, quel que soit le lieu de leur implantation géographique, ont-ils destin politique lié : « L'Organisation de l'unité afro-américaine a pour objectif d'unir tous les habitants de l'hémisphère occidental d'origine africaine en une seule et même force. Et une fois que nous serons unis entre nous dans l'hémisphère occidental, nous nous unirons à nos frères de la mère patrie dans le continent africain[2] ». Peuvent donc devenir membres de l'organisation, selon l'énoncé de l'article 1er de sa charte, tous les Africains, ascendants et continentaux : « Toute personne d'origine africaine, ayant du sang africain, peut devenir membre de l'Organisation de l'Unité Afro-Américaine, ainsi que n'importe lequel de nos frères et sœurs du continent africain[3] ». Malcom X pensait que les communautés noires

[1] *Malcom X's Speech at the Founding Rally of the Organization of Afro-American Unity,* 28 juin1964, dans https://www.blackpast.org/african-american-history/1964-malcom-x-s-speech-founding-rally-organization-afro-american-unity/, consulté le 26.12.2020.

[2] "So the purpose of the Organization of Afro American Unity is to unite everyone in the Western Hemisphere of African descent into one united force. And then, once we are united among ourselves in the Western Hemisphere, we will unite with our brothers on the motherland, on the continent of Africa", *Ibid.*

[3] "Anyone of African descent, with African blood, can become a member of the Organization of Afro American Unity, and also any one of our brothers and sisters from the African continent", *Ibid.*

étaient condamnées à avancer au même rythme et que leur progrès réciproque dépendait de leur interrelation : « L'Afrique n'avancera pas plus vite que nous et nous n'avancerons pas plus vite que l'Afrique[1] ».

On retrouve cette idée d'une Afrique politique globale chez les militants panafricanistes caribéens, notamment chez Cyril Lionel Robert James (1901-1989). Révolutionnaire marxiste originaire de la colonie britannique de Trinité-et-Tobago, il est connu pour son anticolonialisme. Homme politique et intellectuel, on lui doit de nombreux textes qui traduisent son engagement militant en faveur de la cause des opprimés[2]. On mentionnera également dans la même lignée intellectuelle et militante, le nom du Guyanien Walter Rodney (1942-1980) sur qui l'influence de Cyril Lionel Robert James fut déterminante[3]. En prélude à la sixième Conférence panafricaine qui allait se tenir à Dar-es-Salaam (Tanzanie) en juin 1974, il écrit un texte dans lequel il fait une critique caustique du déviationnisme panafricain de l'OUA : « … les régimes africains actuels ont contribué à forger l'illusion que l'OUA…constitue la concrétisation de l'unité africaine. L'OUA est le principal instrument qui légitime l'existence de la quarantaine de mini-États qui nous ont été imposés par le colonialisme…l'OUA concourt davantage à entraver qu'à réaliser le concept d'unité africaine[4] ». Aussi en appelle-t-il à revenir, sur une base radicale, internationaliste et révolutionnaire, aux principes fondamentaux du panafricanisme : « Un des principes fondamentaux du panafricanisme est que chaque peuple est garant de la liberté de ses

---

[1] "Africa will not forward any faster than we will and we will not go forward any faster than Africa will.", *Ibid.*

[2] Á titre d'exemples, Cyril Lionel Robert James, *Les Jacobins noirs. Toussaint Louverture et la Révolution de Saint-Domingue,* traduit de l'anglais par Pierre Naville, Paris, Gallimard, coll. « La suite des temps », 1949. ; Cyril Lionel Robert James, *Émancipation, guerre et révolution. Écrits sur l'histoire, la stratégie et l'organisation des Noirs aux États-Unis (1936-1967).* Suivi de Léon Trotsky et CLR James, *Discussion sur la question noire,* Saint-Joseph-du-Lac (Québec), M Éditeur ; Paris, Syllepse, 2013.

[3] Amzat Boukari-Yabara, *Walter Rodney, 1942-1980. Un historien engagé. Les fragments d'une histoire de la révolution panafricaine,* Paris, Présence Africaine, 2018.

[4] Walter Rodney, « Panafricanisme et lutte des classes », https://www.revueperiode.net/panafricanisme-et-lutte-des-classes/, consulté le 26.12.2020.

frères des autres parties de l'Afrique ; et, de fait, les Noirs du monde entier étaient censés accepter la même responsabilité[1] ». Le panafricanisme des indépendances doit par conséquent se réaligner sur cette orientation politique : « Le panafricanisme, à l'ère de la post-indépendance, est un internationalisme dans la mesure où il aspire à l'unité des peuples vivant dans un nombre important d'États juridiquement indépendants[2] ».

Le flambeau de la globalisation politique des mondes noirs a été repris par une nouvelle génération de militants de la cause panafricaine. Andrews Kehinde participe de ce renouveau. Il procède à une critique acerbe de l'OUA qu'il accuse d'avoir manqué à créer une nation noire globale, et se livre à une déconstruction du nationalisme étroit qui cherche à résoudre les problèmes du peuple noir en s'enfermant dans le cadre des frontières imposées par l'État-nation. Il est, à cet égard, très critique à l'endroit d'Elijah Muhammad et de son concept de Nation de l'Islam qui circonscrit l'horizon politique des Noirs au territoire américain[3]. Se revendiquant du radicalisme noir de Garvey, Malcom X, et des Panthères noires, il propose la transnationalisation du combat du peuple noir comme seule solution : « … la seule solution complète au problème de la liberté auquel sont confrontés les Noirs dans le monde entier est une révolution panafricaine qui accouchera d'une Afrique indépendante, prospère et équitable aussi bien pour les Africains de l'intérieur que pour ceux de l'étranger[4] ». Cette perspective d'une libération globale des Africains est portée par l'idéologie révolutionnaire de la « Blackness », « … concept essentiel parce qu'il ne peut être que politique. Se revendiquer véritablement de la Blackness, c'est reconnaître notre situation et, en fin de compte, s'engager dans une politique révolutionnaire[5] ». Cette pensée a

---

[1] *Ibid.*

[2] *Ibid.*

[3] Andrews Kehinde, « Black is a country. Black people in the West as a colonized minority», dans Andrews Kehinde, Lisa Amanda Palmer, ed., *Blackness in Britain,* London and New York, Routledge, 2016, p. 53.

[4] "the only complete resolution to the problem of freedom faced by Black people throughout the globe is a Pan-African revolution that creates an independent, prosperous and equitable Africa for those at home and abroad", Andrews Kehinde, *Ibid.*

[5] "Blackness is essential as a concept because it can be nothing other than political. To truly claim Blackness is to recognize our situation and ultimately commit to a

vocation à rassembler les Africains continentaux et ceux de la diaspora en une même conscience politique de la domination qu'ils subissent en commun : « S'assumer comme noir est une prise de position politique, l'Afrique est un lieu. Dire qu'on est Africain quand on est né dans la diaspora est une déclaration politique, alors que ce n'est qu'une description dans le continent[1] ». Andrews Kehinde entend ainsi redynamiser le panafricanisme qui se meurt de l'absence d'une idéologie : « L'absence d'idéologie constitue l'une des principales limites du panafricanisme. Être Africain n'est pas un exploit, et il existe de nombreuses versions de l'africanité qui sont tout autant néfastes pour les Noirs que la 'blanchité'. Une politique radicale de la négritude est tout autant nécessaire sur le continent africain que dans la diaspora[2] ». Le choix est, dès lors, entre l'assujettissement à un système qu'on ne peut changer de l'intérieur et une idéologie libératrice : « Ne vous y trompez pas, le radicalisme noir implique de choisir son camp : soit maintenir sa foi dans un système fondé sur la suprématie blanche, soit embrasser son ascendance africaine pour s'unir et lutter contre ce système raciste[3] ». L'urgence est alors à la constitution d'une organisation représentative de la Nation noire, résolument engagée à la destruction des chaînes de la domination de l'Occident : « Ce n'est qu'en rejetant le système de l'impérialisme occidental que nous pourrons à jamais être libres. Mais en quittant la maison, nous devons la faire s'écrouler afin de libérer véritablement non seulement la nation noire, mais aussi tous les peuples opprimés[4] ». La révolution panafricaine est, en d'autres termes, vectrice d'une libération globale de tous les humains opprimés.

---

revolutionary politics", Andrews Kehinde, *Back to black. Retelling Black Radicalism for the 21st Century,* London, Zed, 2018, p. 284.

[1] "Black is a politics, Africa is place. It is only a political statement to say you are African if you were born in the Diaspora. On the continent it is a description.", *Ibid.,* p. 285.

[2] "The main limitations of Pan-Africanism is the lack of any ideology. It is not an achievement to be African and there are many versions of African-ness that are just as bad for Black people as Whiteness. The radical politics of Blackness is just as necessary on the African continent as it is in the Diaspora", *Ibid.*

[3] *Ibid.,* p. 290.

[4] "It is only by rejecting the system of Western imperialism that we can ever be free. But as we leave the house we must bring it crashing down in order to truly liberate not only the Black nation, but all oppressed peoples", *Ibid.,* p. 286.

Dans les Antilles françaises, les luttes de libération politique sont enfermées dans l'affrontement entre l'idéologie panafricaniste et l'insertion de cet espace géographique dans le domaine impérial occidental. Joao Gabriel observe à ce propos : « Le problème posé par le panafricanisme…est…qu'il propose des voies d'avenir qui contredisent le prétendu destin français, européen et assimilationniste de la Guadeloupe[1] », ou encore : « Bref, se dire panafricaniste en étant caribéen, c'est pour beaucoup penser en terme géopolitique. C'est considérer urgent un bouleversement des équilibres mondiaux, d'où la conviction qu'une entité fédérale forte capable de tenir tête à l'UE, l'OTAN, le FMI et consort est une nécessité fondamentale[2] ». De son point de vue, la démarche d'émancipation consiste donc à créer une nouvelle dynamique politique multidimensionnelle dans l'espace caribéen consistant, d'une part, à la défrancisation et à la déseuropéanisation des Antilles par l'accession de ses territoires à l'autonomie ou à l'indépendance, « conditions nécessaires à une intégration fédérale quelle qu'elle soit[3] » ; d'autre part, dans la formation d'une unité politique pancaribéenne : « Si j'entends les arguments de ceux qui opposent le panafricanisme dont je me revendique, l'urgence d'une construction pancaribéenne, puisque c'est l'environnement immédiat de la Guadeloupe, de la Martinique et de la Guyane, j'ai moins de sympathie pour des positions qui ne consistent – ni à être panafricains, ni pancaribéens, mais toujours plus françaises, et donc européennes[4] ». Ces deux échelons s'emboîteraient alors dans une unité supérieure panafricaine, proposition alternative ayant pour objet de disjoindre les Antilles des formes institutionnelles de colonisation rémanente et déguisée : « Le panafricanisme, sous la forme d'une entité politique qui serait les États-Unis d'Afrique et qui regrouperaient aussi sous des formes administratives contextuelles, des territoires où vivent une population significative d'ascendance africaine, est l'une de ces

[1] Joao Gabriel, « En quoi le panafricanisme pourrait-il nous concerner, nous les 'Antillais' ? », 23 décembre 2019, https://www.joaogabriell.com/2919/12/23/en-quoi-le-panafricanisme-pourrait-il-nous-concerner-nous-les-antillais/, consulté le 16.11.2020.

[2] *Ibid.*

[3] *Ibid.*

[4] *Ibid.*

propositions[1] ». Mais c'est une « Proposition parmi d'autres, qui n'exige en rien l'exclusivité : la Guadeloupe peut faire partie d'une fédération africaine au nom de sa population majoritaire d'ascendance africaine ET faire partie d'une organisation pancaribéenne au nom de sa position géographique. Proposition qui en l'état actuel des choses n'est pas plus aberrante que de faire partie de l'Union européenne[2] ». Il s'agit donc bien d'un processus politique global à plusieurs étages qui comporte à sa base la transformation du statut territorial des Antilles : « Dans ce contexte, l'engagement des Caribéens dans le panafricanisme, sur le plan culturel ou politique vivant en Caraïbe ou à l'étranger, n'est ni aberrant, ni contradictoire avec le développement de projets politiques propres à la Guadeloupe et la Martinique[3] » ; à l'échelon intermédiaire, la formalisation des solidarités régionales dans les Caraïbes : « Si de grandes puissances comme la France ou l'Allemagne, sans renoncer à leur souveraineté nationale, comprennent l'importance d'alliances régionales européennes (type UE), mais aussi internationales plus larges pour assurer la défense de leurs intérêts entre occidentaux (avec l'OTAN), pourquoi la Guadeloupe ou la Martinique devraient-elles se penser seulement dans une dynamique mono insulaire ou uniquement caribéenne ?[4] » ; et au sommet de la pyramide l'établissement de liens de nature fédérale entre Caribéens et Africains : « Pourquoi cela ne pourrait-il pas être *aussi* dans leur intérêt de faire partie d'une coalition africaine et diasporique…sachant, au risque de me répéter, que nous partageons les mêmes colons historiques, des problématiques communes…de même que de nombreux traits culturels malgré des différences ?[5] ». L'auteur de ces réflexions lève par avance toute accusation de racisme qui pourrait être portée contre lui, notamment par le fait qu'il ne préconise aucune alliance avec l'Asie. Une telle relation lui paraît être contreproductive : « Si la racialisation ne peut pas être le plus solide des fondements sur lequel une politique panafricaine peut s'appuyer, il n'empêche qu'elle contribue souvent à rendre impossibles ou particulièrement difficiles certaines coalitions.

[1] *Ibid.*
[2] *Ibid.*
[3] *Ibid.*
[4] *Ibid.*
[5] *Ibid.*

La négrophobie des autres peuples colonisés rend extrêmement compliquées les alliances[1] ». D'où la nécessité, selon l'auteur, de fonder les luttes panafricaines sur le fondement de la solidarité raciale : « … il y a donc, malgré des spécificités, une communauté d'intérêts politiques, économiques ET une expérience de la racialisation comme noir, dans un monde où la négrophobie est opérante partout, qui justifient que les Afro descendants privilégient les convergences avec les Africains noirs, et vice versa. Forts ensemble, au travers d'entités politiques et économiques fédérales, les alliances avec d'autres (à commencer par les Africains du nord) pourront devenir moins défavorables à nos intérêts[2] ». Ces propositions constituent, dans l'optique révolutionnaire qui est celle de l'auteur, une tentative d'innovation politique en ce qu'elles visent à formaliser par la référence au panafricanisme, une relation politique d'un vivre-ensemble et d'une destinée commune entre peuples africains de la diaspora caribéenne d'abord, et entre ces derniers et peuples africains d'Afrique, ensuite. L'ouvrage n'est pas sans difficulté, et l'auteur en est pleinement conscient, d'où son appel à repenser les « conditions de mobilisation pour un projet politique global[3] », au vu des impasses de la situation actuelle dans la mesure où « Il n'y a ni engagement massif dans le jeu électoral colonialiste français, ni engagement massif pour les voies autonomistes et indépendantistes alternatives[4] ». Aussi aboutit-on à des situations bloquées comme en Nouvelle Calédonie. Ce territoire est confronté à la fois à l'aspiration à l'indépendance du peuple kanak, et au désir opposé d'une frange de la population en faveur du maintien dans la République française. D'où la crispation autour de la définition du corps électoral susceptible, par le vote, de déterminer l'avenir de ce territoire ultra-marin[5].

[1] *Ibid.*
[2] *Ibid.*
[3] *Ibid.*
[4] *Ibid.*
[5] « Nouvelle-Calédonie : grandes manifestations à Nouméa pour et contre l'élargissement du corps électoral, https://www.lemonde.fr/politique/article/2024/04/13/nouvelle-caledonie-grandes-manifestations-a-noumea-pour-et-contre-l-elargissement-du-corps-electoral 6227576 823448.html, consulté le 13.04.2024.

Le mouvement de la transnationalisation politique des peuples africains est également en acte dans les initiatives de la Ligue Panafricaine-Umoja. Cette organisation de la société civile a pour objet de « fédérer les Panafricanistes et tous les Africains dans la réalisation de l'Unité, l'Indépendance et la Renaissance du Continent à travers une perspective politique visant la construction d'un État fédéral Africain (États-Unis d'Afrique) en passant par la conquête des pouvoirs politiques et économiques africains sur une base populaire[1] ». Son Secrétaire général, Amzat Boukari-Yabara, déplore le cloisonnement et l'éclatement des organisations de la diaspora africaine et relève la disparité des situations de chacune d'elles : « … la diaspora africaine du Brésil qui vit dans un pays indépendant négrophobe mais avec une forte communauté noire n'a rien à voir avec la diaspora africaine de France qui vit dans un pays encore colonial. Les Noirs aux États-Unis sont de nationalité américaine et sont plus de 40 millions, quand les Noirs en France sont probablement dix fois moins nombreux[2] ». Il n'en résulte pas moins que toutes ces communautés noires sont également sujettes à des situations de domination : « Chaque territoire, chaque diaspora a son territoire mais elles se rejoignent dans l'expérience de la négrophobie et de la domination capitaliste ». Il n'en résulte pas pour autant une action concertée et efficace entre ces diasporas éclatées : « … le problème réel est que la diaspora africaine est très peu encartée politiquement, très peu organisée dans le sens où elle est très diversifiée et ne parvient pas à se construire une véritable identité avec une cause commune transnationale[3] ». Il s'agit donc, défaisant et déjouant tous les subterfuges se présentant comme panafricains, d'ériger un édifice politique authentiquement panafricain impliquant à un premier étage la structuration de la diaspora : « Si la diaspora n'arrive pas déjà à se constituer en organisations politiques et qu'elle en reste à se complaire au stade embryonnaire d'associations culturelles ou de projets économiques avec un faible impact de transformation sociale, je ne vois pas comment la constitution d'un *État de la diaspora* pourrait avoir un

---

[1] Site https://www.lp-umoja.com, visité le 13.11.2020.
[2] *Ibid.*
[3] Entretien avec Amzat Boukari : *« État de la diaspora africaine »*, https://www.nofi.media/2019/11/amzat-boukari/69228, consulté le 13.11.2020.

sens[1] » ; et dans un deuxième, l'alliance de celle-ci avec l'Afrique : « La solution est bien de mettre en place des organisations politiques indépendantes liant le continent et la diaspora ainsi que les différents territoires de la diaspora entre eux. Ce ne saurait être un *État de la diaspora africaine,* ce serait de vrais *États-Unis d'Afrique* avec unc citoyenneté panafricaine indépendamment que l'on soit en Afrique ou dans la diaspora[2] ». La Ligue Panafricaine-Umoja qui ambitionne de multiplier la création de démembrements territoriaux sur le continent affirme vouloir s'inspirer au niveau de la diaspora d'institutions du type de l'UNIA-ACL de Marcus Garvey ou de l'Organisation de l'Unité Afro-Américaine de Malcom X, expériences qui sont à croiser avec deux modèles politiques continentaux, le RDA (Rassemblement démocratique africain) et l'ANC (African National Congress). À ses yeux, ce projet politique détonne avec les initiatives françaises pour l'Afrique, et notamment du « Conseil présidentiel pour l'Afrique, l'organe de soft power françafricain mis en place pour séduire la jeune diaspora africaine ambitieuse et prête à vendre son propre continent aux intérêts de l'ancien colon[3] », mais aussi du projet AfricaFrance 2020 « présenté comme une forme de *panafricanisme[4]* ». Au sens d'Amzat Boukari-Yabara, « Tous ces projets se font dans le dos de la diaspora africaine de France qui n'est nullement consultée politiquement mais qui est très convoitée économiquement[5] ». La critique se fait plus incisive et plus acerbe quand elle vise à exposer la collusion entre « un nouvel électorat de la noirgeoisie, une catégorie sociale d'un nombre croissant de personnes noires prêtes à rejoindre le nouveau projet de la France pour l'Afrique. La reconfiguration politique néocoloniale…s'accompagne de l'entrée à l'Assemblée nationale d'un certain nombre de députés d'origine africaine…Ce sont des coups politiques dans la lignée de la présence du président du Ghana lors de la rencontre à l'Élysée avec les *400 de la diaspora africaine[6] ».*
Aussi, serait à ranger dans le même registre de la nouvelle offensive du

[1] *Ibid.*
[2] *Ibid.*
[3] *Ibid.*
[4] *Ibid.*
[5] *Ibid.*
[6] *Ibid.*

« soft power » à la française, la mission confiée par le président Emmanuel Macron à Achille Mbembe qui s'est entouré à l'occasion, d'un aéropage de personnalités et intellectuels africains à l'effet de contribuer à la définition d'un nouveau paradigme des relations de la France avec l'Afrique[1]. Les conclusions de cette mission controversée[2] car perçue comme étant un accompagnement et une légitimation du projet néo-impérial de la France ont donné lieu à la production d'un rapport[3] remis au président français Emmanuel Macron le 5 octobre 2021 lors du sommet France-Afrique de Montpellier (France). La création en octobre 2022 d'un Haut-Commissariat des Diasporas Africaines (HCDAF), organisation fédérative de plusieurs associations africaines, dirigée par une élue du parti présidentiel, « La République en marche » participe aussi de la prise de parole des immigrés et de leurs descendants en vue de leur visibilité politique[4].

À l'analyse, la marche incertaine des Antillais vers une perspective politique panafricaine se heurte à une série de trois considérations. La première se rapporte à leur longue plainte contre le sort qui leur fut réservé par leurs frères Africains qu'ils accusent d'avoir été les complices de leur mise en esclavage. De ce contentieux historique découle une perte d'ancrage identitaire par rapport à la terre ancestrale d'origine, et la difficulté ensuite éprouvée à considérer l'Afrique comme un refuge mémoriel. Le rejet des autres dans un monde certes ouvert, mais malgré tout marqué par la catégorisation des humains selon leur origine et leur appartenance identitaire, ainsi que la difficulté à

---

[1] Achille Mbembe, « E. Macron veut redéfinir les fondamentaux de la relation entre l'Afrique et la France », https://www.rfi.fr/fr/podcasts/invité-afrique/20210322-a-mbembe-e-macron-veut-redéfinir-les-fondamentaux-de-la-relation-entre-l-afrique-et-la-france, 22.03.2021, consulté le 30.03.2021.

[2] Emmanuel Desfourneaux, « Le talon d'Achille », *Seneplus,* 25.03.2021, https://www.seneplus.com/opinions/le-talon-dachille, consulté le 26.03.2021 ; Jean-Pierre Bekolo, « Rencontre Macron-Mbembe : Jean-Pierre Bekolo écrit à Achille Mbembe », https://www.lebledparle.com, 26.03.2021, consulté le 26.03.2021. ; Jean-Loup Amselle, « Des intellectuels africains au secours de Macron », https://www.nouvelobs.com./idees/20210408.OBS42475/des-intellectuels-africains-au-secours-de-macron-par-jean-loup-amselle, consulté le 10.04.2021.

[3] Présidence de la République, *Les nouvelles relations Afrique-France : relever ensemble les défis de demain,* 5 octobre 2021.

[4] « Discriminations en France : les diasporas lancent un haut commissariat », https://lanouvelletribune.info/2022/10/discriminations-en-france-les-diasporas-lancent-un-haut-commissariat/, consulté le 15.01.2023.

vivre le métissage culturel[1], contribuent au mal-être et au déracinement existentiel de cette population privée de passé, amère, et sans repère : « Même pas l'Afrique. Elle nous avait vendus. Et puis, quelle Afrique ? celle du Congo ? celle du Bénin ? celle de Guinée ?[2] ». La deuxième considération est relative aux contradictions du projet politique des peuples antillais : celui-ci est pris en tenaille, dans l'espace français notamment, entre le désir de souveraineté qui entraînerait immanquablement, s'il venait à être réalisé, une perte des bénéfices sociaux que procure le statut de la départementalisation[3]. Enfin, le troisième aspect est lié à la difficulté de définir un en-soi géographique antillais, l'incertitude de la délimitation de cet espace pouvant alors aboutir à des perspectives politiques antinomiques de ses différentes entités[4].

Les propositions ci-dessus examinées témoignent d'une prise de conscience de la nécessité ressentie par certains mouvements africains diasporiques de se penser en communauté politique dans leur environnement géographique immédiat et de se projeter ensuite dans une organisation politique plus large avec le continent africain. La réalisation de ces projets butte pour l'instant sur le fait que les peuples panafricains de ces aires géographiques appartiennent déjà à des communautés étatiques existantes dont ils ont la nationalité. La tâche ne sera pas facile dans les territoires intégrés dans le domaine impérial des anciennes puissances coloniales et à l'Europe. La contradiction subsiste entre l'ancrage à ces espaces géopolitiques et le désir d'appartenance à un espace proprement panafricain. Il n'est pas sûr que l'adhésion des territoires ultra-marins aux formules d'intégration régionale auxquelles participent les métropoles[5] soit une solution aux revendications panafricaines des peuples de ces territoires, là où elles

[1] Julie Lirus-Galap, *L'entrecroisement des mondes. De la Caraïbe à la France,* Paris, Karthala, 2016.

[2] Frantz Succat, « Le nègre sans tambour », dans *Guadeloupe. Temps incertains,* dirigé par Marie Abraham et Daniel Maragnès, Paris, Éditions Autrement, coll. « Monde », HS n° 123, 2001, p. 162.

[3] Fred Reno, « Qui veut rompre avec la dépendance ? », *Ibid.,* p. 236-249.

[4] Maryse Condé, « The voyager in, the voyager out », *Ibid.,* p. 254-257.

[5] Exemples de l'Association des pays d'Afrique, des Caraïbes et du Pacifique (ACP) avec l'Europe, et de la Commission de l'Océan Indien qui regroupe, outre la France qui en est membre par l'entremise de son département ultra-marin de la Réunion, l'Union des Comores, Madagascar, Maurice et les Seychelles.

sont présentes. La souveraineté des États et d'autres principes du droit international, notamment celui de l'intégrité territoriale, font écran aux prétentions autonomistes et panafricaines des populations de ces aires géographiques. La problématique de l'émancipation des peuples africains dominés, vivant dans des structures étatiques, impériales ou non, est toujours d'actualité. Les solutions de l'intégration et de l'assimilation n'y répondent pas à bref délai, et ne contribuent pas à la pacification des rapports sociaux dans ces formations politiques. À cet écueil s'ajoute celui de la perception divergente des militants nationalistes sur la finalité de l'émancipation politique.

Les initiatives intergouvernementales n'aboutissent, quant à elles, à aucune projection politique, ni entre les pays diasporiques entre eux, ni entre ceux-ci et l'Afrique continentale. On retiendra l'engagement personnel de Hugo Chavez pour des liens renforcés entre l'Amérique du Sud et l'Afrique tel qu'exprimé dans sa lettre aux participants du IIIe Sommet Afrique-Amérique latine et Caraïbes tenu en Guinée Équatoriale en février 2013 : « Je le dis du plus profond de ma conscience : l'Amérique du Sud et l'Afrique sont un même peuple...l'Amérique latine et les Caraïbes partagent avec l'Afrique un passé d'oppression et d'esclavage. Aujourd'hui plus que jamais, nous sommes fils de nos libérateurs et de leurs hauts faits, nous pouvons dire, nous devons dire avec force et conviction, que nous unit aussi un présent de lutte indispensable pour la liberté et l'indépendance définitive de nos nations[1] ». Il continuait en ces termes : « ... nous sommes un même peuple, nous avons l'obligation de nous rencontrer au-delà des discours formels dans une même volonté d'unité et ainsi unis, donner vie à l'équation qui devra s'appliquer dans la construction des conditions qui nous permettront de faire sortir nos peuples du labyrinthe dans lequel le colonialisme les a jetés et, par la suite, le capitalisme néo-libéral du XXe siècle [2] ». Aussi souhaitait-il, arguant de la parenté historique et idéologique du bolivarisme et du

[1] « Lettre du Président Hugo Chavez aux participants du IIIe Sommet Afrique-Amérique latine et Caraïbes, Guinée Équatoriale, février 2013, https://www.venezuelainfos.wordpress.com/2013/02/24/lettre-dhugo-chavez-a-lafrique-21-fevrier-2013-formons-un-seul-peuple-un-seul-continent-nous-ne-pouvons-rien-attendre-sinon-de-nous-memes/, visité le 13.11.2020.
[2] *Ibid.*

panafricanisme[1], que le forum ASA (America del Sur/Africa) se transforme « en un véritable instrument générateur de souveraineté et de développement social, politique et environnemental[2] ». Il émane de ce discours une vision qui pourrait augurer d'une possible institutionnalisation politique des relations entre les pôles sud-américain et africain : « Marchons donc vers notre union et notre indépendance définitive. En paraphrasant Bolivar, je dis maintenant : *formons une patrie, un continent, un seul peuple, à tout prix et tout le reste sera supportable.* Vive l'union sud-américaine et africaine ![3] ». Mais en réalité, les regroupements interétatiques ayant cours en Amérique latine et aux Caraïbes, aires à forte présence de populations d'ascendance africaine, ne sont pas allés au-delà de la formule classique des intégrations économiques régionales. Les organisations de ce type y foisonnent[4] avec, en prime, l'appartenance des États à plusieurs d'entre elles.

Comme souligné, l'Union africaine a entrepris d'associer les diasporas africaines à ses programmes, sans qu'il en découle une réelle volonté d'impliquer celles-ci à la réalisation de ses objectifs, et

---

[1] Diogène Senny, « Panafricanisme et bolivarisme », 15 juin 2014, https://www.lp-umoja.com/2014/06/15/panafricanisme-et-bolivarisme/, consulté le 13.11.2020. ; Amzat Boukari-Yabara, « Panafricanisme et bolivarisme », 8 janvier 2019, https://www.venezuelainfos.wordpress.com/2019/01/08/panafricanisme-et-bolivarisme-par-amzat-boukari-yabara/, consulté le 13.11.2020. ; Jesùs Chucho Garcia, « L'Afrique dans la vision de Malcom X et Hugo Chavez », 4 mars 2015, https://www.venezuzlainfos.wordpress.com/2015/03/04/lafrique-dans-la-vision-de-malcom-x-et-hugo-chavez/; Saïd Bouamama, « Leçons bolivariennes pour l'Afrique », 29 avril 2015, https://www.venezuelainfos.wordpress.com/2014/04/29/lecons-bolivariennes-pour-lafrique-par-said-bouamama/, consulté le 13.11.2020. ; Cheikh Nguirane, « Le bolivarisme et le nkrumaïsme : Actualités de deux idéologies politiques dans les relations internationales du XXIe siècle », Languages and Literature Seminar Series, Acadia University, février 2012, http://languages.acadian.ca/news-and-events.html, visité le 12.02.2021.

[2] « Lettre du Président Hugo Chavez… », *référence citée.*

[3] *Ibid.*

[4] Union des Nations sud-américaines (UNASUR), Marché commun du Sud (MERCOSUR), Association des États de la Caraïbe (AEC), Communauté d'États latino-américains (CELAC), Communauté des Caraïbes (CARICOM), Association latino-américaine d'intégration (ALADI), Système économique latino-américain et des Caraïbes (SELA), Communauté andine, etc.…

notamment de l'Agenda 2063[1]. Mais plus fondamentalement, de cette reconnaissance tardive et insuffisante des peuples africains diasporiques, on ne tire aucune conclusion quant à la perspective d'un lien politique fort entre ces différentes communautés et le continent africain. Le discrédit qui entache cette organisation par son refus d'accepter Haïti en son sein comme État membre est significatif de ses limites en termes de volonté politique unificatrice des peuples africains. On lui reprochera aussi de se concevoir comme étant la forme ultime, la matrice achevée du développement et de la structuration politique de l'africanité globale, de théologiser pour ainsi dire ses rapports avec non seulement la diaspora, mais aussi avec l'Afrique continentale. La diaspora africaine est en effet, au sens de l'UA, constituée de « personnes d'origine africaine vivant hors du continent africain, qui sont désireuses de contribuer à son développement et à la construction de l'Union africaine, quelles que soient leur citoyenneté et leur nationalité ». En dehors de la confusion malencontreuse entretenue entre les termes citoyenneté et nationalité, cette formulation suggère que l'Union africaine est la forme eschatologique, finale et ultime de la construction africaine. Elle ferme ainsi la porte à toute autre évolution possible et future, et insinue que tout individu qui ne se reconnaît pas dans son projet et dans sa forme institutionnelle est exclue de la catégorie diaspora, conséquence qui peut également s'appliquer aux Africains continentaux. C'est comme dire à quelqu'un qu'il est déchu de sa nationalité parce qu'il n'adhère pas à la forme de son État et à la politique de son gouvernement. Une telle façon de voir relève de la dictature de la pensée unique. Or la diaspora africaine peut très bien contribuer au développement du continent, puisque tel semble être le but, purement mercantiliste, qui lui est assigné[2], tout en n'approuvant pas la forme institutionnelle actuelle de l'UA, ni sa politique. De même que les Africains d'Afrique peuvent manifester un amour passionné

[1] Steve Tametong Nguemo Tsidié, « La place de la diaspora africaine dans l'Agenda 2063 de l'Union africaine », *op. cit.*, p. 209-230 ; Ladislas Nze Bekale, « L'Union africaine et les perspectives de participation de la diaspora africaine au processus d'intégration », dans Paul Elvic Batchom, Patrice Moundounga Mouity, *op. cit.*, p. 231-253.

[2] Conception critiquée par Mohammed Hadi Abdul-Ganiy Bolaji, « The African Union's Call for Global Pan-Africanism and the Ghana-Diaspora Relations in the 21st Century », *Journal of Black Studies*, vol. 46 (1), 2015, p. 62-101.

pour leur continent et s'investir dans son devenir sans pour autant adhérer à la ligne politique de l'UA. Les insinués de cette organisation sont révélateurs de son absence de vision politique novatrice et globale. Préoccupée à conforter les États qui la constituent, l'Union africaine éprouve de la difficulté à projeter les peuples africains vers une utopie directrice, à les enchanter, à leur offrir du rêve. Elle est, dans ce sens, un non-être politique. Il est alors temps de prendre conscience que l'avenir politique des peuples africains passe nécessairement par le démâtage de l'idéal panafricain d'unité et d'émancipation, des projets sans réelle envergure de cette organisation qui a manqué à articuler les différents échelons politiques panafricains dans une perspective d'ensemble.

Mais la complexité des échelles politiques multiples imbriquées les unes aux autres se manifeste également au niveau continental africain.

L'AFRIQUE CONTINENTALE ET LE DÉFI D'UN DESSEIN POLITIQUE PANAFRICAIN

La communauté politique panafricaine devra, dans sa mise en œuvre, affronter l'existence des États, des regroupements régionaux, et des communautés politiques de base. Ces différents segments de la vie politique et sociale forment-ils corps avec le projet unitaire panafricain ? En constituent-ils un obstacle ? Comment les concilier, le cas échéant, avec cet objectif ?

États africains et communauté politique panafricaine

Même contesté, l'État demeure aujourd'hui encore la forme politique dominante de gouvernement des sociétés humaines dans l'ordre interne, et de leur représentation dans les rapports internationaux, dans l'ordre externe. La communauté politique panafricaine doit composer avec cette réalité. L'OUA puis l'UA, organisations à prétention panafricaine, sont des regroupements d'États dont l'accord de façade cache cependant mal leurs divergences de fond quant à la voie à emprunter pour exprimer et réaliser le désir d'un vivre-ensemble politique commun. Certains d'entre eux, franchement hostiles à l'idée même d'unité africaine, ont adhéré à ces organisations, juste pour faire bonne mesure ; d'autres, bien qu'acquis à cette idée ne souhaitent pas son accomplissement dans l'immédiat, proposant des étapes transitoires et dilatoires qui en diffèrent la réalisation ; d'autres enfin, franchement convaincus de la nécessité de l'unité africaine se croient obligés de cohabiter avec les deux premières catégories. Véritable maelstrom politique, ce faisceau de représentations contradictoires de l'unité africaine ne contribue pas à une claire définition d'un possible destin panafricain commun. Sans visibilité ni lisibilité, le dessein panafricain se trouve ainsi entraîné dans le tourbillon du néant. Le défi de l'action politique consiste alors à ressouder les États autour d'une vision partagée d'un être-ensemble, par la reconversion des tâtonnements et des indécisions unitaires en une véritable conviction assumée de la nécessité d'une rupture idéologique porteuse de renouveau. Mais si cette voie s'avérait infructueuse par la résistance très fort probable de certains États, peut-être conviendrait-il alors d'explorer et de suggérer la piste iconoclaste de la désolidarisation des États qui veulent véritablement avancer dans la voie de la réalisation d'un être politique panafricain avec ceux à la volonté unificatrice incertaine. Ce dépareillage aboutirait à la création, par les États de ce premier groupe, d'une organisation politique entièrement vouée à l'unité africaine, et qui se donneraient les moyens de la réaliser. Sans doute seraient-ils accusés d'œuvrer à la division de l'Afrique. À cette objection il sera répondu que la recherche du consensus à tout prix s'est traduite par la coexistence dans une même organisation, d'États aux vues politiques diamétralement opposées, et que cette situation a abouti au brouillage des repères quant à l'objectif final à atteindre. Il faut oser mettre en question le fétichisme d'une Afrique absolument continentale qui serait seule porteuse de l'aspiration d'unité et d'émancipation des peuples africains, telle qu'envisagée par le panafricanisme étatique de l'OUA puis de l'UA. L'Afrique présente l'incongruité d'être le seul exemple d'un processus de construction communautaire à dimension continentale ambitionnant de devenir un continent-pays, ou un continent-État, et qui fait l'impasse sur les divergences idéologiques des États participants. La pertinence et la réalisabilité d'une idée doivent-elles absolument être appréciées au nombre des sujets qui la partagent ? L'Union européenne, pour ne mentionner que ce cas, ne regroupe pas tous les États du continent européen ; elle fait la différence entre ceux qui partagent ses idéaux et les autres. Á partir d'une poignée de membres fondateurs, une dynamique unitaire a été enclenchée autour de la construction européenne. De nouveaux États ont rejoint le train en marche ; d'autres, comme le Royaume-Uni, ont quitté l'Union européenne après le référendum sur le « Brexit » ; d'autres encore, comme la Hongrie et la Pologne, accusés de ne pas respecter l'État de droit, bloquent l'adoption du budget communautaire et mettent en péril la réalisation des politiques de cette organisation. Cette évolution et ces soubresauts qui témoignent du mouvement même de la vie enseignent que la cohésion politique doit seule être au fondement de toute association à vocation unitaire. Les États africains qui prendraient l'initiative pionnière de la création d'une organisation soudée idéologiquement pourraient entraîner d'autres à leur suite, inaugurant ainsi l'ère d'un nouveau commencement unitaire de la construction africaine. Il faut néanmoins être conscient de ce que cette hypothèse demeure un horizon lointain. Sans doute faudra-t-il alors s'accommoder encore pendant un temps indéfini, de l'existence de l'UA. La nature a horreur du vide. En ce sens, le maintien de l'UA, même dans son imperfection actuelle, vaut sans doute mieux que la béance que ne manquerait pas de laisser sa disparition non accompagnée d'une solution de remplacement crédible. Il faut donc continuer à œuvrer à l'amélioration de cette organisation, non pas tant par la réforme nécessaire de ses structures internes que par son arrimage à un véritable projet politique d'émancipation et d'unité panafricaine.

Organisations régionales africaines et communauté politique panafricaine

Au deuxième niveau des représentations politiques qui véhiculent l'idée d'une destinée commune, on retrouve les organisations régionales africaines. Celles-ci se sont multipliées à la suite de l'échec d'un regroupement politique continental. Encouragées par les instances politiques continentales, elles ont l'ambition d'aboutir par étapes à l'objectif final d'unité politique. La contradiction est ici de taille, entre leur prolifération et le but visé. L'enchevêtrement dans un même espace géographique, régional ou sous-régional, de plusieurs expériences de ce type constitue un sérieux obstacle. Les impasses théoriques et pratiques de ce modèle d'intégration prisé par les puissances dominantes et les institutions internationales sont sous-estimées. Dès lors que ces regroupements régionaux contribuent à arrimer l'Afrique à la mondialisation dépendante[1], elles sont à encourager. Est-il cependant souhaitable et raisonnable de faire reposer le destin politique de tout un continent sur des programmes de libéralisation des échanges au devenir incertain ? Aucun pas décisif n'a pu à ce jour être franchi par ces organisations dans la perspective de l'unité africaine, et l'institution au niveau continental de la Zone de libre-échange continentale africaine (ZLECAF) n'y contribuera pas plus. La conscience politique des peuples d'appartenir à un espace politique commun y est peu développée. Xénophobie et expulsions des ressortissants communautaires sont monnaie courante dans les États, souvent au mépris des prescriptions des conventions communes sur la libre circulation et le droit d'établissement, ainsi réduites au formalisme juridique[2]. La notion de citoyenneté africaine qui aurait entraîné la revendication des droits transnationaux et leur application étant embryonnaire sinon inexistante, on assiste à des situations de recul des libertés et des droits fondamentaux. On en conclut que ces organisations ne contribuent pas à la réalisation de l'objectif d'unité africaine. Continentales, régionales ou sous-régionales, elles n'aboutissent à aucune ouverture en termes de conscientisation des peuples africains quant au partage d'un destin qui leur est commun. Il est alors temps de déconstruire le mythe de la réalisation de l'unité politique africaine par le recours à la passerelle des regroupements régionaux, et d'affirmer ensuite le primat du politique sur l'économique. C'est ce que préconisait Kwame Nkrumah lors de la conférence constitutive de l'OUA en 1963 : « L'Unité africaine est, avant tout, un royaume politique qui ne peut être conquis que par des moyens politiques. L'expansion sociale et économique de l'Afrique ne se réalisera qu'à l'intérieur de ce royaume politique, et l'inverse n'est pas vrai[3] ». Sékou

[1] Willy Jackson, « Intégration régionale africaine, mondialisation et dépendance », Unesco, *Histoire générale de l'Afrique,* tome IX, sous presse.

[2] Jacques Bipele Kemfouedio, « La libre circulation des personnes en zone CEMAC : heurs et malheurs d'un droit fondamental », *Revue Juridique et Politique,* 2018, N°3, p. 368-392 ; Serge Loungou, « La libre circulation des personnes au sein de l'espace de la C.E.M.A.C. : entre mythes et réalités », *Belgeo* (3), 2010, p. 315-330.

[3] « Unis, nous résistons », Discours lors de la tenue du premier sommet de l'OUA, Addis-Abeba, 24 mai 1963.

Touré défendra également l'idée de la nécessité de l'unité africaine dans sa forme politique comme préalable à la libération économique. Il pensait que les peuples africains dominés avaient besoin, avant tout, d'expérimenter une libération politique, « instrument de combat de nos peuples contre les causes de leur misère et de leur retard économique[1] ». Le discours politique est un discours d'enchantement, et les peuples africains dominés ont besoin d'une poésie panafricaine qui les transporte dans un horizon des possibles réalisables. Seul le politique peut leur offrir ce lyrisme, c'est-à-dire un nouvel imaginaire porté par un rêve d'espérance et de changement.

Communautés politiques de base et communauté politique panafricaine

L'association politique panafricaine doit encore, pour être mise en place, être confrontée aux communautés politiques de base. Celles-ci, villages, chefferies traditionnelles, etc., sont des cellules immédiatement données au sein desquelles s'expriment les solidarités primaires et les liens identitaires d'appartenance ethnique. L'Afrique est plurielle par ses collectivités humaines. Le modèle de la construction nationale par le recours au parti unique, puis aux simulacres de la démocratisation des années 1990 par le multipartisme a échoué à raboter ces différences et à les couler dans le moule de l'État-nation d'origine occidentale[2]. La survivance des particularismes ethniques pose le problème de l'identification de ces communautés politiques de base à l'État national d'abord, puis à une communauté politique supranationale du type de celle projetée dans le cadre panafricain, ensuite. La démocratie comme principe universel du vivre-ensemble dans l'expression du dissensus permet seule de concilier les revendications particularistes avec la possibilité d'adhésion à une organisation politique supérieure : « Pour unir, il faut d'abord différencier, distinguer et nommer les pluralités et les particularités. Le

[1] Discours de Sékou Touré à la Conférence au sommet des États indépendants d'Afrique à Addis-Abeba, CIAS/GEN/INF/12, 23 mai 1963, MAE (Ministère des Affaires étrangères, France), Archives diplomatiques, Afrique-Levant, 1960-1965, Généralités, carton 49QONT/84.

[2] Willy Jackson, Issiaka Mandé, « Coups d'État, partis uniques », Unesco, *Histoire générale de l'Afrique,* tome IX, sous presse.

refus d'un tel procédé, au nom d'une volonté d'affirmer une citoyenneté unie, ignorante des différences, est un faux alibi et une auto-duperie. On voudrait que les citoyens se comportent comme si la nationalité primait sur leur ethnie, alors que c'est tout à fait le contraire, puisque spontanément ils se réfèrent d'abord à leur ethnie comme premier réflexe[1] ». Il s'ensuit que « ... les voix offertes aux candidats à un poste politique par exemple le sont d'une manière générale en fonction des appartenances ethniques ou régionales avant le souci d'adhérer aux projets politiques nationaux proposés par les candidats. Les différences ethniques sont irréductibles et obligent à l'adoption d'une unique attitude : celle de les considérer comme une chance pour chaque État africain à qui incombe l'art d'inventer sans cesse leur intégration pleine et inclusive[2] ».

Les communautés politiques nationales soumises au principe de souveraineté et en quête de reconnaissance à l'intérieur de leurs États ont souvent invoqué des modes variés de partage de pouvoir et d'expression de vie politique différenciée : autonomie, régionalisation, décentralisation, fédéralisme. Ces formules quasi magiques, pensent-elles, leur permettraient de résoudre leurs problèmes identitaires et de développement. Il est certes vrai que ces systèmes peuvent contribuer à la décrispation de la vie politique nationale par le transfert de certains pouvoirs aux autorités locales et favoriser ainsi une gestion au plus près des intérêts des populations. Mais c'est oublier un peu trop vite que la décentralisation et le fédéralisme, pour ne s'en tenir qu'à ces exemples, sont tous deux des enfants bâtards du jacobinisme ; l'un et l'autre pensent se desserrer de l'emprise de l'État central, méconnaissant que ce dernier est seul souverain à fixer les règles du jeu démocratique et à distribuer les rôles des acteurs des entités territoriales secondaires. Analysant la situation de crise au Mali, Monique Chemillier-Gendreau est amenée à tempérer les enthousiasmes des mouvements revendicatifs fascinés par ces modèles politiques importés en ces termes : « C'est ignorer que dans le fédéralisme tel qu'il est appliqué en Allemagne, aux

[1] Bernard Kaboré, « Identités ethniques et citoyenneté républicaine en Afrique », dans Paulin Poucouta, Gaston Ogui, Pierre Diarra, éds., *Les défis du vivre-ensemble au XXIe siècle. Contributions à l'occasion des 15 ans de l'Université catholique d'Afrique de l'Ouest,* Paris, Karthala, 2016, p. 209-210.
[2] *Ibid.*, p. 210.

États-Unis et dans bien d'autres cas, les fonctions régaliennes restent aux mains du pouvoir central et qu'il y a toujours un fort principe hiérarchique entre l'État central et les États fédérés. On a ainsi un débat d'une grande pauvreté conceptuelle : unité avec un soupçon de décentralisation d'un côté, indépendance ou, en position de repli, fédéralisme de l'autre[1] ». Au surplus, la décentralisation n'a pas éliminé les tensions ethniques là où elle a été peu ou prou mise en œuvre, ni contribué significativement au développement. Le fédéralisme n'a pas non plus contribué à l'apaisement des désaccords politiques entre l'État fédéral et les entités fédérées, comme le prouvent à suffisance les exemples des irrédentismes au Nigeria et en Éthiopie (Tigré). De ce fait, un équilibre politique est à trouver dans l'expression démocratique, qui préserve le pluralisme des sociétés humaines appelées à intégrer la communauté politique panafricaine. Les crispations sur la forme de l'État, unitaire, fédéral, confédéral, etc., deviennent secondaires dès lors que l'on comprend que ce qui importe, c'est de libérer les communautés du carcan du modèle de l'État-nation, répressif et réducteur des particularismes, et de faire coexister ces communautés plurielles dans le lien politique de la « multination[2] ». La pensée philosophique, politique et juridique du vivre-ensemble dans le respect de la diversité doit s'orienter vers la constitutionnalisation de cette notion[3]. Alors, au lieu de s'exclure, les communautés s'emboîteraient les unes aux autres, dans l'exercice démocratique des compétences selon le principe fécond de la subsidiarité[4]. La multination ethnique est la seule solution convenable et raisonnable au problème jusqu'à ce jour non résolu des communautarismes irrédentistes africains. Par mimétisme idéologique et institutionnel occidental, les dirigeants politiques ont voulu les éradiquer au nom d'une hypothétique unité nationale. Combat aussi

---

[1] Monique Chemillier-Gendreau, « La dangereuse situation dans laquelle se trouve le Mali, un condensé des impasses où se trouve la société mondiale », dans Monique Chemillier-Gendreau, *Un autre droit pour un autre monde…, op. cit.,* p. 243.

[2] Stéphane Pierré-Caps, *La multination. L'avenir des minorités en Europe centrale et orientale,* Paris, Odile Jacob, 1995.

[3] Ce pas a été franchi par la Bolivie dont la constitution de 2009 adoptée sous l'impulsion du président amérindien de gauche Evo Morales définit ce pays comme un « État unitaire social de droit plurinational communautaire » (art. 1).

[4] François Delpérée, dir., *Le principe de subsidiarité,* Bruxelles, Bruylant ; Paris, LGDJ, 2002.

vain que celui de Don Quichotte contre les moulins à vent, c'est-à-dire contre un ennemi imaginé et imaginaire. La voix de la raison commande que l'on ouvre le chantier de la reconnaissance politique et juridique de la multiethnicité, du pluralisme ethnique[1]. Il faudrait toutefois veiller à éviter les dérives du rejet de l'autre non identique, comme cela a pu être observé dans l'ex-Yougoslavie[2] ; et en Afrique avec, en Côte d'Ivoire, la doctrine sulfureuse de l'ivoirité ; mais aussi au Rwanda où la stigmatisation identitaire a abouti à un drame génocidaire. Comme le souligne Alain Plantey, « Il existe des États plurinationaux et des nations divisées en divers États : l'identité nationale n'est pas le support nécessaire de l'institution étatique[3] ». L'identité nationale, comme a tenté de le faire croire la création en France en 2017 d'un ministère dédié à ce sujet, n'est pas un invariant politique. L'identité nationale est une réalité sociale en constante refabrication et recomposition. L'innovation politique consisterait, dans le contexte particulier africain, à articuler l'en-commun politique autour de trois piliers théoriques : reconnaissance du caractère multiethnique et pluriculturel de l'État ; affirmation du principe d'égalité entre toutes les composantes humaines de la nation ; établissement entre elles d'une union et d'une alliance politiques indissolubles sur la base de l'acceptation par tous des droits et des devoirs garantis par la constitution. Celle-ci doit acter le caractère multinational ou multiethnique de la population, avec une protection à pleine égalité des droits et caractéristiques propres de chaque communauté différenciée. Interchangeable à certains égards avec celui de l'identité nationale, la notion de l'unité nationale qui a servi à structurer l'imaginaire politique des sociétés africaines depuis les indépendances doit être questionnée. Bien que positive en soi, l'idéologie de l'unité nationale émane en effet d'une vision politique

---

[1] Ben Luther Touere Elenga, *Fait ethnique, droit public et gouvernance de l'État en Afrique subsaharienne francophone. Contribution à la théorie de l'État africain,* Paris, L'Harmattan, 2021. ; Ben Luther Touere Elenga, *La démocratie consociative dans le nouveau constitutionnalisme africain. Essai sur la gestion de la diversité nationale en Afrique,* Paris, L'Harmattan, 2024. ; Mwayila Tshiyembe, *État multinational et démocratie africaine. Sociologie de la renaissance politique,* Paris, L'Harmattan, 2002.

[2] Mirjana Miocinovic, « La démolition de l'identité culturelle yougoslave », *La Mazarine,* mai 1997, p. B1-B6.

[3] Alain Plantey, *De la politique entre les États. Principes de diplomatie,* 2e édition, Paris, Éditions A. Pedone, 1991, p. 9.

réductrice et négatrice du pluralisme des groupes humains composites. Il faut dès lors fonder le vivre-ensemble sur une nouvelle philosophie politique et considérer que le concept de cohésion nationale est mieux adapté aux sociétés africaines, car respectueux de leurs diversités qu'elles veulent préserver tout en se projetant vers un avenir commun. Au plan du raisonnement philosophique et de l'analyse sémantique, le modèle politique de l'unité nationale se réalise et s'accomplit nécessairement par la dissolution des différences dans la forme archétypale de l'État-nation. De la même manière, l'intégration nationale, se concevant comme étant le stade avancé et ultime de l'unité nationale, procède d'une pensée politique qui aspire á unifier le multiple par effacement, dilution et engloutissement du pluralisme caractéristique des sociétés africaines. La cohésion nationale développe, elle, un discours de la pluralité ethnique assumée. Avec la cohésion nationale est postulée la coexistence des groupes singuliers dans l'acceptation de leurs différences, et leur sublimation en un être politique supérieur par le moyen du contrat politique. Il s'agit lá d'un nouveau paradigme politique encore tout entier á construire, et seul de nature á tenir compte de la complexité humaine des sociétés africaines et á les faire cohabiter dans le dessein politique assumé d'un vivre-ensemble pluriel. La liberté et l'égalité pour tous dans le respect des identités multiples, individuelles et collectives, doivent être les principes philosophiques d'un nouveau pacte politique entre les communautés nationales. Dans cet ordre d'idées, aucune des composantes humaines de l'État ne saurait être assimilée à une minorité nationale, quelle que soit sa moindre importance numérique. Et aucun groupe national ne peut se prévaloir d'assumer une position dominante par rapport aux autres, qu'il s'agisse de domination politique, économique ou culturelle. Il y va de la paix sociale. La constitution devrait à cet effet interdire vigoureusement toute idéologie ou propagande visant à promouvoir le suprémacisme ethnique. Cette déviance devrait être extirpée de la praxis politique par la rigueur des lois de la République s'appuyant sur l'appareil répressif de l'État. L'hégémonisme ethnique est une pensée nauséabonde, car contribuant au délitement de la cohésion nationale et à la mise en péril du vivre-ensemble démocratique et pacifique dans l'espace public.

Une association politique transnationale ayant le panafricanisme pour socle théorique et idéologique doit composer avec la superposition des multiples échelons politiques qui la constituent. En effet, la communauté politique panafricaine est par nature hétérogène et non pas homogène. D'où la nécessité de la fonder sur des repères identitaires communs.

LA COMMUNAUTÉ POLITIQUE PANAFRICAINE ET LA PROBLÉMATIQUE D'UN FONDEMENT IDENTITAIRE COMMUN

La communauté politique panafricaine est un inventé de la pensée qui se projette dans le réel en se fondant sur certains critères réfléchissant une intimité spirituelle entre ses membres. En ce sens, la communauté politique s'identifie en se différenciant. Une communauté n'est en effet communauté que par l'identification de ses membres à des mythes rassembleurs et fédérateurs, et par l'adhésion consentie de ses composantes au projet politique d'entrer dans l'exister et le vivre-ensemble. Elle devient alors une âme, un principe spirituel, au sens d'Ernest Renan[1], problématique que revisite Pascal Ory dans la longue durée historique[2]. Dans cette optique, la communauté politique panafricaine doit être interrogée quant à l'existence entre ses différentes composantes humaines d'une histoire, d'une culture et de valeurs partagées.

LA COMMUNAUTÉ POLITIQUE PANAFRICAINE, UNE COMMUNAUTÉ D'HISTOIRE ?

Existe-t-il un fond historique commun des peuples africains ? Leur histoire a été marquée par des formes variées de domination : esclavage pour les uns, colonialisme et néocolonialisme pour les autres. Cela crée des transversalités dans le combat pour l'émancipation, hier et encore aujourd'hui. La conscience d'appartenir à un groupe racialement subalternisé et discriminé est féconde de la possibilité d'un avenir politique pensé en communauté de sujets humains libres. Les

---

[1] Ernest Renan, *Qu'est-ce qu'une nation ?,* Conférence prononcée en Sorbonne le 11 mars 1882, Paris, Mille et une nuits, 1997.

[2] Pascal Ory, *Qu'est-ce qu'une nation ? Une histoire mondiale,* Paris, Gallimard, coll. « Bibliothèque des histoires », 2020.

souffrances communes inscrites dans la mémoire intemporelle affleurent à la surface et constituent un ressort de l'agir politique commun. La mémoire n'est plus segmentée, fragmentée ; elle est partagée parce que procédant d'un vécu traumatique identique. Il s'agirait alors de récréer, par le réseautage des associations civiles agissant au sein de leurs États, les antiques solidarités qui ont marqué le mouvement panafricain à ses débuts. La conscience historique est un puissant levier de la conscience politique ; et la conscience politique éclaire à son tour quant à la nécessité de l'association politique. Il s'établit ainsi une circularité politique qui emprunte le linéaire qui s'origine dans le rappel de la mémoire collective, s'éveille ensuite dans le désir d'affirmation de soi au monde, et se concrétise enfin dans l'action militante fondatrice d'un mouvement d'essence politique. La tension des forces panafricaines vers la réalisation d'un imaginaire politique commun aboutit ainsi à la constitution d'une « Assemblée », selon la signification que donne de ce terme Jean-Louis Vullierme, c'est-à-dire un groupe prenant conscience de lui-même et de ses fins[1]. En ce sens, on peut dire de la communauté politique panafricaine projetée qu'elle est une « Res-publica » : « La *République* est *affaire publique,* en ce qu'elle est entreprise commune, objet de l'intérêt commun ; donc le lieu où une communauté subjective se prend réflexivement comme objet de son propre intérêt[2] ». C'est par l'intermédiation de l'histoire que la collectivité humaine prenant conscience d'elle-même réalise sa politicité. D'où l'importance de l'enseignement de l'histoire pour préserver et perpétuer la mémoire collective afin qu'elle ne soit pas une mémoire effacée et oubliée. L'histoire biblique du peuple hébreu est par exemple faite de l'injonction qui lui est adressée de ne pas mettre en oubli son histoire, c'est-à-dire d'entretenir une mémoire perpétuelle transgénérationnelle faite du rappel des évènements passés[3]. On est alors fondé à s'interroger

---

[1] Jean-Louis Vullierme, *Le concept de système politique,* Paris, PUF, 1989, p. 56.

[2] *Ibid.*

[3] « Seulement, prends garde à toi et veille attentivement sur ton âme, tous les jours de ta vie, de peur que tu n'oublies les choses que tes yeux ont vues, et qu'elles ne sortent de ton cœur ; enseigne-les à tes enfants et aux enfants de tes enfants », *La Sainte Bible,* Louis Segond, Deutéronome, chapitre 4, verset 9 ; ou encore : « 3. Ce que nous avons entendu, ce que nous savons, Ce que nos pères nous ont raconté, 4. Nous ne le cacherons point à leurs enfants ; Nous dirons à la génération future les louanges de

pour savoir s'il y a eu une transmission générationnelle de la mémoire panafricaine, qui entraîne dans la représentation collective la perpétuation des aspirations passées dans le présent et leur débordement dans le futur. L'importance de l'usage politique contemporain de l'histoire du panafricanisme dans le processus de germination de l'être collectif panafricain est soulignée par Hakim Adi en ces termes : « Ce qui sous-tend les multiples visions et approches du panafricanisme et des Panafricains est le fait de croire en l'unité, à une histoire commune et à un but commun de peuples d'Afrique et de la diaspora africaine, ainsi qu'à l'idée selon laquelle leurs destins sont interconnectés[1] ». Cette entrée en communauté est un parcours de citoyenneté et de liberté dans lequel la diversité des appartenances de chacun des éléments constitutifs du groupe est respectée. La communauté politique est démocratique par essence, car la démocratie c'est la possibilité de l'expression des différences et des contradictions dans l'espace public ; elle est la reconnaissance de l'autre en tant qu'il se connaît. Il ne s'agit pas, en régime démocratique, de raboter les particularismes, mais de les reconnaître, de les accepter et de les faire coexister en harmonie, le but politique à atteindre étant de fédérer toutes les altérités. Aussi l'adhésion à l'association politique doit-elle procéder d'un acte volontaire et non contraint. Le panafricanisme doit être soucieux du consentement des parties à un projet de vie commune et non pas manifester un volontarisme au nom des autres. On ne peut ignorer alors que le mouvement panafricain se caractérise par une divergence de points de vue quant à sa finalité, ce qui laisse planer une hypothèque en matière de possibilité d'une communauté politique. Certains de ses animateurs ne sont pas prêts à s'engager dans un destin commun et prônent la dissociation des destinées des branches africaine et diasporique. C'est notamment le point de vue de Oruno Lara : « Les problèmes de la construction de l'unité africaine se posent pour les

---

l'Éternel, Et sa puissance, et les prodiges qu'il a opérés. 5. Il a établi un témoignage en Jacob, Il a mis une loi en Israël, Et il a ordonné à nos pères de l'enseigner à leurs enfants, 6. Pour qu'elle fût connue de la génération future, Des enfants qui naîtraient, Et que, devenus grands, ils en parlassent à leurs enfants ». *Ibid.,* Psaume 78, versets 3-6.

[1] « Panafricanisme. Entretien avec Hakim Adi », *Contretemps. Revue de critique communiste,* 7 mars 2019, https://www.contretemps.eu/panafricanisme-entretien-hakim-adi/, consulté le 21.09.2020.

Africains qui doivent assumer leur histoire. Le panafricanisme, en conclusion, est un terme à préciser...Au vrai, chaque population doit assumer sa place dans l'histoire. Dans ce sens une vision européocentriste est aussi néfaste qu'une vision afrocentriste pour nous Caribans...Il faut le dire clairement...nous les Caribans, ne sommes pas des Africains, ni des Africains-Américains, et nous ne sommes pas non plus membres d'un ensemble *diaspora africaine*[1] » ; auquel répondent en écho les propos de Raphaël Constant, autre Antillais : « Je n'ai aucun complexe envers l'Afrique...Nos relations ont besoin d'être clarifiées, ce qui n'a jamais été fait. Chacun doit savoir où il est, qui il est et l'on parlera d'égal à égal. Mais les Africains veulent faire de nous une espèce de diaspora. J'ai horreur de ce mot-là. Je ne suis la diaspora de personne. Nous sommes cousins, c'est tout[2] ».

En Afrique même, un courant intellectuel prône le dépareillage et la désarticulation du panafricanisme en distinguant un panafricanisme négro-américain et un autre négro-africain. Il y est subséquemment suggéré que la notion de peuple africain s'applique uniquement aux Africains continentaux et non pas à ceux de la diaspora. Cette idée est notamment soutenue par Marc-Louis Ropivia[3] qui tire de la divergence des expériences des Noirs face à la domination blanche la conclusion que les deux communautés africaine et diasporique ne peuvent partager une communauté de destin[4]. Pour Guy Rossatanga-Rignault et Flavien Enongoué les Africains d'Afrique et ceux de la diaspora sont loin de constituer un groupe uni, identifiable politiquement : « Est-ce une injure aux Africains de la diaspora que de dire que leur Afrique était un peu trop mythique ? Car entre eux et l'Afrique réelle, il y a bien quatre siècles et un océan de séparation. Aujourd'hui encore, le fossé reste profond entre Noirs des deux côtés de l'Atlantique. La couleur et les souffrances communes ne suffisent pas à faire du Noir Américain un Africain...il est commode d'idéaliser un peuple africain que personne

---

[1] Oruno D. Lara, op. *cit.*, p. 317-318.

[2] *Jeune Afrique l'Intelligent,* N° 2137-2138, 25 décembre 2001, cité par Guy Rossatanga-Rignault, Flavien Enongoué, *op. cit.,* p. 86.

[3] Marc-Louis Ropivia, *op. cit.,* p. 51.

[4] *Ibid.*

n'a jamais rencontré et à qui personne n'a encore moins demandé son avis[1] ».

Ces positions de retrait interrogent quant à l'amplitude de la base sociale et politique des mouvements panafricains. Expriment-elles un point de vue individuel, ou alors sont-elles représentatives d'une opinion largement partagée ? Elles sont, en tout cas, à opposer au soupir d'Haïti pour son admission dans l'Union africaine et aux prises de position, même démagogiques, des dirigeants africains pour l'instauration de relations institutionnelles avec les diasporas noires. Ces contradictions ne peuvent être résolues que dans un large débat démocratique et par le recours à des processus de consultation politique au sein des sociétés panafricaines pour décider du rapport de force pour, ou contre, le projet d'association politique.

LA COMMUNAUTÉ POLITIQUE PANAFRICAINE, UNE COMMUNAUTÉ DE CULTURE ?

La culture est un élément susceptible de contribuer à la naissance et à la consolidation de la communauté politique panafricaine. On rappellera que le panafricanisme est dès son origine un mouvement culturel par la production d'œuvres romanesques, poétiques et artistiques, s'inscrivant dans le combat contre l'acculturation de l'homme noir. La lutte pour l'émancipation est aussi une lutte pour la désaliénation culturelle et la reconnaissance de la personnalité des peuples africains. Le panafricanisme est un mouvement de reculturation, de réappropriation de la culture africaine intrinsèque inhibée dans le processus de mise en dépendance des peuples africains[2]. Il existe un fonds culturel commun des peuples africains en tant que groupe social distinct des autres. La culture est alors une expression particulière de l'africanité : « Il y a donc au regard de la culture, pour ce qui nous concerne, des expressions particulières, caractéristiques de chacune des grandes aires de civilisation. Mais des similitudes profondes et des aspirations communes déterminent notre Africanité[3] ».

---

[1] Guy Rossatanga-Rignault, Flavien Enongoué, *op. cit.,* p. 90.
[2] Jean-Pierre Lycops, *L'agression silencieuse ou le génocide culturel en Afrique*, Paris, Éditions Anthropos, 1975.
[3] Manifeste culturel panafricain adopté par le symposium du premier festival panafricain organisé en 1969 à Alger sous l'égide de l'OUA,

Le panafricanisme culturel a maçonné des courants littéraires comme celui de la négritude ou de la Renaissance de Harlem ; il s'est également exprimé dans le cadre de grands évènements, festivals et symposiums, réunissant l'ensemble des mondes africains.

Mais si le panafricanisme culturel est moulé dans une essence commune, il n'est pas pour autant un en soi immuable, une donnée figée. La culture est par nature un phénomène dynamique de la créativité humaine ; étant le produit de son milieu et de son époque, elle traduit nécessairement une part de liberté et d'inventivité se manifestant dans la diversité. Mais cette plasticité de la culture par rapport au temps et à son environnement n'altère pas pour autant le fondement commun : « La culture africaine, l'art, la science, quelle qu'en soit la diversité des expressions, ne reposent sur aucune différence d'essence. Ce ne sont que des expressions singulières d'une même universalité[1] ». De ce point de vue, la culture n'est pas une mode, quelque chose d'éphémère ; elle est une donnée intemporelle foisonnante. Ses manifestations contemporaines témoignent de la formidable créativité, du souffle de vie et de régénération qui traverse et anime les courants culturels des peuples africains dans les domaines de l'écriture, de l'art, de la danse, de la musique, de la mode, etc. Le panafricanisme culturel est une vitrine des peuples africains en mouvement, en même temps qu'une source d'inspiration pour les mondes non africains à l'heure de la globalisation.

LA COMMUNAUTÉ POLITIQUE PANAFRICAINE, UNE COMMUNAUTÉ DE VALEURS ?

La communauté politique panafricaine nécessite d'être fondée sur une communauté de valeurs. Pour qu'un groupe humain existe en tant que communauté, il a besoin de s'identifier à un ensemble de représentations, de principes, de croyances, de préceptes moraux qui cimentent le lien social entre ses membres. Dire qu'une société politique a besoin de se construire sur des valeurs communes ne signifie pas pour autant qu'elle doive sacrifier la diversité des opinions et des

---

http://www.celhto.org/sites/default/files/PDF/Manifeste%20Culturel%20Panafricain%2C%20Alger1969.pdf, consulté le 21.09.2020.

[1] *Ibid.*

comportements de ses membres à l'unanimisme et à la pensée unique. Mais il ne saurait y avoir de destin commun sans l'acceptation au minimum de certains préceptes régulateurs de la vie en communauté. Ces règles sont-elles innées et immanentes à la société ? Sont-elles d'origine divine ? Relèvent-elles du droit naturel ? Sont-elles acceptées par tous ? Ici entre en jeu le droit en tant qu'il est un instrument de régulation sociale entre les représentations individuelles et la nécessité d'une vie en collectivité. Le droit ne va pas sans les valeurs. Est-il pour autant moral ? Sans entrer dans ce débat intellectuel, on se contentera de dire que le droit fixe la ligne des obligations incombant à chacun dans la société. Des phénomènes comme la consommation de cannabis, la peine de mort, l'euthanasie, l'avortement, l'homosexualité, l'excision, etc., susciteront toujours des prises de position individuelles porteuses de division entre les membres d'une même société. Le droit tranche de ces divergences par ses prescriptions et révèle par celles-ci les valeurs dont il est porteur, ou plus précisément, dont le pouvoir politique est porteur, puisque le droit lui est toujours assujetti.

La communauté politique panafricaine, communauté de destin, sans autorité étatique souveraine lui dictant ses injonctions peut-elle alors être fondée sur des valeurs partagées ? De tels signifiants sont à rechercher en dehors de la religion qui doit relever du choix personnel. En effet, les religions et le prosélytisme religieux sont des sources de division et de violence entre les humains, et on ne saurait fonder la communauté politique panafricaine ni aucune autre communauté sur un choix assumé d'imposer une religion à la multitude humaine dont elles sont constituées. C'est la raison pour laquelle la religion doit strictement être maintenue dans le domaine privé, dans la sphère de l'intimité de chaque sujet, autrement dit, de sa conscience. L'association politique doit fonctionner sur les principes de la pluralité confessionnelle, de la liberté du choix de sa religion et de la laïcité. La communauté politique panafricaine peut-elle alors se bâtir sur des valeurs de civilisation reconnues comme étant particulières aux peuples panafricains ? On leur attribue la spécificité de certains traits : l'accueil, l'hospitalité, le partage, le respect de la vie humaine, le respect des anciens, etc. Mais confrontées à des phénomènes comme la mondialisation, l'urbanisation, la misère et la dégradation des conditions de vie imposées par le système capitaliste dominant qui tend à supplanter l'individualisme aux solidarités naturelles, ces valeurs n'ont-elles pas été altérées ? Par ailleurs, les peuples panafricains dont certains vivent dans des sociétés opulentes et d'autres dans des sociétés démunies ressentent-ils de manière identique la nécessité de faire prévaloir ces valeurs d'humanité fondatrices d'un destin commun et solidaire ? Le système économique international du capitalisme dominant révèle sa perversité en ce qu'il est une machine qui catégorise les divisions sociales parmi les peuples dominés ; il instaure une domination à l'intérieur d'une domination. Il est donc nécessaire que les peuples africains soient questionnés quant à leur ingestion du système capitaliste et quant à l'obstacle que ce dernier représente dans la réalisation de l'association politique panafricaine.

Peut-être convient-il alors d'invoquer les droits de l'homme en tant que valeur partagée et comme support de la communauté politique panafricaine ? Mais le relativisme des droits de l'homme revendiqué par certaines sociétés s'oppose à leur application universelle car perçus par celles-ci comme étant le produit d'une civilisation particulière s'érigeant en modèle pour tous. Une prise en considération de la problématique générale des droits de l'homme dans la société politique panafricaine aboutirait à des débats sans fin. Il serait plus productif de provoquer l'adhésion sur des thématiques ciblées et consensuelles telles que l'esclavage ou le racisme contemporains par exemple. Ces questions n'interrogent pas seulement les sociétés occidentales anciennement esclavagistes et à tradition raciste avérée confrontées, aujourd'hui encore, pour certaines d'entre elles, à une montée en puissance des agressions contre les minorités noires. Elles interpellent aussi d'autres formations sociales, notamment africaines, où perdurent des discriminations et des traitements inhumains et dégradants sur la base de l'appartenance ethnique ou de la classe sociale. Catherine Coquery-Vidrovitch montre comment subsistent des formes coutumières d'esclavage dans certains pays africains (Burkina Faso, Cameroun, Côte d'Ivoire, Mali, Mauritanie, Niger, Tchad)[1]. On peut également signaler d'autres cas d'esclavage contemporain en Afrique (Libye, Sénégal) et aussi ailleurs dans des communautés panafricaines

[1] Catherine Coquery-Vidrovitch, *Les routes de l'esclavage. Histoire des traites africaines, VIe-XXe siècle, op. cit.*, p. 239 et suivantes.

(Brésil). Il convient, de ce point de vue, de dénoncer l'hypocrisie et le double langage de certains dirigeants africains qui, pour faire bonne figure, appellent à l'accueil et au retour des Africains diasporisés et leur octroient la nationalité de leurs États[1], tout en pratiquant une politique d'ostracisme à l'endroit de leurs nationaux, et d'autres nationaux africains, alors même que ces derniers sont, comme je l'ai signalé, protégés par des dispositions communautaires sur la libre circulation et le droit d'établissement des personnes. Né en révolte à une discrimination, le panafricanisme ne saurait reprendre à son compte et perpétuer ce péché originel du rejet de l'autre.

Histoire, culture, valeurs, tel est le triptyque par lequel la société politique panafricaine formant communauté peut s'identifier au-dedans et être reconnue au-dehors, dans la mesure où « Une communauté…est un groupe social dont les membres, individuellement et collectivement se reconnaissent entre eux et sont reconnus par les tiers comme lui appartenant, et entretiennent des rapports de réciprocité en vue d'une ou de plusieurs fins communes[2] ».

---

[1] Cécile Brajeul, « Bongo va-t-il naturaliser tous les descendants d'esclaves ? », https://www.liberation.fr/planete/2017/05/25/gabon-bongo-va-t-il-naturaliser-tous-les-descendants-des-esclaves 1572351

[2] Jean-Louis Vullierme, *op. cit.*, p. 135.

CHAPITRE II

LA COMMUNAUTÉ POLITIQUE PANAFRICAINE, UN IDÉAL À ARTICULER AU COSMOPOLITISME

Dans son mouvement vers la constitution d'une communauté politique, le panafricanisme ne saurait se replier sur lui-même par ignorance du monde dans lequel il évolue. La mise en relation de tous avec tous aujourd'hui accomplie par l'effet de la mondialisation est la caractéristique majeure des sociétés humaines contemporaines. La prise de conscience de l'appartenance de chacun à l'humanité est accentuée par la nécessité dans laquelle se trouvent les sociétés politiques de trouver des réponses communes aux dangers désormais communs, car « objectivement, la population mondiale forme depuis longtemps une communauté involontaire de risques partagés[1] ». L'urgence politique de l'heure est celle de l'émergence d'un monde commun à construire. Le panafricanisme peut, à cet égard, être une composante de l'universel et du cosmopolitisme.

Pensé à l'origine par le cynique Diogène de Sinope et, dans sa foulée, par les philosophes stoïciens de la Grèce antique comme une exigence morale d'appartenance citoyenne de tout individu au monde[2], le cosmopolitisme se transforme à partir de Kant et d'autres penseurs à sa suite, bien qu'avec des intonations discordantes, en un droit des citoyens du monde de faire partie d'une communauté politique à l'échelle universelle. Le droit international, en cloisonnant les humains sous l'emprise des souverainetés, a cependant échoué à faire émerger un monde cosmopolitique d'une humanité sans frontières se construisant dans le respect du pluralisme des identités. Comment cette interpellation cosmopolitique a-t-elle été appréhendée dans le mouvement panafricaniste ? Je montrerai qu'étant apparu en réaction contre une domination, le panafricanisme entretient une relation conflictuelle avec le cosmopolitisme. Il sera alors nécessaire de nouer

[1] Jürgen Habermas, *Après l'État-nation. Une nouvelle constellation politique,* Paris, Fayard, 2000, p. 48.

[2] François Pradeau, *Gouverner avec le monde. Réflexions antiques sur la mondialisation,* Paris, Manitoba/Les Belles Lettres, 2015.

le panafricanisme au cosmopolitisme dans une approche dialectique qui préserve à la fois la part de relativisme contenue dans le panafricanisme et la part d'universalisme induite par le cosmopolitisme.

PANAFRICANISME ET COSMOPOLITISME, UNE RELATION CONFLICTUELLE

L'idée d'une citoyenneté du monde est au fondement de la pensée du cosmopolitisme, vocable dont l'étymologie dérive des mots grecs *cosmos* (l'univers) et *politès* (le citoyen). Cette belle affirmation est cependant prise en défaut de réalisation dès lors qu'il s'agit de définir les membres et les constituants de cette cité politique mondiale. Dans l'histoire, le cosmopolitisme s'est accommodé de l'exclusion d'une partie du tout de l'humanité de la citoyenneté mondiale, apportant ainsi un démenti à sa nature. Par la représentation culturelle et racialisée de son combat d'émancipation, le panafricanisme interroge lui-même quant à sa cohérence avec le cosmopolitisme.

LE COSMOPOLITISME : IDÉE GÉNÉREUSE, MISE EN ŒUVRE DISCRIMINANTE

Le cosmopolitisme a pour ambition d'englober le genre humain dans une citoyenneté universelle. À la question qui lui était posée de savoir quelle était sa patrie, Diogène répondit : « Je suis citoyen du monde[1] ». Même s'il n'ignore pas l'ancrage au sol de chacun des individus à sa cité de naissance ou de circonstance, le cosmopolitisme formule par-dessus tout l'idée d'une appartenance citoyenne au monde. Cette affirmation est soutenue d'une part, par l'argument de l'unité de la race humaine professée par Socrate qui considérait que tout homme

---

[1] Témoignage du doxographe Diogène Laërce (début du IIIe siècle de notre ère) dans ses *Vies et Opinions des philosophes illustres,* Paris, Le Livre de Poche, 1999, VI, 34 (trad. fr., M. O. Goulet-Cazé). Du même auteur, voir la notice « Diogène de Sinope », dans le *Dictionnaire des philosophes antiques,* R. Goulet, dir., Paris, CNRS, t. II, 1990, p. 812-820 ; Les fragments, propos et témoignages cyniques ont été notamment traduits par Léonce Paquet, *Les Cyniques grecs. Fragments et témoignages,* Paris, Le Livre de Poche, « Les classiques de Philosophie », 1992.

est citoyen du monde du fait de sa simple appartenance à l'humanité[1] ; par celui, d'autre part, de la rotondité de la terre qu'énonçait le philosophe Kant en ces termes : « La nature a renfermé tous les hommes ensemble…à l'intérieur de certaines limites[2] » ; en d'autres mots, la forme sphérique du globe induit une circularité du monde et une communauté du sol qui condamnent tous les humains à un vivre-ensemble cosmique.

Mais en se déployant dans l'histoire, le cosmopolitisme exposera ses limites en ce que ni la naturalité de l'homme, c'est-à-dire son identité biologique et ontologique, ni la circularité de la terre, lieu de résidence et de rencontre de tous les humains indifférenciés, ne s'imposeront comme des critères suffisants à l'apparition d'une citoyenneté mondiale. L'histoire humaine est marquée par la fabrique de non-citoyens. Or une cité ne devient un espace politique que si chacun de ses membres s'affranchit de sa seule qualité d'humain pour apparaître comme citoyen dans la sphère publique. Le problème est donc celui de la conquête, dans une société politique donnée, nationale ou internationale, des droits de citoyenneté par les individus la composant en vue de leur jouissance effective. Kant avait bien perçu le danger et les limites d'un cosmopolitisme moral, abstrait, philanthropique et naturel ; en conséquence de quoi il va fonder le cosmopolitisme en droit pour soustraire l'individu de l'arbitraire de son État. Il sera suivi en cela par bien d'autres penseurs.

L'élément fondamental lorsque l'on aborde la question du cosmopolitisme est donc la notion de citoyenneté. La citoyenneté détermine le compas des droits et des devoirs des humains dans une société donnée. Alors ces derniers peuvent devenir des citoyens formant une association politique, selon la latitude des droits dont ils sont titulaires. Mais l'indéfinition du concept de citoyenneté a contribué à maintenir le cosmopolitisme dans une perception subjectiviste préjudiciable à sa nature humaniste et généreuse. Qui est citoyen et qui ne l'est pas dans un système qui se veut cosmopolitique ? Le cosmopolitisme peut-il, sans se renier et se dénaturer, être une

---

[1] Plutarque lui attribue ces mots : « Je ne suis ni Athénien, ni Grec, mais un citoyen du monde », Plutarque, *Œuvres morales,* (46- 125), Livre VII, chapitre 44, « De l'exil ».

[2] Emmanuel Kant, *Doctrine du droit* (1797), Paris, Garnier Flammarion, 1994, § 62.

exclusion et une domination ? Le développement historique du cosmopolitisme est-il conforme à la représentation philosophique et politique de ce concept ? Se faisant action et entrant dans l'histoire, l'idée de cosmopolitisme se fait paradoxe en reniant ses présupposés théoriques. Malgré un embryon d'espoir suscité notamment après la Seconde Guerre mondiale par la Déclaration universelle des droits de l'homme de 1948, le cosmopolitisme n'a nulle part connu un début de mise en œuvre.

L'idée cosmopolitique a notamment été malmenée dans les sociétés où elle a germé, par la subsistance et la tolérance, dans celles-ci, de pratiques de marginalisation et d'infériorisation de certaines populations qui ne pouvaient accéder à la qualité de citoyen. La citoyenneté apparaît comme un attribut élitaire et discriminant dans les sociétés gréco-romaines antiques au sein desquelles a pourtant pris naissance l'idéal cosmopolitique ; le statut d'esclave largement répandu dans ces dernières atteste de cette inconséquence[1]. Il est pour le moins contradictoire de prôner l'égalité humaine à l'horizon du monde et de s'accommoder des chaînes de la servitude à l'intérieur des unités politiques nationales. Peut-on être titulaire de droits en tant que citoyen du monde d'une société mondiale dématérialisée et hors sol, parce que fictive, et être sans droits dans le champ d'une société politique nationale constituée et à laquelle on appartient ? En d'autres termes, le non-sujet de droit dans un ordre juridique et politique interne peut-il devenir sujet de droit dans un ordre de même nature à l'échelle mondiale ? Le cosmopolitisme véhiculant l'idée progressiste d'une ouverture au monde et d'accueil de l'autre s'est construit en parallèle avec d'autres conceptions du monde régressives qui prônaient le repli sur soi, le rejet de l'autre ; ainsi en est-il, lorsqu'ils sont exacerbés, du patriotisme et du nationalisme qui ont été à l'origine de bien des situations d'incompréhension et de conflit entre les humains[2]. Et Marc

---

[1] Paulin Ismard, *La cité et ses esclaves. Institutions, fictions, expériences,* Paris, Seuil, coll. « L'Univers historique », 2019.

[2] Jean-René Surrateau, « Cosmopolitisme et patriotisme au siècle des Lumières », *Annales historiques de la Révolution française,* 1983, N° 253, p. 364-389. ; Eugène-Melchior de Voguié, « Au seuil d'un siècle. Cosmopolitisme et nationalisme », *Revue des Deux Mondes,* 5è période, tome 1, 1901, p. 677-692. ; Hervé Georgelin, *La fin de Smyrne. Du cosmopolitisme aux nationalismes,* Paris, CNRS Éditions, 2013. ;

Belissa de s'interroger : « Peut-on aimer sa patrie sans oublier les devoirs d'humanité qui unissent tous les hommes ?[1] ».

Ces envers et contre-sens de l'idée cosmopolitique sont présents dans les sociétés actuelles au travers des thématiques clivantes du communautarisme, de l'intégration et de l'assimilation. Il ne s'agit certes plus d'accréditer l'idée de l'esclavage. Mais ces philosophies politiques témoignent de la marginalité et de la marginalisation de certaines couches de populations, notamment immigrées ou de nationaux issus de l'immigration, et des difficultés à les faire coexister dans les liens de l'association politique avec d'autres catégories humaines dites de souche. Le multiculturalisme, juxtaposition de cultures différenciées dans une société donnée, ne peut être considéré à cet égard comme un substitut du cosmopolitisme qui, par essence, est un phénomène empreint d'universalité. Dans cette optique, y a-t-il du sens à appliquer le terme cosmopolitisme à des phénomènes territorialisés et localisés ? Autrement dit, le cosmopolitisme se résume-t-il à des politiques réussies de mixité sociale ? Le cosmopolitisme ne peut être national[2] et le multiculturalisme, notamment nord-américain, ne peut être cosmopolitisé. En crise dans les sociétés antiques qui l'ont engendrée, l'idée cosmopolitique ne l'est pas moins dans les sociétés contemporaines. Étienne Balibar montre notamment que la question de la citoyenneté ramenée à sa dimension nationale et entremêlée avec celle de l'identité, et se pensant comme le déni du cosmopolitisme, est devenue un marqueur des crises au sein des sociétés occidentales : « La question de la citoyenneté des immigrés, des étrangers, a-t-elle un sens, et si oui, lequel ? Cette question n'est pas seulement théorique, mais aussi stratégique et tactique : la revendication d'une citoyenneté qui serait transnationale, postnationale, ultranationale, doit être discutée, recevoir un contenu clairement défini[3] ». Et il ajoute : « On cherche

---

Antonio Gonzalès, « Citoyenneté, universalisme et cosmopolitisme stoïciens : le cas romain », *Arys,* N° 16, 2018, p. 19-45.

[1] Marc Belissa, Bernard Cottret, eds., *Cosmopolitismes, patriotismes. Europe et Amériques 1773-1802,* Rennes, Éditions Les Perséides, 2005, p. 7.

[2] Joseph Yvon Thierault, « Au-delà du multiculturalisme : le cosmopolitisme ? », *Sociologie et sociétés,* vol. 44, N° 1, printemps 2012, p. 17-34.

[3] Étienne Balibar, « Civilisation et mondialisation », *La Mazarine*, Troisième millénaire. Le lien social, N° 1, juin 1999, Paris, Éditions du 13 mars, p. D012-D022 (p. D012-D013).

ainsi une réponse appropriée dans un esprit démocratique à des tendances réactionnaires, au sens littéral du terme, qui prennent déjà ici ou là des formes violentes relevant du racisme, ou de cette zone trouble et décisive qui fait la transition du nationalisme au racisme[1] ». Aussi observe-t-on, conséquence du fléchage négatif et du rejet de certaines catégories et altérités humaines, une rupture dans la citoyenneté, autant nationale que cosmopolitique : « L'immigré, le réfugié et le sans-papier se fondent dans l'éternelle figure de l'Autre, cause de notre malheur, bouc émissaire de notre impuissance[2] ». Face aux débordements haineux qui gangrènent les sociétés contemporaines, il semble bien, comme le montre Alain Policar, que le choix à faire est entre le cosmopolitisme et la barbarie[3].

Le cosmopolitisme supposait originellement pour chaque individu, la jouissance d'une double citoyenneté : celle, premièrement, de sa cité locale et celle, deuxièmement, de la cité mondiale. Marc-Aurèle, empereur et philosophe stoïcien romain exprime cette idée en ces termes : « En tant qu'Antonin, j'ai Rome pour État et pour patrie, en tant qu'homme, le cosmos[4] ». Dans la pensée cosmopolitique, la cité immédiate à laquelle on est membre par un lien placentaire se doit d'être vertueuse par reproduction de la perfection de celle mondiale, médiate. Le cosmopolitisme suppose une double appartenance inclusive de tout être humain à l'ici et à l'ailleurs, au proche et au lointain. Cet état d'harmonie universelle n'a nulle part été réalisé dans l'histoire des sociétés humaines caractérisée plutôt par un état de guerre permanent et de violence récurrente entre elles[5]. Le colonialisme, histoire à rebours et contre-modèle du cosmopolitisme, témoigne à cet effet et à suffisance du dévoiement et de la viciation de l'idée de fraternité humaine telle que pensée par les cosmopolites. Cette domination particulière a donné lieu à un « cosmopolitisme colonial imposé par les armes aux peuples conquis et fondé sur la hiérarchisation

---

[1] *Ibid.*

[2] Nicolas Leron, *Souveraineté, l'obsession des nations,* Paris, Bouquins, coll. « Essai », 2022, p. 16-17.

[3] Alain Policar, *Cosmopolitisme ou barbarie,* Paris, Éditions Rue d'Ulm (Presses de l'École normale supérieure), 2020.

[4] Marc-Aurèle, *Pensées pour moi-même,* suivies du *Manuel d'Épictète,* traduction Mario Meunier, Paris, Flammarion, coll. « GF N° 16), 1999.

[5] Monique Chemillier-Gendreau, *De la guerre à la communauté universelle, op. cit.*

des communautés, où une minorité blanche dominait une majorité des indigènes, sur le plan politique, économique, social et culturel[1] ». L'esclavage transatlantique, pratique honteuse et inhumaine initiée par les puissances européennes, n'est pas moins à vivre comme une déviance de la rationalité cosmopolitique. Alexis de Tocqueville était, par exemple, horrifié par l'inhumanité de l'esclavage, pratique qui déteignait sur la démocratie américaine, car en violation avec l'idéal cosmopolitique : « La législation des États du Sud relative aux esclaves présente de nos jours une sorte d'atrocité inouïe, et qui seule vient révéler quelque perturbation profonde dans les lois de l'humanité[2] », ou encore : « Ils ont violé envers les noirs tous les droits de l'humanité[3] ». À partir du moment où une civilisation particulière se conçoit comme étant supérieure aux autres, elle ne peut que dévoyer l'idéal cosmopolitique et se fourvoyer dans des idéologies de la haine raciale, comme ce fut le cas en Europe même, avec l'hitlérisme qui aboutit à l'extermination de millions de Juifs. Aussi le cosmopolitisme a-t-il partie liée avec l'instauration de la paix mondiale[4] car la citoyenneté ne peut s'exercer sans la paix qui est, elle-même, une condition et une conséquence de la démocratie. Les figures les plus marquantes de cette réflexion sur la paix universelle sont bien connues : Emeric de Lacroix dit de Crucé (1590-1648)[5], Charles Irénée Castel de Saint-Pierre, abbé de Saint-Pierre (1648-1743)[6], Jean-Jacques Rousseau (1772-1778)[7]. Mais c'est sans doute à Kant que l'on doit une illustration poussée de

---

[1] Burhan Ghalioun, « L'utopie cosmopolitique », *Revista CIDOB d'Afers Internacionals,* N° 82/83, septembre 2008, p. 299.

[2] Alexis de Tocqueville, *De la démocratie en Amérique, I,* Paris, Éditions de Poche, 1986.

[3] *Ibid.,* p. 529.

[4] Acílio da Silva Estanqueiro Rocha, « La question de la paix dans le cosmopolitisme des Lumières », dans Walter Tega, Giuseppe Ferrandi, Maurizio Malaguti, Georgio Volpe, dir., *La philosophie et la paix,* Paris, Librairie philosophique J. Vrin, 2002, 2 tomes, p. 241-253.

[5] Emeric de Crucé, *Le Nouveau Cyné ou Discours des occasions et moyens d'établir une paix générale et la liberté de commerce pour tout le monde,* (1623), Rennes, Presses universitaires de Rennes.

[6] Abbé de Saint-Pierre, *Projet pour rendre la paix perpétuelle en Europe,* Paris, (1713). Fayard, 1987.

[7] Jean-Jacques Rousseau, *Extrait du Projet de paix perpétuelle de monsieur l'abbé de Saint-Pierre*, Paris, M. DCC. LXI, 1761, *Œuvres complètes. Écrits politiques,* Paris, Gallimard, 1952.

la réflexion sur la paix dans sa relation avec le cosmopolitisme. Pour le philosophe allemand, la paix procède de l'union des États régie par un droit cosmopolitique applicable à la terre entière. Aussi prône-t-il, comme Rousseau d'ailleurs, la création d'un « fédéralisme d'États libres » et écarte-t-il la possibilité d'un État mondial ; celui-ci serait en effet à la fois ingouvernable, une menace pour les libertés, négateur du principe de souveraineté, et contribuerait en plus à restaurer l'anarchie de l'état de nature et de conflictualité dans lequel vivent les États. Avec Kant, le cosmopolitisme devient une question juridique, étant le « droit que possède le citoyen de la Terre de faire la tentative d'une communauté avec tous, et à cette fin, de visiter toutes les régions de la Terre[1] ». Mais Kant restreint cette mobilité universelle à un droit de visite et ne l'étend pas à un droit de résidence ; aussi s'attache-t-il seulement à définir les conditions de l'hospitalité universelle, c'est-à-dire le « droit pour l'étranger, à son arrivée sur le territoire d'un autre, de ne pas être traité en ennemi[2] ». Kant croyait que des relations commerciales pacifiques entre les États fédérés favoriseraient le sentiment d'appartenance citoyenne à la communauté politique universelle. Le droit cosmopolitique chez Kant se développe à côté du droit étatique (droit civil) et du droit des gens (droit international). S'étant affranchi de la sphère morale, le droit cosmopolitique est de nature juridique, normatif ; il est opposable à tous les humains « ayant la possibilité d'entretenir (même involontairement) des rapports de droit[3] ». Penser la cosmo-citoyenneté, c'est-à-dire fonder en droit l'appartenance commune de tous les humains à la citoyenneté mondiale a dès lors été une préoccupation majeure qui a donné lieu à de nombreuses intonations théoriques divergentes ; celles-ci sont révélatrices de la tension permanente entre l'idéal cosmopolitique et les modes de réaliser la cité universelle rêvée.

Hegel infléchira la pensée de Kant par le reproche qu'il lui fait de n'envisager le droit cosmopolitique que sous l'angle des individus et non des États. Ainsi faisant, Kant s'empêtre dans une contradiction dans la mesure où le droit cosmopolitique ne peut se passer de l'intervention

[1] Emmanuel Kant, *Doctrine du droit* (1797), Paris, Garnier Flammarion, 1994, § 62.

[2] Emmanuel Kant, *Vers la paix perpétuelle,* (1795), Paris, Garnier Flammarion, 1991.

[3] Emmanuel Kant, *Métaphysique des mœurs, Œuvres philosophiques,* dir., Ferdinand Alquié, vol. 3, Paris, 1986.

des États dotés de l'attribut de la souveraineté et mus par leurs intérêts particuliers ; dans ces conditions, « La conception kantienne d'une paix éternelle par une ligue des États…resterait donc entachée de contingence[1] ». Hannah Arendt jugera pour sa part irréaliste le cosmopolitisme de Kant dans la mesure où, dit-elle, personne ne peut être citoyen du monde comme on est citoyen de son pays[2] ; chaque individu demeure en effet avant tout le sujet d'un État donné, ce qui fait de lui un étranger aux yeux des autres États[3]. John Rawls critiquera aussi le cosmopolitisme kantien en lui reprochant d'avoir manqué à définir les conditions d'une paix mondiale véritable : le respect et la protection des droits de l'homme, la possibilité pour la communauté internationale de condamner les États convaincus de manquements dans ce domaine, et de leur imposer conséquemment des sanctions économiques et militaires[4]. Pour Jürgen Habermas « la clef du droit cosmopolitique réside dans le fait qu'il concerne, par-delà les sujets collectifs du droit international, le statut des sujets de droit individuels, fondant pour ceux-ci une appartenance directe à l'association des cosmopolitiques libres et égaux[5] ». Aussi reprochera-t-il à Kant son manque de formulation d'un appareil institutionnel et coercitif au-dessus des gouvernements nationaux.

La pensée du cosmopolitisme va s'enrichir dans le contexte de la mondialisation, car confrontée à la nécessité d'apporter « une réponse politique aux défis de la constellation postnationale[6] », c'est-à-dire d'un monde aux souverainetés émiettées et aux citoyennetés nationales éclatées. Il s'agit alors de concevoir un projet politique d'universalisme tenant compte de la dialectique et des interactions entre le cosmopolitisme et la mondialisation[7]. S'il est vrai que les périls

---

[1] Georg Wilhelm Friedrich Hegel, *Principes de la philosophie du droit. 1820,* 3e éd., traduction de Jean-François Kervégan, Paris, PUF, 2013, § 333.

[2] Hannah Arendt, *Vies politiques,* Paris, Gallimard, 1986, p. 105-106.

[3] Stéphane Chauvier, *Du droit d'être étranger. Essai sur le concept kantien d'un droit cosmopolitique,* Paris, L'Harmattan, 1996.

[4] John Rawls, *Théorie de la justice,* Paris, Points, 2009.

[5] Jürgen Habermas, *La paix perpétuelle. Le bicentenaire d'une idée kantienne,* Paris, Éditions du Cerf, 1996, p. 57.

[6] Jürgen Habermas, *Après l'État-nation. Une nouvelle constellation politique,* Paris, Fayard, 2000, p. 48.

[7] Abdenour Berkani, *Le cosmopolitisme en œuvre dans la mondialisation. Des identités multiples à l'identité cosmopolitique,* Thèse de Doctorat en Philosophie,

devenus mondiaux, comme souligné précédemment, aiguisent la conscience cosmopolitique, comment construire cette nouvelle citoyenneté des risques mondiaux partagés ? Alors est apparu le concept de démocratie cosmopolitique. Ce dernier innerve les œuvres de penseurs contemporains se préoccupant de la manière d'appliquer la démocratie à l'échelle du monde : Daniele Archibugi cherche à définir la structure politique pertinente de la société mondiale[1], et David Held propose une réforme globale du système de la gouvernance mondiale[2]. Prenant en compte le changement de paradigme intervenu dans les relations mondiales et qui impacte la notion de communauté politique[3], ce courant de pensée prône une nouvelle architecture institutionnelle internationale renforcée notamment par la participation démocratique de la société civile mondiale aux processus de la décision politique[4].

Le nouvel environnement du cosmopolitisme marqué par la mondialisation, phénomène éminemment économique, déteint-il alors sur la conception de la citoyenneté ? Sommes-nous devenus, du fait de la mondialisation, des citoyens uniquement par notre rapport à l'économie ? Faut-il considérer que s'est opéré avec la mondialisation, un glissement et un transfert de la citoyenneté du politique à l'économique ? L'être humain a-t-il cessé d'être un « Homo politicus » au sens platonicien pour devenir un « Homo œconomicus » ? La citoyenneté est-elle altérée du fait de la mondialisation ? Machine à

Université Jean Moulin Lyon 3, Université de Montréal, Facultés de philosophie, 2005.

[1] Daniele Archibugi, *La démocratie cosmopolitique. Sur la voie d'une démocratie mondiale,* Paris, Les Éditions du Cerf, coll. « Humanités », Paris, 2009.

[2] David Held, *Un nouveau contrat mondial. Pour une gouvernance social-démocrate,* Paris, Les Presses de Science Po, 2005.

[3] Daniele Archibugi, David Held, Martin Köhler, ed., *Re-imagining Political Community. Studies in Cosmopolitan Democracy,* Stanford, Stanford University Press, 1998.

[4] Alain Policar, *Comment peut-on être cosmopolitique ?,* Lormont, Le Bord de l'Eau, 2018. ; Alain Policar, *Le cosmopolitisme sauvera-t-il la démocratie ?,* Paris, Classiques Garnier, 2019. ; Ryoa Chung, Geneviève Nootens, dir., *Le cosmopolitisme. Enjeux et débats contemporains,* Montréal, Les Presses de l'Université de Montréal, 2010. ; Geneviève Nootens, *Souveraineté démocratique, justice et mondialisation. Essai sur la démocratie libérale et le cosmopolitisme,* Montréal, Liber, 2010. ; Jean-Marc Ferry, dir., *L'idée d'Europe. Prendre philosophiquement au sérieux le projet politique européen,* Paris, Presses de l'Université Paris-Sorbonne, 2013.

exclure puisque productrice des inégalités entre les humains, la mondialisation ne saurait être considérée comme fondatrice d'une communauté universelle de citoyens libres et égaux. Marx et Engels s'insurgeaient déjà contre la prévalence de l'individualisme dans le système capitaliste qui ne fait « subsister d'autre lien, entre l'homme et l'homme, que le froid intérêt[1] », annihilant ainsi la possibilité de relations humaines pensées en fraternité. Carl Schmitt aussi était sceptique et critique quant à la vertu unificatrice de l'humanité prêtée à l'économie[2]. La cosmo-citoyenneté est de nature foncièrement politique ; elle exprime le penchant de l'homme d'entrer en communauté avec ses semblables, dans cette « indissociable sociabilité », selon le mot de Kant. La cosmo-citoyenneté nous enseigne que l'homme n'est pas d'abord un producteur ni un consommateur, mais un animal politique en recherche de lien social quasi affectif. Elle interroge quant à la possibilité de l'appartenance à une cité universelle, à une communauté mondiale ouverte à tous les humains dans le contexte de la perte des souverainetés nationales induite par la mondialisation[3] ; elle augure et témoigne de la résistance de cette « multitude » plurielle, ces anonymes et marginalisés en quête de liberté, d'égalité et de démocratie globale face à l'emprise du système impérial, lui-même global et déshumanisant[4]. La cosmo-citoyenneté se réalise dans une démarche de résilience visant à renouer le lien politique fissuré entre les gagnants et les perdants de la globalisation. David Goodhart, se référant notamment aux sociétés des pays riches, montre comment la mondialisation y génère des inégalités en opérant un clivage entre « Les Partout et les Quelque-Part[5] », entre « Ceux qui se sentent bien partout et Ceux qui se sentent de quelque part[6] ». L'opulence des uns est nourrie par le déclassement des autres. La fracture économique et sociale est aussi une fracture de la

[1] Karl Marx, Friedrich Engels, *Le Manifeste du Parti communiste,* Pékin, Éditions en langues étrangères, 1973, p. 35.
[2] Carl Schmitt, *La notion de politique,* (1932), Paris, Flammarion, 2009.
[3] Michael Hardt, Antonio Negri, *Empire,* Paris, Exils, 2000.
[4] Michael Hardt, Antonio Negri, *Multitude. Guerre et démocratie à l'âge de l'Empire,* Paris, La Découverte, 2004.
[5] David Goodhart, *Les deux clans. La nouvelle fracture mondiale,* Paris, Les Arènes, 2019, p. 7.
[6] *Ibid.*

citoyenneté, autant au sein des sociétés internes que dans la société internationale.

La mondialisation ne peut donc être considérée comme contribuant à l'avènement de la démocratie. Mais le cosmopolitisme la réalise-t-elle ?[1] A-t-il d'ailleurs vocation à le faire ? Les deux phénomènes semblent renvoyer à des préoccupations distinctes car « si l'on comprend tout à fait ce que visent ceux qui prétendent vouloir appliquer la démocratie à l'échelle de la planète ou démocratiser les pratiques des institutions mondiales, il reste qu'en toute rigueur la notion même de *démocratie mondiale* ne devrait pas pouvoir être formulée : le monde n'est-il pas composé de trop de *demoi* différents pour pouvoir envisager une démocratie véritable à cette échelle ?[2] ». Les deux notions seraient incompatibles en ce que, la démocratie, système particulier de légitimation et d'exercice du pouvoir politique est attachée à un territoire localisé et à un peuple identifié ; le cosmopolitisme ne viserait pas, pour sa part, l'exercice du pouvoir politique, étant plus une démarche éthique. De ce fait, *cosmos* et *demos* ne se recoupent pas. Ce raisonnement semble ne pas tenir compte de l'imbrication aujourd'hui accomplie du global et du local, de la transversalité et de la « cosmopolitisation » des désordres sociaux, comme le montre par exemple Louis Lourme pour la pauvreté devenue le phénomène par excellence de l'injustice mondiale[3]. La démocratie et le cosmopolitisme sont donc tous les deux convoqués au banquet du projet politique de la citoyenneté mondiale, car les deux se tiennent ensemble. La démocratie donne sens et plénitude à la finalité politique du cosmopolitisme. Le discrédit qui entoure l'idée cosmopolitique résulte de son échec à réaliser la démocratie mondiale. Aussi « le cosmopolitisme n'apparaît-il plus tant comme l'horizon de l'histoire que comme une utopie historique[4] ». Le cosmopolitisme ne serait plus la ligne de crête

---

[1] Joseph Yvon Thiérault, *Sept leçons sur le cosmopolitisme. Agir politique et imaginaire démocratique,* Montréal, Québec Amérique, coll. « Débats », 2019.

[2] Michaël Fœssel, Louis Lourme, *Cosmopolitisme et démocratie,* Paris, PUF, coll. « La vie des idées », 2016, p. 6.

[3] Louis Lourme, « Le cosmopolitisme et l'exigence de justice globale », dans Michaël Fœssel, Louis Lourme, *op. cit.,* p. 55-74.

[4] Michaël Fœssel, « La raison du cosmopolitisme », *Cahiers philosophiques,* 2012/1, N° 128, p. 71.

politique de l'humanité ; il témoignerait dorénavant de l'incapacité du genre humain à se mouvoir vers des fins communes et à les réaliser.

La crise du cosmopolitisme, hier consommée dans les sociétés antiques, est également attestée dans les sociétés contemporaines par l'incapacité de cet idéal à réaliser son être. La nature désincarnée de l'idée cosmopolitique explique cet état de chose : « Le caractère éminemment abstrait d'une citoyenneté sans cité et des devoirs universels découlant d'une telle humanité explique en grande partie le scepticisme toujours manifeste en regard de l'idéal cosmopolite[1] ». Pouvait-il en être autrement, alors que le cosmopolitisme s'est manifesté comme étant un antihumanisme par le tri opéré dans l'histoire entre les peuples du monde, certains pouvant faire partie de la cité cosmique et d'autres ne pouvant pas y entrer ? Le rejet aux marges de l'humanité de certaines franges de populations est significatif de la fracture dans la citoyenneté en tant que catégorie universelle ; il en est résulté une dévaluation et une remise en question du cosmopolitisme[2]. Ne trouvant pas leur compte dans cette philosophie politique tronquée d'une humanité harmonieuse, les peuples africains dominés et en revendication de liberté développèrent une vision du monde à contre-courant de l'idéal cosmopolitique : « L'émancipation des peuples du joug colonial et impérial ne pouvait que prendre la forme d'une réaction contre l'« idéologie » cosmopolitique et l'esprit universaliste[3] ». Le cosmopolitisme se fit questionnement dans le panafricanisme.

LE PANAFRICANISME, UN ANTI-COSMOPOLITISME ?

À considérer le panafricanisme dans sa relation avec le cosmopolitisme, l'on est amené à distinguer deux tendances : la première assume pleinement la singularité du panafricanisme en tant que concept et mouvement historique ; la deuxième témoigne d'une pensée honteuse du panafricanisme et qui, par le reniement de celui-ci, se donne d'autres dénominations. Il convient de voir comment s'exprime cette distorsion théorique.

---

[1] Ryoa Chung, Geneviève Nootens, dir., *Le cosmopolitisme. Enjeux et débats contemporains... op. cit.,* p. 9.

[2] Martha C. Nussbaum, *The Cosmopolitan Tradition. A Noble But Flawed Ideal,* The Belknap Press, 2019.

[3] Burham Ghalioun, *op. cit.,* p. 299.

LE PANAFRICANISME, UNE SINGULARITÉ À L'INTÉRIEUR DU COSMOPOLITISME

Le panafricanisme exprime la révolte des peuples noirs contre leur mise en dépendance par les puissances esclavagistes, colonialistes et néocolonialistes. L'oppression à laquelle ils ont été soumis va mettre à nu l'inconsistance de l'idéal cosmopolitique tel que développé dans les différents courants de la pensée philosophique et politique occidentale. Le panafricanisme est né de la prise de conscience du hiatus entre l'idéal proclamé du cosmopolitisme et son irréalité dans les faits. Par leur catégorisation du genre humain et leur subalternisation de certains peuples, les puissances dominantes ont porté un coup fatal au cosmopolitisme en le faisant apparaître comme un mensonge et un antihumanisme. Aussi le panafricanisme s'illustra-t-il au début comme un anti-cosmopolitisme, une lutte raciale des Noirs contre l'oppression des Blancs. Reproduisons ces propos de William Edward Burghardt Du Bois dans son « Adresse aux nations du monde » ; prononcés au premier congrès panafricain de Londres en 1900, ils sont illustratifs de cette irréductible opposition raciale : « Le problème du vingtième siècle est celui de la différenciation des races, à savoir jusqu'où les différences de races – qui se manifestent surtout par la couleur de peau et la texture des cheveux – serviront d'argument pour refuser à plus de la moitié du monde, le droit de jouir, autant qu'elle le peut, des opportunités et des privilèges de la civilisation moderne[1] ». Cette biologisation du combat pour l'émancipation aboutit à une globalisation de la conscience raciale noire et contribua à camper le panafricanisme dans ce que Anthony Mangeon appelle « le moment panafricain[2]», première réponse historique des militants panafricains à la problématique de l'insertion des mondes africains dans les courants des échanges globaux. Le thème de l'émancipation raciale est redondant dans la perception des premiers panafricains, même s'il comporte des nuances comme le montre

[1] Organisation internationale de la francophonie (OIF), *Le mouvement panafricaniste au XXe siècle,* p. 54.

[2] Anthony Mangeon, « Du moment panafricain » à « l'afropolitanisme contemporain ». Lectures croisées de W.E.B. Du Bois, Joseph Casely Hayford, Alain Locke et Kwame Anthony Appiah », dans Guillaume Bridet, Virginie Brinker, Sarah Burnautzki, Xavier Garnier, dir., *Dynamiques actuelles des littératures africaines. Panafricanisme, cosmopolitisme, afropolitanisme,* Paris, Karthala, 2018, p. 59.

l'auteur précité dans la confrontation intellectuelle entre Du Bois, le Noir américain, et Casely Hayford, l'Africain. Ces deux militants du mouvement panafricaniste porteront une appréciation opposée de la notion de double conscience que ce dernier considérait plus adaptée au contexte américain qu'à celui proprement africain. Leurs analyses divergentes des moyens de l'émancipation aboutissent à des solutions nuancées en termes de panafricanisme et de cosmopolitisme : Du Bois et les premiers congressistes panafricains misaient sur des relations de plus en plus étroites avec les « nations civilisées » et sur l'implication humaniste de celles-ci pour accélérer leur émancipation, invoquant les « idéaux élevés de justice, de liberté et de culture défendus durant des milliers d'années par la civilisation chrétienne[1] » ; Casely Hayford en appelait, lui, à un recentrement de l'Afrique sur elle-même pour réaliser son émancipation. Mais c'est sans aucun doute Marcus Garvey et les panafricanistes de sa mouvance idéologique qui illustrent le mieux cette stratégie de distanciation du panafricanisme par rapport à l'idéal cosmopolitique : par, entres autres, le projet de création d'une République noire en Afrique ; par le martellement du slogan « l'Afrique aux Africains » ; par la légitimation au besoin de la guerre raciale menée par les Noirs pour s'affranchir de l'oppression des Blancs. Autant de thèmes clivants qui transparaissent dans la « Déclaration des droits des peuples nègres du monde » adoptée le 13 août 1920 à New York. Même si « le moment panafricain » est traversé par des contradictions entre ses protagonistes, signe de sa dynamicité et de son foisonnement, il est, par-delà ces divergences d'appréciation, une expression de la fierté panafricaine, d'affirmation du panafricanisme face au cosmopolitisme et non de sa dilution dans celui-ci. La négritude, courant littéraire polymorphe, est une belle déclinaison de cette légitime aspiration du panafricanisme à être soi face au monde. Malgré son essentialisation binaire des aptitudes raciales par sa contestable affirmation selon laquelle « L'émotion est nègre comme la raison est hellène », Senghor est aussi connu dans la littérature panafricaine comme étant le coryphée du dialogue des civilisations, du « rendez-vous du donner et du recevoir ». Aimé Césaire dont on ne peut mettre en doute la sincérité du combat panafricain exprimait aussi ses

[1] « Adresse aux nations du monde », Organisation internationale de la francophonie (OIF), *op. cit.*, p. 55.

convictions cosmopolitiques en mettant en exergue la dimension universelle de la négritude : « Cette notion de la négritude, on s'est demandé si ce n'était pas un racisme. Je crois que les textes sont là. Il suffit de lire et n'importe quel lecteur de bonne foi s'apercevra que, si la négritude est un enracinement particulier, la négritude est également dépassement et épanouissement de l'universel[1] ». La négritude est, dans ce sens, un humanisme, car ayant contribué « à l'édification d'un véritable humanisme, de l'humanisme universel, car enfin il n'y a pas d'humanisme s'il n'est pas universel, et il n'y a pas d'humanisme sans dialogue, et il ne peut y avoir de dialogue entre un homme et une caricature[2] ».

Les luttes politiques panafricaines historiques et contemporaines manifestent de même la foi en une Afrique certes connectée au monde, mais néanmoins préservée dans sa singularité. Kwame Nkumah et Sékou Touré, classifiés dans la catégorie des panafricanistes radicaux, n'ont jamais entretenu une aigreur vengeresse contre le colonisateur blanc qui aurait abouti après les indépendances au refus de voir l'Afrique entrer en relation avec les autres nations du monde. C'est considérer que le combat panafricain était pour eux, comme pour beaucoup d'autres nationalistes, un combat contre un système dominateur, spoliateur, déshonorant et avilissant pour l'humanité tout entière. Combattre le colonialisme, c'était donc extirper en l'homme la déchéance de son humanité. Ce panafricanisme était conscient de lui-même, tout en se projetant dans le monde. Ses relations empreintes, certes, de tension avec le cosmopolitisme n'aboutissent pas à sa subjugation par ce dernier. Une application contemporaine de ce type de panafricanisme consisterait à relever le défi de la mondialisation, phase actuelle des relations entre les humains planétarisés. Cet enjeu exige non pas l'engloutissement du panafricanisme y compris la substitution lexicale de ce par quoi il est nommé, mais sa réévaluation et sa réécriture dans un rapport dialectique entre l'un et l'autre, entre le soi et le non-soi. Une pensée qui ne s'assume plus devient une non-

---

[1] Aimé Césaire, « Discours prononcé à Dakar le 6 avril 1966 dans le cadre du Premier Festival mondial des arts nègres », 30 mars-1er avril 1966, *Gradhiva. Revue d'anthropologie et d'histoire des arts,* 10, 2009, p. 208-215, https://doi.org/10.4000/gradhiva.1604, consulté le 21.09.2020.

[2] *Ibid.*

pensée. Une approche critique et réflexive sans concession est alors nécessaire pour juger de la pertinence de tous les néologismes formés à partir du suffixe « isme » et qui, accolés au radical « Afrique », se donnent pour des courants de pensée philosophiques ou politiques en contournement du panafricanisme. Le panafricanisme doit être réhabilité en tant que concept, car le concept appelle à l'être. La crédibilisation du panafricanisme réside alors dans la capacité de la raison humaine, et spécifiquement de la « raison nègre[1] », à lui tracer un nouveau chemin philosophique, politique, juridique et institutionnel, horizon d'une nouvelle espérance enracinée à la fois dans ses dynamiques internes propres et dans la complexité d'un monde ouvert aux échanges. Les rapports du panafricanisme avec le cosmopolitisme sont perçus différemment dans les théories du dépassement et de la substitution du panafricanisme.

LA DÉNÉGATION DU PANAFRICANISME AU NOM DU COSMOPOLITISME

La tendance du dépassement et de la substitution du panafricanisme opère par la culpabilisation et la mise en accusation de celui-ci devant le tribunal de l'histoire et des idées politiques et philosophiques. Le panafricanisme serait, à l'aune de cette école de pensée, une idée datée et son inutilité prouvée : « le panafricanisme prend tout notre temps de cerveau disponible et s'érige en une sorte d'idée qui empêche de penser. Penser à des solutions nouvelles et donc adaptées[2] », affirme Éric Essono Tsimi qui considère ensuite que le panafricanisme est une « idéologie stérile[3] ». Telle est aussi le point de vue d'Achille Mbembe lorsqu'il considère que le panafricanisme est une « pensée dépassée et épuisée[4] », opinion que partage également

[1] Expression d'Achille Mbembe, *Critique de la raison nègre,* Paris, La Découverte, coll. Poche/Essais, 2015.
[2] Éric Essono Tsimi, « Le panafricanisme, une idée datée et pernicieuse », Huffost, Les Blogs, https://www.huffingtonpost.fr/eric-essono-tsimi/definition-panafricanisme_b_7919854.html, 04/08/2015, actualisé le 05/10/2016, consulté le 21.09.2020.
[3] *Ibid.*
[4] Achille Mbembe, « Les écritures africaines de soi », *Politique africaine,* N° 77, 2000, p. 30.

Anatole Kenda Nyamba[1]. L'historien Hakim Adi souligne au contraire la contemporanéité du panafricanisme, au regard de la trans-historicité de ses problématiques : « Si l'on examine l'histoire du panafricanisme, on peut voir que celle-ci concerne les efforts des Africains pour s'unir afin de faire face à des défis communs : l'esclavage, le colonialisme, le racisme, etc. Dans la mesure où de tels problèmes, ainsi que leurs héritages, continuent d'exister, je pense que le panafricanisme reste pertinent[2] ». Lui emboîte le pas, Amzat Boukari-Yabara : « Déportations, migrations, allers et retours… C'est dans le mouvement, forcé, contraint ou volontaire, que le panafricanisme est né…Un réseau s'est formé qui a remporté, par les mots ou par les armes, de belles victoires contre le racisme, le colonialisme et l'apartheid. Mais la lutte est loin d'être terminée[3] ». Et de poursuivre : « La chute des régimes colonialistes n'a pas mis fin à la domination et à la xénophobie, plus que jamais vivaces, y compris à l'intérieur de l'Afrique. Les indépendances nationales, souvent partielles, souvent mutilées, n'ont pas permis de concrétiser le rêve panafricain…Le panafricanisme est aujourd'hui confronté à de nombreux défis…L'histoire du panafricanisme donne des clés pour comprendre, et parfois résoudre, les questions et les problèmes qui se posent à l'Afrique et que posent les Africains[4] ». Devient alors capitale, au regard des enjeux politiques contemporains, la nécessité de solder la querelle des mots qui traverse et enflamme l'intelligentsia panafricaine autour de la pertinence du terme panafricanisme. Quel est, aujourd'hui, le concept qui exprime et incarne au mieux la finalité politique du combat panafricain ? On n'oubliera pas que le « telos » du panafricanisme depuis le début de ce mouvement a toujours été la conquête par les peuples africains de leur liberté dans leur rapport avec le monde. Il faut alors débusquer derrière la floraison des concepts apparus aujourd'hui dans le lignage de ce mouvement, ceux qui sont de nature à véritablement incarner le désir d'émancipation des peuples africains et de neutraliser ceux qui se

[1] Anatole Kenda Nyamba, *Panafricanisme : une utopie à laquelle on doit renoncer*, Paris, Independently Published, 2017.

[2] « Panafricanisme ». Entretien avec Hakim Adi, 7 mars 2019, *Contretemps. Revue de critique communiste,* dans https://www.contretemps.eu/panafricanisme-entretien-hakim-adi/, consulté le 21.09.2020.

[3] Amzat Boukari-Yabara, *Africa Unite !..., op. cit.,* p. 335, 336, 337.

[4] *Ibid.*

présentent comme en étant des diversions et des régressions en regard de cet objectif. Derrière la froideur, la neutralité et l'innocuité apparentes des concepts peuvent en effet se cacher des enjeux politiques sous-jacents et inavoués.

Le débat intellectuel panafricain contemporain est principalement ponctué et polarisé dans sa perception du panafricanisme autour des concepts « postcolonialisme » et « afropolitanisme ». La gnoséologie de ces notions laisse entrevoir les rapports qu'elles entretiennent avec le panafricanisme et le cosmopolitisme. L'afropolitanisme prétend recycler et remplacer le panafricanisme. Le reproche fait par l'afropolitanisme et ses avatars conceptuels au panafricanisme, c'est que ce dernier serait entaché d'un péché originel : son enfermement présumé dans une bulle identitaire, véritable enclos intellectuel et spirituel qui, selon Jean Godefroy Bidima, empêche tout élan vers l'autre non identique ; le panafricanisme érigerait ainsi une barrière infranchissable, un mur de Jéricho entre les Africains et les autres mondes, entre soi et le cosmopolitisme : « Nous devons nous unir, non parce que nous avions des intérêts, des aspirations, des significations et des utopies communes, mais parce que nous sommes Noirs…En insistant sur le lien communautaire et racial, – les panafricanistes excluent – sans le savoir, et certainement sans le vouloir – la société africaine du concert des nations[1] ». Achille Mbembe se situe dans la même mouvance intellectuelle : « Le noir ne devient pas citoyen parce qu'il est un être humain doué, comme tous les autres, de raison, mais du double fait de sa couleur et du privilège de l'autochtonie[2] ». Les adeptes de ce courant intellectuel accusent le panafricanisme de se penser comme un naturalisme et un essentialisme racial ; il serait un « nativisme » dont la nocivité serait attestée par rapport à l'impérieuse nécessité pour les peuples africains d'être participants à la citoyenneté universelle. Mais une véritable citoyenneté libératrice de l'homme implique-t-elle le reniement de soi ? Peut-on, sans dommage pour la citoyenneté, ne pas faire cas du système mondial non démocratique et de mise en dépendance des humains et des peuples ? Peut-il y avoir de la citoyenneté dans l'inégalité ? Reprenant les mots utilisés par Achille

---

[1] Jean Godefroy Bidima, *La palabre. Une juridiction de la parole,* Paris, Éditions Michalon, coll. « Le bien commun », 1997, p. 84-85.

[2] *Ibid.,* p. 28-29.

Mbembe, Nkolo Foé dénonce vigoureusement cette dépersonnalisation de l'Africain : « Le postcolonialisme avalise et sacralise des choix aussi méprisables que le *déphasage spectaculaire d'identité, l'entrée dans le temps de l'autre,* l'*hybridation, la redistribution de la coutume,* l'investissement des espaces où dominants et dominés partagent *quant au fond, les mêmes fantasmes*[1] ». Aimé Césaire avait pour sa part déjà fustigé avec vigueur le danger pour l'Afrique de la perte de soi dans sa rencontre avec le monde : « Je dis qu'à l'heure actuelle le péril pour l'Afrique, ce n'est pas le refus du monde extérieur, ce n'est pas le refus d'ouverture, ce n'est pas le chauvinisme, ce n'est pas le racisme noir, c'est bien au contraire l'oubli d'elle-même, c'est l'acculturation et la dépersonnalisation[2] ».

Les questionnements sur la nature et le contenu de la citoyenneté sont éludés par les penseurs de la substitution du panafricanisme. Leurs analyses ne tiennent pas compte des racines internationales (économiques, politiques, militaires, etc.) de la misère humaine ; par conséquent elles n'établissent aucun lien logique de causalité entre l'injustice mondiale et les distorsions observées dans la citoyenneté universelle. L'Africain y est mis en procès avec comme acte d'accusation et verdict qu'il est seul responsable des maux qui l'accablent, par son refus d'entrer en citoyenneté globale. Ces idées pernicieuses ont été aussi analysées et critiquées par Charles Romain Mbele[3] qui met à nu le but qu'elles visent en réalité : contribuer par le

---

[1] Nkolo Foé, « Les politiques de la philosophie en Afrique. Émancipation, postcolonialisme, herméneutique et gouvernance », *Diogène,* 2011/3, N° 235-236, p. 176, sur https://www.cairn.info/revue-diogene-2011-3-page-174.htm. Voir aussi Nkolo Foé, *Le postmodernisme et le nouvel esprit du capitalisme. Pour une philosophie globale d'Empire,* Dakar, Nema/Codesria, 2008.

[2] Aimé Césaire, « Discours prononcé à Dakar le 6 avril 1966 dans le cadre du Premier Festival mondial des arts nègres », 30 mars-1er avril 1966, *Gradhiva. Revue d'anthropologie et d'histoire des arts,* 10, 2009, p. 208-215, https://doi.org/10.4000/gradhiva.1604, consulté le 21.09.2020.

[3] Charles Romain Mbele, « L'ajustement comme problème philosophique. Pour une alternative panafricaniste aux thèses postcolonialistes », dans Dossier « Panafricanisme. Piège post-colonial ou construction identitaire 'non blanche'. Mémoire vive », *Latitudes Noires,* 2003-2004, Paris, Éditions Homnisphères, p. 159-183. ; Charles Romain Mbele, *Essai sur le postcolonialisme en tant que code de l'inégalité,* Yaoundé, Nema/Éditions Clé, 2010. ; Charles Romain Mbele, *Panafricanisme ou postcolonialisme. La lutte en cours en Afrique,* Paris, L'Harmattan, 2015.

détour et le maquillage de la pensée philosophique à l'arrimage dépendant des peuples africains au schéma de la mondialisation libérale en cours : « L'afrocosmopolitisme – encore appelé afropolitanisme - n'est qu'un afromondialisme[1] ». Il s'agit de théories excentrées : « La perspective de la pensée postcoloniale est celle d'une insupportable et pathétique apatridie sur la scène du monde[2] ». En lévitation parce que sans ancrage territorial panafricain, elles invitent à l'ingurgitation par les Africains du mondialisme auquel s'identifie le postcolonialisme : « Le postcolonialisme a déjà un système de pensée qui lui convient – le mondialisme[3] ». Cet auteur dénonce, sous le mode de la dérision, l'immersion des postcolonialistes à la mondialisation asymétrique, en ce qu'ils en sont réduits à négocier une participation subalterne mais néanmoins consentie et assumée dans les sociétés du système de la prédation internationale : « Les postcolonialistes ne savent quoi faire de leur double conscience parce qu'ils se définissent comme des nomades et des diasporiques qui quémandent l'intégration dans les marges et les interstices des sociétés du Centre[4] ». Et Nkolo Foé de se gausser aussi de cette position de mendiants internationaux de rôles subalternes à laquelle se rabaissent les théoriciens du postcolonialisme : « Que l'imaginaire colonial hante à ce point les postcoloniaux, cela étonne. Incapables de s'élever au-dessus de leur condition servile, ces nomades académiques ne peuvent pas comprendre l'impératif de déconnexion ; l'idée que l'Afrique puisse ambitionner de se construire en pôle autonome, afin plus tard d'intégrer en peuple majeur le concert des nations souveraines, leur paraît étrange[5] ». Apprécier sous l'angle critique les concepts du remplacement du panafricanisme pour en exposer et dénoncer les impasses théoriques et pratiques devient alors un impératif salutaire, car dévoiler le sens c'est libérer l'avenir : « toute théorie doit être explicitée et soumise au débat public libre pour éclairer l'action. Il est donc nécessaire pour la conscience africaine de sortir de l'indétermination et de l'équivocité conceptuelles dans lesquelles

---

[1] Charles Romain Mbele, « Panafricanisme ou postcolonialisme ? La lutte en cours en Afrique », *Revue scientifique du Cerphis,* N° 12, 2014, p. 181.
[2] *Ibid.,* p. 173.
[3] *Ibid.,* p. 181.
[4] *Ibid.,* p. 173.
[5] Nkolo Foé, « Les politiques de la philosophie… », *op. cit.,* p. 178-179.

veulent l'enfermer les corpus doctrinaires de la pensée postcoloniale qui dominent aujourd'hui en Afrique subsaharienne[1] ». Charles Romain Mbele s'attache alors à revaloriser le consciencisme de Nkrumah en tant qu'il est le socle conceptuel du panafricanisme, c'est-à-dire « une pensée des fondements et des fins des sociétés africaines qui doivent d'abord être le centre d'elles-mêmes pour s'ouvrir en toute souveraineté au reste du monde. Á ce titre, elles doivent se donner les moyens conceptuels et organisationnels pour s'opposer à ceux qui conceptualisent l'inégalité et la domination – aussi bien à l'intérieur qu'à l'extérieur[2] ». Le panafricanisme est donc la pensée philosophique de la libération, de l'indépendance et du développement de l'Afrique ; l'afropolitanisme et le postcolonialisme sont au contraire des théories déguisées de son asservissement, de sa domination et de son sous-développement, dans la mesure où « Le concept de post-colonie s'inscrit dans la perspective du renversement de la théorie de la dépendance et du développement inégal ou asymétrique[3] ». Ou encore : « Le post-modernisme-post-colonialisme au-delà de la rhétorique lénifiante qu'il déploie, fonctionne en tant qu'idéologie dont le but est de dissimuler l'indéniable polarisation du monde et la fracture, de plus en plus grande, entre le centre et la périphérie. La mondialisation dans sa logique marchande participe à périphériser les nations du Sud, au regard des inégalités qu'elle draine[4] ». Du coup, il convient d'exposer les intellectuels qui contribuent au maintien de l'Afrique dans les ténèbres de la dépendance internationale : « Les penseurs africains ...de même que les écrivains de la génération de la postcolonie, participent, consciemment ou non, à véhiculer une idéologie pernicieuse qui culmine dans l'autodévalorisation[5] ». Il découle de ces considérations que le panafricanisme doit opérer au préalable un mouvement d'individuation et de recentrement avant d'aller à la rencontre du cosmopolitisme ; à défaut de se voir être assujetti par ce dernier, comme le sont les courants doctrinaux ayant prospéré sur le dénigrement

[1] *Ibid.*, p. 172.
[2] *Ibid.*, p. 142.
[3] Christian Gabriel Mbede, *La crise de la pensée africaine contemporaine et la problématique postcoloniale,* Thèse pour le Doctorat de Philosophie, Université de Nantes, École doctorale Cognition, Éducation, Interactions, 2011, p. 323.
[4] *Ibid.*, p. 322.
[5] *Ibid.*

systémique du panafricanisme. Rousseau avait bien perçu l'incongruence d'un cosmopolitisme désarticulé, plus enclin à compatir aux souffrances de son prochain lointain qu'à celles de son prochain proche ; aussi pouvait-il écrire : « Défiez-vous de ces cosmopolites qui vont chercher au loin dans leurs livres des devoirs qu'ils dédaignent de remplir autour d'eux. Tel philosophe aime les Tartares, pour être dispensé d'aimer ses voisins[1] ». Le cosmopolitisme interpelle quant à la responsabilité citoyenne de l'homme à l'égard de son milieu et de ses semblables immédiats. Le panafricanisme répond à cette exigence par la conscience historique et politique qu'il a de sa vocation à œuvrer à l'émancipation des peuples africains ; l'afropolitanisme et le postcolonialisme développent au contraire un cosmopolitisme de l'évasion et du désengagement consistant à désancrer les peuples africains de leurs représentations identitaires et de leurs luttes politiques, et à les positionner à la traîne d'une mondialisation absorbante.

La notion de cosmopolitisme enraciné formulée par Mitchell Cohen[2] et reprise notamment par Kwame Anthony Appiah[3] suggère de même l'idée que le déracinement physique par rapport au lieu d'origine n'entraîne pas nécessairement la perte de toute attache avec celui-ci, ni la dilution de soi dans le monde. Comme le note Sidney Tarrow à ce propos, « le concept de cosmopolitisme enraciné implique qu'en s'éloignant physiquement et cognitivement de leur lieu d'origine, les individus n'en restent pas moins attachés à ce lieu et aux réseaux qui le traversent, sans perdre accès aux ressources, expérience et possibilités qu'il leur offre[4] ». De ce point de vue, la distance physique ne signifie pas absorption par et dans le monde. Le cosmopolitisme enraciné tente ainsi de relativiser le reproche de décrochage territorial fait aux élites africaines « vagabondes » insérées dans les réseaux internationaux. Il

---

[1] Jean-Jacques Rousseau, *Emile ou De l'éducation.* (1762), dans *Œuvres complètes,* Paris, Éditions Gallimard, 1969, tome IV, p. 249.

[2] Mitchell Cohen, « Rooted Cosmopolitan-ism », *Dissent,* Fall 1992, p. 478-483.

[3] Kwame Anthony Appiah, *In My Father's House. Africa in the Philosophy of Culture,* London, Methuen, 1992.

[4] Sidney Tarrow, « Cosmopolites enracinés et militants transnationaux (Rooted cosmopolitans and transnational activists) », *Lien social et Politiques,* « Les solidarités sans frontières : entre permanences et changements », N° 58, automne 2007, p. 90, https://doi.org/107202/017553ar

est, au même titre que l'afropolitanisme, une tentative désespérée de reconnecter, sinon physiquement du moins affectivement, les cosmopolites africains sans racines aux réalités de leurs origines distanciées et souvent perdues. Mais plus fondamentalement, ces deux doctrines traduisent l'acceptation d'un rapport dépendant de l'Afrique au monde. Elles sont en cela dangereuses d'autant qu'elles procèdent par occultation des conséquences pratiques de leurs présupposés théoriques. Aucune ne représente une plus-value quant à l'objectif politique d'émancipation endossé par le panafricanisme. En réalité ces discours n'ont pas pour visée la libération des peuples africains dominés, dans la mesure où ils nient la réalité même de la domination. Ils sont pernicieux en ce qu'ils contribuent à anesthésier la prise de conscience de l'oppression et la faculté de mobilisation et de révolte contre celle-ci. Toute pensée obscurantiste se fait complice de l'asservissement, par l'ignorance dans laquelle elle maintient celui qui est dans les chaînes en l'empêchant de prendre conscience de sa condition. Détournés ainsi subtilement et insidieusement de la possibilité d'exercer leur potentiel de résistance, les peuples africains obscurcis et embrumés ne peuvent assumer aucun rôle historique en tant que moteur de changement de leur destinée. Ces contempteurs du panafricanisme cherchent aussi, par ces prises de position, à apaiser leur mauvaise et double conscience, ayant à répondre à l'accusation qui leur est faite d'avoir déserté le combat panafricain. Ils procèdent du même lignage intellectuel qui consiste à penser de manière décentrée les rapports de l'Afrique avec le monde[1]. L'afropolitanisme et ses succédanés tentent vainement de tempérer cette perception négative qui leur sont attachée. Le panafricanisme, lui, ne cherche pas à s'auto-justifier ni à se déculpabiliser. Il s'assume en tant que philosophie de la libération et non de l'asservissement, de l'action et non de la contemplation, de la confrontation et non de l'évitement. Arme théorique de combat politique, il se distancie des ratiocinations des penseurs et des adeptes du mondialisme impénitent. Le panafricanisme exige une prise de conscience et une dénonciation des rapports

[1] Kasereka Kavwahierehi, « L'afropolitanisme et le cosmopolitisme enraciné, deux manières de penser l'Afrique », https://www.lemonde.fr/afrique/article/2019/01/13/l-afropolitanisme-et-le-cosmopolitisme-enracine-deux-manieres-de-penser-l-afrique_5408518_3212.html, consulté le 20 janvier 2020.

internationaux de domination : « S'opposant aux prédations économiques des puissances mondiales et aux servitudes des dirigeants au service d'intérêts impérialistes, l'efficacité du panafricanisme dépend en premier lieu de sa capacité á complexifier et actualiser sa grille d'analyse afin de comprendre que se joue, pour l'avenir du continent et de ses diasporas, l'exigence d'un combat contre un ordre du monde demeuré raciste sur le plan épistémologique autant qu'institutionnel[1] ». En considération de l'insertion inégalitaire de l'Afrique dans les relations mondiales, l'urgence est alors, et comme le soulignait Karl Marx, que l'activité purement analytique et spéculative des philosophes acquière une dimension pratique et révolutionnaire de transformation sociale et d'infléchissement de l'histoire mondiale : « Les philosophes n'ont fait qu'interpréter diversement le monde, ce qui importe, c'est de le transformer[2] ».

Le panafricanisme méthodologique y contribue-t-il ? Cet autre avatar conceptuel parmi une longue liste de notions de la pensée philosophique africaine est-il d'un quelconque apport et originalité dans la compréhension du rapport entre le panafricanisme et le cosmopolitisme ? Cette notion se veut être une « critique sur la théorie panafricaniste pour voir, dans quelle mesure et dans quel sens, elle aurait quelque chose à dire sur les défis qui sont lancés à l'Afrique dans le contexte de la mondialisation[3] ». Emprunté au cosmopolitisme méthodologique de Ulrich Beck pensé comme étant la « réponse politique à la mondialisation sous la forme d'une théorie de transformation sociale[4] », le concept de panafricanisme méthodologique permettrait de dépasser le dualisme entre le global et le local comme prétendument démontré dans le cas européen[5]. Le panafricanisme méthodologique émane d'un processus de

---

[1] Delphine Abadie, « Fondements philosophiques d'une solidarité panafricaine », *Présence Africaine,* 2020/1, N° 201, p. 234.

[2] Karl Marx, *Thèses sur Feuerbach,* (11) dans *L'idéologie allemande,* (1845), Paris, Éditions sociales, 1976, p. 4.

[3] Guy Mukasa Sanon, *Du renouveau du cosmopolitisme au panafricanisme méthodologique. Une théorie de la transformation des acteurs,* Dissertation présentée en vue de l'obtention du titre de Docteur en Philosophie et Lettres, Université catholique de Louvain, Faculté de Philosophie, Arts et Lettres, École de Philosophie, Toussaint-la-Neuve, 2010, p. 232.

[4] *Ibid.,* p. 279.

[5] Ulrich Beck, Edgar Grande, *Pour un empire européen,* Paris, Flammarion, 2007.

transformation sociale opérant au travers de l'enseignement des idées de ce mouvement, de l'acceptation du dissensus et du recours à la palabre comme forum public de règlement des différends, de la substitution d'un panafricanisme des peuples à un panafricanisme institutionnel. Selon Guy Mukasa Sanon, « le panafricanisme méthodologique assume de façon tolérante une diversité d'organisations politiques pour autant qu'elles garantissent à l'individu ses droits fondamentaux[1] ». Il rejette le cosmopolitisme kantien en ce que ce dernier « fait du républicanisme la condition de possibilité d'une société des peuples[2] », alors que « Le panafricanisme méthodologique permet …de vivre le pluralisme sur la base de certains idéaux partagés. Cette disposition ouvre les différentes sociétés à une dynamique d'intégration allant de leur État d'origine jusqu'à des formes d'organisation globale[3] ». Le panafricanisme méthodologique, qualification particulière du panafricanisme, n'est pas fondamentalement différent, en termes d'approche cosmopolitique, des autres formulations théoriques rendant compte de la relation des Africains avec le reste du monde, telles qu'elles ont été exposées plus haut. Á l'exemple des autres théories détractrices du panafricanisme auxquelles elle est apparentée, cette pensée n'aborde pas la problématique de l'émancipation de l'Afrique du joug de la domination internationale, soucieuse qu'elle est plutôt de justifier l'intégration de ce continent dans le système global. Le panafricanisme en tant que projet politique de liberté y perd son âme, et le terme panafricanisme par lequel cette idée se désigne ne doit pas prêter au change. Il s'agit en réalité d'un mondialisme travesti qui, comme « le postcolonialisme substitue la conversion à la lutte[4] ». Ces énoncés s'avèrent être des armes idéologiques de dissimulation et de camouflage de la domination ; ils ont pour effet de contribuer à la démobilisation politique des peuples africains. Or, l'habitabilité du monde exige une prise de conscience de ce qu'il est réellement, et un engagement à le changer tel qu'il doit être : « Être de ce monde, c'est aussi songer individuellement à ce à quoi l'on contribue, se poser la question de quel

[1] Guy Mukasa Sanon, *op. cit.*, p. 325.
[2] *Ibid.*
[3] *Ibid.*
[4] Nkolo Foé, « Les politiques de la philosophie… », *art. cité*, p. 177.

monde édifie-t-on par son action. Mon geste, reproduit-il les conditions de l'iniquité, de la domination, et de la dévastation, ou rend-il ce monde plus fécond, plus ouvert, et plus vivifiant ?[1] », observe Felwine Sarr qui propose ensuite de préserver la singularité de l'Afrique, de penser en nouveauté la régénération de ce continent sous le prisme de « l'afrotopia », « utopie active qui se donne pour tâche de débusquer dans le réel africain les vastes espaces du possible pour les féconder[2] ».

L'idée d'une citoyenneté universelle, au cœur du cosmopolitisme, a été démentie dans son développement historique par la relégation et le maintien de bien de catégories humaines à ses marges. Ainsi a-t-on assisté à la fracture du principe de l'égalité dans la citoyenneté, phénomène qui s'est exacerbé avec la mondialisation. Le panafricanisme, mouvement de révolte des peuples noirs contre les systèmes d'oppression esclavagiste, colonialiste et néocolonialiste, est un marqueur de cette contradiction entre l'affirmation universelle d'un principe généreux et son application sélective. Il faut alors distinguer deux manières panafricaines de se relationner avec le cosmopolitisme : d'une part, celle qui témoigne d'un panafricanisme assumant son combat politique de l'émancipation et qui considère que la naturalisation de la différence, notamment raciale, n'est pas refus et haine de l'autre ; d'autre part, celle représentative d'un ensemble de pensées ayant rejeté ou édulcoré la notion même de panafricanisme, et baptisées dans l'idéologie mondialiste dans laquelle la demande de liberté des peuples dominés ne trouve aucun écho. Faire droit à cette quête de liberté dans le contexte d'une société devenue mondiale exige de repenser les rapports internationaux dans la perspective d'une mise en cohérence du devoir-vivre en commun universel avec le pluralisme des sociétés humaines. Le cosmopolitisme est à la fois ouverture au monde et reconnaissance des singularités. Il y va de l'universalisme et du relativisme. La communauté politique panafricaine à construire doit pouvoir manifester ces deux aspects.

---

[1] Felwine Sarr, *Habiter le monde. Essai de politique relationnelle,* Montréal, Mémoire d'encrier, 2017, p. 43.
[2] Felwine Sarr, *Afrotopia,* Paris, Éditions Philippe Rey, 2016, p. 14.

LA COMMUNAUTÉ POLITIQUE PANAFRICAINE, UN BESOIN À LA FOIS D'UNIVERSALISME ET DE RELATIVISME

La communauté politique panafricaine doit opérer un double mouvement à la fois d'identification à elle-même et d'ouverture au monde, démarche complémentaire et non contradictoire. En effet, pour être fécond de rapports harmonieux et égaux, l'élan vers l'universel et le cosmopolitisme doit s'accompagner de la prise de conscience de son individualité, car c'est le moyen de ne pas voir sa spécificité être diluée dans le contact avec l'autre. L'histoire humaine nous renseigne que les peuples dominés sont ceux qui n'ont pas été préparés pour affronter le choc des civilisations, et c'est ce que rappelle le personnage de la Grande Royale dans le roman de Cheikh Hamidou Kane, *L'Aventure ambigüe*[1]. Se structurer au-dedans pour aller à la rencontre de l'autre au-dehors, telle est la démarche qu'impose le renouvellement de la perspective panafricaine. L'universalisme n'est pas incompatible avec le relativisme ; les deux doivent s'emboîter, et non s'exclure, dans une relation d'équilibre.

La société mondiale d'aujourd'hui exprime un haut degré d'universalisme par son ouverture aux échanges et interactions de toutes natures. Pourtant s'y manifeste en même temps, dans un mouvement inverse de recul, une tendance marquée au relativisme par l'affirmation des différentialismes identitaires. Aussi l'universalisme et le relativisme peuvent-ils entretenir des relations dysfonctionnelles, opposition induite de la définition même de ces concepts. L'universalisme s'entend comme étant la « Doctrine qui considère la réalité comme un tout unique, dont dépendent les individus[2] ». L'universalisme postule que tous les humains se reconnaissent en des valeurs, des normes qui leur sont communes et se projettent dans un destin tout aussi commun. Le relativisme s'appréhende quant à lui comme la « Doctrine qui admet la relativité de la connaissance humaine[3] », les valeurs et les normes étant insaisissables en soi et

---

[1] Cheikh Hamidou Kane, *L'aventure ambiguë,* Paris, Julliard, 1961.

[2] *Le Grand Robert de la langue française. Dictionnaire alphabétique et analogique de la langue française de Paul Robert,* 2e édition entièrement revue et enrichie par Alain Rey, Tome IX, Suc-Z, Paris, Dictionnaire le Robert, 1996, p. 592.

[3] *Ibid.,* Tome VIII, Raiso-Sub, p.192.

dépendant des circonstances, des époques et des sociétés. Le relativisme juge abstrait l'optique universaliste au regard de l'existence concrète, visible et attestée des différences observables dans la société, ainsi que de la diversité des groupes humains. Quel rapport le cosmopolitisme et le panafricanisme entretiennent-ils avec l'universalisme et le relativisme ? Qu'est-ce qui en découle pour la communauté politique panafricaine ? Le cosmopolitisme est lié à l'universalisme, et le panafricanisme au relativisme. Se constituant en association politique, le panafricanisme est alors mis au défi de réaliser une synthèse entre l'universalisme et le relativisme : « …les panafricanistes afrocentristes ne sauront se recroqueviller sur les seules références africaines sans tenir compte des références extérieures ou communes à l'humanité[1] ».

On verra que le panafricanisme a été pensé comme un relativisme à l'intérieur de l'universalisme et s'est opposé à ce dernier. Mais même s'il s'affirme comme un relativisme, le panafricanisme s'incarnant en une communauté politique panafricaine doit s'emboîter à l'universalisme pour exprimer l'ancrage de l'Afrique et de ses peuples à un monde devenu commun.

LE PANAFRICANISME, UN RELATIVISME HISTORIQUEMENT OPPOSÉ À L'UNIVERSALISME

L'universalisme et le relativisme sont deux concepts de la pensée philosophique et politique[2] qui ont marqué l'histoire des sociétés humaines. N'étant pas objet de connaissance empirique, l'universalisme a revêtu plusieurs aspects dont les plus marquants nous paraissent devoir être rappelés : divin, avec, dans les religions monothéistes, l'idée d'un Dieu unique créateur de l'univers et de tout ce qui existe ; impérial, par la croyance qu'il existe un foyer de pouvoir appelé à rayonner sur l'ensemble du monde ; rationaliste en ce que,

---

[1] Stéphane Coulibaly, « Le panafricanisme : une illusion ? », medium.com/@setoc00/theme-le-panafricanisme-une-illusion-1f7ff7229975, consulté le 21.09.2020.

[2] Benjamin Matalon, « Deux attitudes philosophico-politiques : universalisme et relativisme », *Cahiers de Psychologie politique,* N° 29, 2016, https://www.lodel.irevue.inist.fr/cahierspsychologiepolitique/index.php?id=3361, visité le 06.11.2020.

selon les Lumières, la raison est une faculté inhérente à tout homme ; idéologique, lorsqu'il est symbolisé par des systèmes de pensée concurrents qui se définissent chacun comme étant la finalité politique de l'histoire humaine ; politique, avec l'universalisation de l'État et de la démocratie comme formes achevées d'encadrement et de gouvernement des hommes.

La problématique du pouvoir et de la domination a accompagné le mouvement vers l'universalisme. Elle a marqué l'histoire humaine de l'empreinte de la violence. Sans prétendre à l'exhaustivité ni au détail, on rappellera les brutalités ayant accompagné le cheminement de l'universel divin, autant par les guerres de religion menées au nom du christianisme par le catholicisme, que par celles conduites sous la bannière de l'islam, témoignant ainsi de l'enracinement des fondamentalismes religieux contemporains dans l'histoire ancienne. De l'autre côté, l'expansionnisme des empires, notamment grec et romain en Europe, mésopotamien, égyptien, perse, byzantin en Orient, est de même greffé à l'idée d'universalisme. Cette ambition universaliste va se dévoyer dans des conquêtes qui ravagèrent peuples et territoires à cause des appétits de puissance des souverains de l'époque : « Gengis Khan se proclamait *empereur universel.* L'Égypte considérait qu'en dehors d'elle, c'était le désordre total, l'Empire romain se voulait le seul et l'unique empire et l'empereur de Chine demandait que tous reconnaissent la *souveraineté du fils du ciel.* Dans toutes ces hypothèses, l'ordre juridique international n'existait pas, il n'était *que le prolongement de l'ordre intérieur de l'empire* fondé sur l'idée d'une domination universelle, à la fois juridique, morale et politique[1] ». L'affrontement entre l'universel divin et l'universel impérial aboutissait quant à lui à l'affranchissement des princes de la double tutelle du Pape et de l'Empereur, donnant ainsi naissance à l'État, nouvelle forme juridico-politique qui allait capturer le concept de souveraineté[2]. La théorisation par Hegel de l'État en tant qu'universel politique achevé de l'histoire de l'humanité contribua de son côté à

---

[1] Emmanuelle Tourme Jouannet, « La disparition du concept d'Empire », *Jus Politicum. Revue du droit politique,* N° 14, juin 2015 : « Peut-on juridiquement penser l'Empire comme forme politique ? », https://juspoliticum.com/article/La-disparition-du-concept-d-Empire-986.html, consulté le 06.10.2020.

[2] *Ibid.*

l'instrumentalisation éhontée, par l'Occident, de la notion de mission civilisatrice qui lui permit de justifier la colonisation. Robert Gildea montre comment l'influence des passés impériaux britannique et français se perpétue et continue de marquer l'histoire contemporaine de l'Afrique par le maintien de ce continent dans les liens du néocolonialisme[1]. Au plan idéologique, le libéralisme, universel en acte dans la société mondiale depuis les Grandes découvertes, va se trouver confronté à partir de la révolution bolchévique de 1917 à un universel concurrent, celui du socialisme. Ce système, comme celui du libéralisme qu'il pensait pouvoir supplanter, ambitionnait de clôturer l'ensemble de l'humanité dans sa rationalité, la prise de pouvoir par le prolétariat mondial devant aboutir à l'instauration d'un système tout autant planétaire. Il sera cependant contrarié dans sa prétention à l'universel par la résistance que lui opposera l'universalisme du libéralisme et par l'effondrement du camp socialiste à partir de 1989.

Ces rappels historiques étaient nécessaires pour souligner que l'universalisme est consubstantiellement une pensée de l'hégémonie et de la domination. La société mondiale contemporaine en porte les stigmates sous les aspects d'un universalisme formel et d'un universalisme substantiel[2].

L'universalisme formel est repérable dans la généralisation à l'ensemble de la planète du modèle de l'État qui s'origine dans les mutations politiques et sociales intervenues en Europe à partir du Moyen-Âge. La reconnaissance juridique du caractère universel de l'État est inscrite dans la Charte des Nations unies, association internationale d'États qui participe cependant au brouillage des catégories juridiques : par l'affichage dans sa dénomination du concept de nation à la place de celui d'État, et par son silence quant à la définition de ce qu'est un État. Il n'en demeure pas moins vrai que tout le système mis en place en 1945 participe, au travers des principes de la Charte, au renforcement de la forme étatique : égale souveraineté de tous les membres de l'Organisation (article 2, § 1), intégrité et

---

[1] Robert Gildea, *L'Esprit impérial. Passé colonial et politiques du présent,* Paris, Passés/Composés, 2020.

[2] Monique Chemillier-Gendreau, « Relativisme et universalisme en droit international », *Cours euro-méditerranéens Bancaja de droit international,* volume XI/XII, 2007/2008, p. 381-421.

indépendance politique (article 2, § 4), admission réservée aux seuls États (article 4, § 2). S'est ainsi mis en place un universalisme organique et institutionnel symbolisé par le grand nombre d'adhésions à cette organisation qui compte à ce jour cent-quatre-vingt-treize (193) membres.

L'universalisme substantiel se réfère, avec la création des Nations unies, à un ensemble de valeurs et de droits d'application générale dont pouvait se prévaloir et bénéficier chaque homme sans discrimination du simple fait de son appartenance à l'espèce humaine. On y compte notamment des droits individuels et d'autres collectifs : droits de l'homme, droit des peuples à disposer d'eux-mêmes, égalité souveraine des États, interdiction du recours à la force, etc. La nomenclature des droits libérés au titre de l'humanité ne cessera de s'enrichir d'autres apports normatifs consacrés par les conventions internationales (Pacte international relatif aux droits civils et politiques, Pacte international relatif aux droits économiques, sociaux et culturels, etc.). Ce mouvement d'élargissement des droits tendait ainsi à accréditer l'idée d'un universalisme juridique.

Mais les philosophies politiques développées en occident autour de l'idée d'une humanité formant communauté universelle se mirent au service d'un projet hégémonique. Les peuples, notamment africains, rejetés aux bordures de l'humanité ne furent pas admis au bénéfice des idées progressistes professées par l'occident prétendument universaliste. Le droit international théorisa cette exclusion[1].

La résistance à l'universalisme hégémonique emprunta la voie du relativisme qui est lui-même à resituer dans le temps long de l'histoire du mouvement panafricain. Si l'on considère que les révoltes panafricaines au sein des sociétés esclavagistes sont des manifestations de refus d'un ordre universaliste hégémonique, alors il faut conclure à l'existence d'un relativisme ancien postulant l'égalité des droits humains. Les résistances à la colonisation, les luttes des peuples pour

[1] Monique Chemilier-Gendreau, *Humanité et souverainetés. Essai sur la fonction du droit international,* Paris, La Découverte, 1995. ; Matthew Craven, « Colonialism and Domination », dans Bardo Fassbender, Anne Peters, eds., *The Oxford Hanbook of The History of International Law,* Oxfrod University Press, UK, 2012, p. 862-889. ; Immanuel Wallerstein, *L'universalisme européen. De la colonisation au droit d'ingérence,* New York, The New Press ; Paris, Éditions Demopolis, 2006.

l'indépendance, le combat politique pour la fin du néocolonialisme résonnent aussi comme autant de remises en question d'un système mondial confisqué par l'idéologie de la domination maquillée en universalisme. Dans cette optique, le panafricanisme est à considérer comme étant un mouvement révolutionnaire en ce qu'il ne s'accommode pas de l'ordre existant qu'il vise à changer. Ses luttes politiques ont alors pour finalité de substituer à « l'être-universel-étant », un « être-relatif-n'étant-pas-encore », mais seul propre à satisfaire les aspirations des peuples africains. Le relativisme, idée de la particularité, exhumé par le panafricanisme, est ainsi pensé en opposition à l'universalisme.

Le relativisme, antagonique de l'universalisme, est manifesté au sein même des Nations unies. Cette organisation avait été conçue comme étant la représentation de l'universel commun. Si l'universalisme formel avait abouti à l'acceptation par tous de la forme étatique, des voix s'élevèrent pour contester la prime que s'attribuèrent les cinq grands vainqueurs de la Seconde Guerre mondiale par le mécanisme du veto, démenti cinglant du principe de l'égalité souveraine de tous les États membres, et révélateur d'un universalisme confisqué par une minorité[1]. Les mêmes distorsions dans l'universalisme sont présentes dans les organismes financiers internationaux et dénoncées par les États qui en sont victimes, notamment africains. L'universalisme est l'arme idéologique des puissants par laquelle ils réussissent à ordonner le monde à leur avantage. Le relativisme se veut un contrepoids de cette domination et postule le rééquilibrage des rapports internationaux. La demande inaboutie des pays africains de sièges de membres permanents au Conseil de sécurité à égalité de droits avec les membres détenteurs de ce privilège du veto participe de ce relativisme contestataire. On en conclut que l'universalisme, même formel, n'est pas réalisé dans la société mondiale. Il reste au bénéfice d'une particularité qui a confisqué à son profit la représentation de l'universel commun. L'antinomie entre l'universalisme et le relativisme a pour enjeu le pouvoir, le premier cherchant à le conserver, et le deuxième à le faire basculer dans son

[1] Willy Jackson, « L'Afrique membre permanent de l'ONU, un plaidoyer inaudible », https://afriquexxi.info/fr/auteur1244.html, juin 2023.

camp. Combien paraissent alors indigents et superficiels les projets de réforme des Nations unies, au regard de la refondation politique indispensable de la communauté mondiale en vue de la transformer en véritable communauté politique ! Les nombreuses propositions dans ce sens, toutes au rabais, et qui se sont égrenées au fil du temps, visent toutes à maintenir en place la nature impériale de cette organisation, moyennant un toilettage de surface[1].

Le désaccord autour de l'universalisme substantiel, c'est-à-dire des valeurs données pour communes à toute l'humanité concerne le refus par les peuples non occidentaux, et particulièrement africains, de l'application indistincte et générale de ces valeurs. Ce relativisme des valeurs traverse plusieurs thématiques : récusation du capitalisme et de son support idéologique, le libéralisme économique, et reconnaissance en conséquence à chaque peuple du libre choix de son système politique, économique et social[2] ; relativisation du modèle occidental des droits de l'homme et de la démocratie[3] ; théorisation d'un nouvel ordre mondial de l'information et de la communication[4] ; mise en doute de l'impartialité de la justice pénale internationale, etc. Ces problématiques structurèrent les batailles du mouvement panafricain constitutives des revendications tiers-mondistes. Le relativisme est

[1] CETIM, AAJ, *La réforme des Nations Unies. Critiques et propositions de l'Association Américaine de Juristes (AAJ) et de Centre Europe-Tiers Monde (CETIM)*, juin 2005, www.cetim.ch/legacy/fr/documents/05-reforme_onu-cetim-aaj.pdf ; Kofi Annan, *Dans une liberté plus grande : développement, sécurité et respect des droits de l'homme pour tous,* New York, Nations Unies, Rapport du Secrétaire Général des Nations Unies, mars 2005, www.un.org/french/largerfreedo,/ ; Alexandra Novosseloff, « La réforme des Nations Unies. Défis et perspectives », *Rivista di Studi Politici Internazionale,* Gennaio-Marzo 2001, Vol. 68, N° 1 (269), p. 3-31. ; Romuald Sciora, « Réforme du Conseil de sécurité de l'ONU, la bonne blague », 3 décembre 2020, https://www.iris-france.org/152343-reforme-du-conseil-de-securite-de-lonu-la-bonne-blague/ .

[2] On observe cependant une mise en sourdine de cette revendication à partir des années 1990 qui ont acté l'effondrement des alternatives socialiste et tiers-mondiste face au capitalisme.

[3] Keba Mbaye, *Les droits de l'homme en Afrique,* 2e éd., Paris, Éditions A. Pedone ; Genève, Commission internationale de juristes, 2002. ; Julien Rajaoson, *Approche comparative de la conception des droits de l'homme dans la philosophie occidentale et africaine,* Mémoire de Master 2 en Politiques publiques et changement social, spécialité Sciences de Gouvernement comparées, Sciences Po Grenoble, 2008.

[4] Serge Sur, « Vers un nouvel ordre mondial de l'information et de la communication », *Annuaire français de droit international,* 1981, vol. 27, p. 45-64.

inséparable de la problématique de l'émancipation. Dans ce sens, le relativisme panafricain s'inscrit dans une démarche de désabsolutisation et de désubstantialisation de l'universalisme, démarche de laquelle procède un nouveau sujet historique ambitieux d'être seul maître de son destin.

Le courant du postcolonialisme est en peine d'intégrer l'idée que le relativisme puisse être expressif d'un panafricanisme pensé en rupture par rapport à l'universalisme. On peut certes s'accorder avec Souleymane Bachir Diagne sur la définition qu'il donne de l'universalisme : « On parlera d'universalisme pour marquer la position de celui qui déclare universelle sa propre particularité en disant : *j'ai la particularité d'être universel*[1] ». Mais on ne peut partager son opinion quant à la perception qu'il a de l'universalisme européen qu'il a tendance à considérer comme un phénomène historiquement daté, n'impactant pas le vécu des peuples africains contemporains : « Dire que le postcolonial n'est rien d'autre qu'un assaut des particularismes contre l'universel, c'est ignorer que la vraie cible est un universalisme qui n'a plus cours dont le discours est nostalgique d'une époque où l'on pouvait tranquillement faire de la seule Europe la scène de l'Histoire où se jouerait le drame de l'universel. Qui peut ensuite s'élargir, par colonisation, au reste du monde[2] ». Suggérer que l'universalisme occidental dans sa nature hégémonique ne serait plus d'actualité par fermeture et dépassement de la parenthèse historique de la colonisation, c'est oublier un peu trop vite que celui-ci a laissé des strates dans la société mondiale qui continue d'être régie par ses mécanismes. C'est occulter la réalité de la domination contemporaine et la nécessité de sa dénonciation, donc la possibilité même de l'émancipation. Ce refus de considérer la domination comme un phénomène actuel sonne creux au regard de l'universalisme hégémonique onusien qui consacre la représentation d'une civilisation particulière en tant qu'universel humain. L'inégalité entre les humains est dans les rapports politiques, économiques, sociaux. La mondialisation, universalisme contemporain, ne les efface pas ; elle les accentue dans une relation dissymétrique entre gagnants et perdants, comme le rappelle François Houtart : « Les

[1] Souleymane Bachir Diagne, Jean-Loup Amselle, *En quête d'Afrique(s). Universalisme et pensée décoloniale,* Paris, Albin Michel, 2018, p. 68-69.
[2] *Ibid.*, p. 73-74.

rapports Nord-Sud tels qu'ils se présentent aujourd'hui relèvent d'une recolonisation, car ils tissent des liens de dépendance entre les mêmes pôles[1] ». On ne peut donc surfer sur la vague de la misère humaine, la considérer comme étant un épiphénomène, et prendre prétexte des clivages propres aux sociétés africaines pour dévaluer les revendications nationalistes panafricaines ; ni agiter le spectre de la peur du choc des civilisations résultant de la prise de conscience de l'Afrique en tant que singularité : « Cette personnalisation de l'Afrique me semble en effet conduire tout droit vers une dérive intellectuelle appliquée aux continents…essentialiser non seulement l'Afrique, mais aussi l'ensemble des continents[2] ». Pourquoi, au nom de l'universalisme, l'Afrique devrait-elle renoncer à être elle-même ? Si, comme le souligne Souleymane Bachir Diagne, « Désirer l'Afrique, c'est vouloir faire de l'unité dans le pluralisme[3] », pourquoi le panafricanisme ne s'articulerait-il pas avec l'universalisme et le relativisme dans la même problématique philosophique et politique de l'un et du multiple ? Cette heureuse synthèse devra être réalisée dans la communauté politique panafricaine.

LA COMMUNAUTÉ POLITIQUE PANAFRICAINE, UNE SYNTHÈSE NÉCESSAIRE D'UNIVERSALISME ET DE RELATIVISME

L'universalisme et le relativisme sont deux phénomènes marquants de la société mondiale contemporaine. Celle-ci est en effet portée par une prise de conscience de plus en plus aiguë d'une destinée commune, du besoin d'un lien politique universel rendu inévitable au regard de la communauté des dangers qui appelle en riposte une solidarité des risques encourus. Mais en même temps les communautés humaines différenciées revendiquent le droit à la reconnaissance de leurs particularités. Le défi politique est alors celui d'une réponse à la question philosophique de l'un et du multiple, du singulier et du pluriel.

---

[1] François Houtart, « La recolonisation du Sud », *La Mazarine,* hiver 2001, « Le post-colonialisme, d'une révolution à une autre », p. 05-036/06-048 (p. 05-036). ; sur la perpétuation des rapports de force internationaux, lire aussi François Polet, Bernard Duterme, *Obsolète, le clivage Nord-Sud ?,* Paris, Syllepses, coll. « Alternatives Sud », 2016.
[2] Souleymane Bachir Diagne, Jean-Loup Amselle, *op. cit.*
[3] *Ibid.,* p. 233.

Est-il possible de construire une association politique de collectivités humaines en préservant les particularismes de celles-ci ?[1] Comment faire droit à la fois au besoin d'universalisme et de relativisme qui s'exprime dans la société mondiale ? Comment le panafricanisme érigé en communauté politique peut-il répondre à cette sollicitation existentielle ? Les termes d'un tel enjeu sont fixés par Nkolo Foé qui se démarque des théories qui préconisent l'absorption de l'Afrique dans le mouvement de l'universalisme hégémonique : « Or l'enjeu pour l'Afrique n'est pas d'agir clandestinement sur la scène du monde. Le but n'est pas de braconner dans les territoires interdits de la mondialisation. Il s'agit de tout autre chose : non de répondre à l'appel du ventre que le marché lui adresse, parce que celui-ci a besoin de parasites pour nettoyer et purifier ses espaces saturés d'immondices ; non de se dissimuler ou de se métisser ; mais bien d'édifier une puissance à la mesure des défis de notre temps[2] ». Il s'agit, dans cette perspective, d'opérer d'une part, une véritable conversion épistémologique consistant à épurer la réflexion sur le devenir de l'Afrique de toute pensée d'asservissement ; et, d'autre part, de conformer la praxis politique à cette vision d'un continent décomplexé qui, ayant effectué le mouvement d'individuation, de retour sur soi et de reconstruction de soi, se place en position de s'affirmer dans le monde comme un pôle de puissance concurrent. Bien des pays, Brésil, Chine, Inde, Russie, Turquie, etc., ont emprunté ce chemin de l'insignifiance à la respectabilité. Le relativisme panafricain se présente comme un projet assumé de grandeur parce que fondateur d'une relation nouvelle avec l'universalisme suprémaciste broyeur des peuples les plus faibles et les moins aguerris.

Le relativisme a historiquement permis au monde panafricain d'engranger des victoires décisives face à l'universalisme : droits civiques, décolonisations, indépendances, etc., sont autant d'acquis de liberté arrachés à l'universalisme négateur des droits de l'homme et des peuples. D'autres combats menés sous la bannière du relativisme n'ont pas cependant pu être remportés. Nombreux sont encore les domaines

---

[1] Baduel Pierre-Robert, dir., *Construire un monde ? Mondialisation, pluralisme et universalisme,* Paris, Maisonneuve & Larose, coll. « Connaissance du Maghreb », 2008.

[2] Nkolo Foé, « Les politiques de la philosophie en Afrique… », *op. cit.,* p. 180.

où les aspirations panafricaines demeurent étouffées et sans résultat à cause de l'emprise persistante de l'universalisme sur les sociétés humaines : émancipation économique en raison notamment du retour triomphant de l'idéologie libérale après sa contestation dans les années flamboyantes du tiers-mondisme, perpétuation du colonialisme sous sa forme mutante et moderne du néocolonialisme, verrouillage prolongé du système onusien par le maintien des mécanismes de l'inégalité structurelle, etc. La société mondiale continue de fonctionner sous le mode de la domination et de l'exclusion tel que mis en place par l'universalisme. Il faut y injecter une dose de relativisme réinventé qui ne soit pas pensé en radicalité et en opposition frontale à l'universalisme, mais en coexistence et en équilibre avec lui. La communauté politique panafricaine, expression du commun des peuples africains formant une alliance politique, doit notamment fonctionner sur le fondement de valeurs acquises pour universelles.

La démocratie est de celles-là. Même si elle est en crise partout, au sein des États, y compris à l'intérieur de ceux qui se targuent d'avoir inventé ce système[1], et entre les États, par le non-respect de ses principes dans les organisations internationales universelles (droit de veto discriminant au Conseil de sécurité des Nations unies, vote censitaire dans les institutions financières internationales), la démocratie reste l'horizon souhaitable en matière de gouvernement des sociétés humaines. Étant la possibilité offerte à chacun dans une société donnée d'exprimer librement son opinion, elle est par essence respectueuse des pluralismes. Elle est à concevoir et à vivre comme un « principe politique universel présidant à des communautés non exclusives et à des appartenances multiples[2] ». Elle ne saurait donc, selon la perception courante, être réduite à de simples mécanismes cycliques de choix des dirigeants politiques. Les élections dans les systèmes de démocratie représentative ne sont pas nécessairement un indicateur de bonne santé démocratique ; les singeries électorales africaines le prouvent à souhait et démontrent qu'il ne suffit pas de voter pour être en démocratie. Prétextant du caractère relatif de la démocratie

[1] Natacha Polony, *Sommes-nous encore en démocratie ?,* Paris, Éditions de l'Observatoire, 2021.
[2] Monique Chemillier-Gendreau, *De la guerre à la communauté universelle..., op. cit.,* chapitre V, p. 265 et suivantes.

qui serait un luxe occidental, un produit importé en situation d'extranéité en terre africaine, beaucoup de dirigeants se sont exonérés de mettre en place des systèmes de gouvernement respectueux de la liberté et des droits de l'homme, de promouvoir l'État de droit et le pluralisme politique, bloquant ainsi toute perspective d'alternance politique. Les dictatures peuvent proliférer sur le fondement de l'exception relativiste. La manipulation de la constitution aux fins de prolongement sans fin de l'exercice du pouvoir pour le « énième » mandat présidentiel atteste de la fragilité de la démocratie en Afrique. Il n'y a pas de démocratie sans esprit ni culture démocratiques acceptés par le peuple et les acteurs politiques. La responsabilité particulière des nouveaux opposants, anciens collaborateurs et piliers des pouvoirs en place qu'ils ont encensés et contribué à renforcer est à souligner à cet égard.

Mais si la démocratie peut être tenue pour un étalon universel accepté et partagé du politique, son déploiement doit cependant tenir compte des spécificités culturelles des sociétés humaines. Universalisme de l'idée, d'un côté, relativisme dans sa mise en œuvre, de l'autre. Les grandes conventions universelles sur les droits de l'homme constituent par exemple des conquêtes majeures de l'humanité dans sa représentation commune de l'idée de liberté. Elles doivent entrer dans le patrimoine panafricain en tant qu'acquis universels ; mais ces prescriptions peuvent être tempérées, digérées et apprivoisées par des systèmes régionaux ancrés dans les particularismes des sociétés qui en sont les destinataires. Universalisme et régionalisme peuvent ainsi cohabiter en harmonie. L'adoption de la Charte africaine des droits de l'homme et des peuples n'est pas contradictoire, quant au fond, à la Déclaration universelle des droits de l'homme. L'exceptionnalité relativiste fait ainsi pendant à la généralité universaliste.

Il n'existe pas cependant un universalisme des valeurs, et la règle du nécessaire consentement des parties en matière de relations conventionnelles contribue à différencier les engagements dans ce domaine aussi. Certaines collectivités politiques utilisent cet argument pour contester un universalisme qu'elles jugent régressif de valeurs morales. Comme la religion, la morale est source de divisions entre les humains. Le philosophe Pierre-Henri Tavoillot montre notamment comment la crise de la morale peut s'accompagner de la montée du moralisme[1]. Qu'est-ce que le bien, et qu'est-ce que le mal ? Qui a pouvoir d'en décider ? Les religions ? La classe politique ? Les lobbies ? Un comité d'éthique ? L'homme en tant que sujet individuel ? Quel est le rapport entre les droits de l'homme et la morale ? Qu'est-ce que le progrès moral ? Autant de questions éthiques qui interpellent l'humanité dans son ensemble. La crise de l'universalité des valeurs est repérable au travers de certaines problématiques contemporaines particulièrement clivantes (homosexualité, excision, avortement, consommation des drogues, etc.) qui soulèvent le statut de la famille et du corps humain, mais aussi plus globalement celui de la liberté individuelle. Descartes, le philosophe par excellence de la raison montre comment l'homme peut être écartelé entre sa volonté et les pulsions de son corps[2]. Pour sa part, Felwine Sarr considère qu'affranchie de toute borne morale, l'humanité est condamnée à une inversion des valeurs et à une permissivité sans frein[3] : « Curieuse époque que la nôtre, où la liberté est d'être esclave de ses instincts et de ses désirs. Où le plaisir est un tyran qui amadoue et opprime ![4] ». Le droit et la morale apparaissent alors comme les deux bornes d'une humanité politiquement pacifiée : « Il y a deux manières principales de concevoir une Humanité métapolitique, une Humanité ayant surmonté ou dépassé sa condition politique. Ce peut être une humanité organisée selon le droit, ce peut être une humanité vivant selon la morale. Une humanité vivant selon la morale,... c'est une humanité vivant dans le respect de la dignité humaine[5] ». Le débat philosophique et axiologique situe le relativisme et l'universalisme au cœur des enjeux contemporains de société. La communauté politique panafricaine se trouve ainsi confrontée à un choix entre la désubstantialisation de certaines valeurs de l'universalisme hégémonique et la

---

[1] Pierre-Henri Tavoillot, *La morale de cette histoire. Guide éthique pour temps incertains,* Paris, Michel Lafon, 2020.

[2] René Descartes, *Les passions de l'âme,* (1649) Paris, Flammarion/Poche, 1998.

[3] Phénomène exposé et décrié dans la Bible : « Malheur à ceux qui appellent le mal bien, et le bien mal, qui changent les ténèbres en lumière, et la lumière en ténèbres, Qui changent l'amertume en douceur, et la douceur en amertume ! », *La Bible*, Louis Segond, Ésaïe, chapitre 5, verset 20.

[4] Felwine Sarr, *Méditations africaines,* Montréal, Mémoire d'encrier, 2020, p. 76.

[5] Pierre Manent, *op. cit.,* p. 309.

problématisation de la différence au nom du relativisme culturel des sociétés humaines. Alors s'impose avec pertinence ce mot de Pascal inspiré des *Essais* de Montaigne : « Vérité en deçà des Pyrénées, erreur au-delà[1] ».

J'ai, dans cette première partie, posé les bases conceptuelles de la communauté politique panafricaine conçue comme étant le réel possible d'une association entre peuples africains. Ces derniers, caractérisés par leur dispersion géographique, ont tous été soumis à des formes diverses de domination. Le panafricanisme, à la fois écho de leur désespérance et de leur foi en un monde meilleur de dignité et de liberté, a manqué jusqu'à présent à leur offrir une perspective politique commune. La souveraineté y a fait obstacle car elle enferme les collectivités humaines dans des cadres étatiques bornés. Il est cependant envisageable que soit tissé entre eux un lien politique commun à travers la notion de communauté politique ; celle-ci suggère l'existence d'une communauté supérieure à laquelle viennent s'emboîter des échelons politiques inférieurs dans le respect de leurs particularismes. Expressif de l'africanité globale, cet inventé politique se greffe au cosmopolitisme et à l'universalisme, symboles d'un monde devenu irrémédiablement ouvert et interdépendant.

L'analyse doctrinale exposée dans les développements qui précèdent est néanmoins à compléter d'une analyse juridique, car l'innovation politique doit nécessairement s'accompagner de son pendant juridique ; les deux aspects sont en effet indissociables et complémentaires comme le relève Monique Chemillier-Gendreau : « Repenser le politique requiert de repenser le droit[2] ».

La deuxième partie de cet ouvrage aura donc pour objet de souligner la part nécessaire du droit dans la réalisation de la communauté politique panafricaine.

---

[1] Blaise Pascal, *Pensées* (1670), Fragment 294, Paris, Léon Brunschwicg éditeur, 1897, p. 70.

[2] Monique Chemillier-Gendreau, *De la guerre à la communauté universelle..., op. cit.*, p. 229.

DEUXIÈME PARTIE

LA FONCTION DU DROIT DANS LA MISE EN ŒUVRE DE LA COMMUNAUTÉ POLITIQUE PANAFRICAINE

Quel rôle le droit joue-t-il dans la formation de la communauté politique panafricaine ? Le projet d'une communauté politique panafricaine peut-il être soutenu par le droit ? Il convient de rappeler que le modèle politique d'encadrement des groupes humains est celui de l'État national. Or l'association politique panafricaine transcende les États. Elle interroge quant à la figure même de l'État et de ses attributs (territoire, population, gouvernement, souveraineté) et oblige à reconsidérer le droit dans sa relation avec le politique : « Il est nécessaire de penser le droit en rapport avec la liberté, et de manière détachée de la référence à l'État souverain[1] ». Véritable gageure tant la pensée humaine a du mal à se séparer de cet emblème particulier du politique apparu historiquement en Occident et exporté ensuite dans le reste du monde. Il faudra dépasser cet assèchement des possibles et voir comment le droit international peut exprimer la complexité du multiple panafricain (chapitre III), et comment il peut contribuer à l'articuler à la tout autant complexité du monde (chapitre IV).

[1] Monique Chemillier-Gendreau, *De la guerre à la communauté universelle...*, *op. cit.*, p. 320.

CHAPITRE III

DROIT INTERNATIONAL ET COMPLEXITÉ DU MULTIPLE PANAFRICAIN

La notion de communauté politique panafricaine, inclusive de sociétés panafricaines plurielles, est un révélateur de la crise du droit international qui ne conçoit l'association politique que par le prisme de l'État national et souverain. Dans ce sens, la communauté politique panafricaine est un impensé en droit international classique, au regard notamment des éléments constitutifs de l'État qui ne peuvent lui être appliqués. Géographiquement et politiquement éclaté, le mouvement panafricain implique une innovation politique de ses formes institutionnelles. La nécessité d'un lien politique commun et celle de la sauvegarde des particularismes de chaque unité composante du corps panafricain oblige à penser les relations du panafricanisme avec le droit dans le cadre du pluralisme juridique.

LA NOTION DE COMMUNAUTÉ POLITIQUE PANAFRICAINE, UN IMPENSÉ EN DROIT INTERNATIONAL AU REGARD DES ÉLÉMENTS CONSTITUTIFS DE L'ÉTAT

Le panafricanisme, mouvement transnational, engendre des relations de diverses natures entre ses différents protagonistes. Il n'en résulte pas pour autant la formation d'une société politique entre eux, par identification de chacun et de tous à une communauté supérieure dont les membres se projettent dans un destin à partager et à vivre ensemble par le choix conscient qu'ils font de « construire un devenir commun tout en reconnaissant que leurs intérêts sont divergents[1] ». Le droit de la société internationale ne favorise pas un tel édifice politique par son inadaptation théorique à la notion de communauté politique transnationale, et panafricaine en particulier. Le droit international n'est pas un droit de la transnationalité car il demeure encore un droit de l'État, « Terme désignant, du point de vue du droit international, un

[1] Monique Chemillier-Gendreau, *De la guerre à la communauté universelle, op. cit.*, p. 94.

groupement humain établi de manière permanente sur un territoire, ayant une organisation politique propre, dont l'existence politique dépend juridiquement de lui-même et relevant directement du droit international[1] ». Depuis les traités de paix de Westphalie de 1648 qui mirent fin aux appétits et aux guerres de territoires des puissances européennes dans le Vieux Continent, cette figure du politique est définie et identifiée dans la théorie juridique par ses éléments constitutifs : territoire, population, gouvernement, que couronne la souveraineté. Cette conception générale est accréditée par la jurisprudence et la doctrine : « L'État est communément défini comme une collectivité qui se compose d'un territoire et d'une population soumis à un pouvoir politique organisé » et qui « se caractérise par la souveraineté » *(Com. arb. Youg., avis n° 1, 20 nov. 1991 ; v. aussi avis n° 8, 4 juillet 1992)*. Aucun de ces éléments ne peut être appliqué à la communauté politique panafricaine envisagée. Dans ce sens, la communauté politique panafricaine ne peut être un État westphalien au sens du droit international.

LA COMMUNAUTÉ POLITIQUE PANAFRICAINE, UN IMAGINÉ POLITIQUE SANS TERRITOIRE

Le territoire, « Au sens le plus habituel d'élément constitutif de l'État, désigne l'espace géographique sur lequel un État exerce l'intégralité de ses compétences, à l'exclusion de tout autre État[2] ». En effet, les États modernes se répartissent à partir des surfaces territoriales qui leur sont reconnues par les autres États. L'assise spatiale, base de leurs compétences régaliennes, fonde alors l'exercice du pouvoir. Le territoire d'un État peut ne pas être d'un seul tenant, comme dans le cas des États formés d'une métropole et de ses excroissances territoriales, ultra-marines notamment. En fonction de sa configuration physique, on distingue le territoire terrestre, le territoire maritime, et le territoire

---

[1] Basdevant, *Dictionnaire,* p. 264, cité par Jean Salmon, *op. cit.,* p. 454, entrée « État ».

[2] Jean Salmon, *op. cit.,* p. 1076, A, entrée « Territoire ». Voir aussi Thibaut Fleury Graff, « Territoire et droit international », *Civitas Europa,* 2015/2, N° 35, p. 41-53 ; Maurice Flory, « Le couple État-territoire en droit international contemporain », *Culture et Conflits,* 21-22, printemps-été 1996 ; Julio Barberis, « Les liens juridiques entre l'État et son territoire : perspectives théoriques et évolution du droit international », *AFDI,* 1999, N° 45, p. 132-147.

aérien. Assise spatiale de la souveraineté de l'État, le territoire est délimité par la frontière, ligne de partage des souverainetés étatiques. Le droit international établit un rapport d'indissociabilité entre l'État et le territoire, car « pas d'État sans territoire[1] », ainsi que le rappelle la CIJ : « ...il n'est pas contesté que le Sultanat de Johor, après sa naissance en 1512, se soit constitué en un État souverain doté d'un domaine territorial spécifique » *(Souveraineté sur Pedra Branca/Pulau Batu Puteh, Middle Rocks et South Ledge (Malaisie/Singapur), arrêt, CIJ, Recueil, 2008, § 52, p. 33, et aussi § 59, p. 55).*

De ce qui précède, il s'ensuit que l'État, communauté politique primaire et immédiate, a seul compétence pour décider de sa transformation et de sa mutation en un ordre juridique extra-étatique caractéristique d'une collectivité humaine supérieure à l'État ; or un tel groupement humain au-dessus des États n'existe pas : « Le droit qu'on qualifie aujourd'hui de superétatique (ou supra-étatique)...n'a pas d'homologie à l'échelle du monde. La *communauté internationale,* s'il existe rien de tel, étant fort loin du degré d'homogénéité politique qui permettrait de lui donner une organisation institutionnelle détachée des États[2] ». La société mondiale des États n'existe pas en tant que communauté politique. Le panafricanisme est lui-même, dès son origine, enfermé dans le cadre étatique : dans les États esclavagistes lorsqu'il exprimait la revendication des droits civiques ; puis dans les États coloniaux quand il était porteur de la lutte d'indépendance des peuples dominés ; dans les États africains indépendants, enfin, dans sa visée de l'unité continentale.

Si l'on applique au panafricanisme le critère constitutif de l'État qu'est le territoire, il faut bien admettre qu'il n'y a pas en droit international de territoire panafricain. Il s'agirait d'un territoire dématérialisé, hors sol. Or la géographie nous enseigne que le territoire est une donnée physique et que la région est une unité territoriale. De ce point de vue, c'est un non-sens de déclarer sixième région continentale la diaspora panafricaine, démarche qui relève plus du

---

[1] Mathias Forteau, Alina Miron, Alain Pellet, *Droit international public,* 9e édition, Paris, LGDJ, Lextenso, 2022, p.

[2] Jean Combacau, Serge Sur, *Droit international public,* 13e édition, Paris, LGDJ, 2019, p. 39.

symbolisme et du sentimentalisme[1] que de la raison juridique et politique.

LA COMMUNAUTÉ POLITIQUE PANAFRICAINE, UN IMAGINÉ POLITIQUE SANS POPULATION

La population est la composante humaine de l'État : « Un État est avant tout une collectivité humaine. Il ne peut exister sans une population permanente[2] ». À l'intérieur de l'État vit en effet une population constituée en majorité des nationaux de l'État qui lui sont rattachés par le lien juridique et d'allégeance de la nationalité. La population, « Dans son sens habituel d'élément constitutif de l'État, désigne l'ensemble des individus unis à l'État par un lien juridique de nationalité[3] ». Le critère de la nationalité fonde la compétence personnelle de l'État par laquelle il exerce certains pouvoirs sur ses nationaux en quelque lieu qu'ils se trouvent.

La population se caractérise toujours par sa fixation au sol, dans un territoire identifié et délimité. Même les populations nomades sont affectées à des États, et si le phénomène du nomadisme est concevable entre États limitrophes, c'est dans un périmètre relativement restreint. Le droit international n'accrédite pas l'idée d'une transhumance généralisée et transnationale des populations[4]. Les mouvements internationaux de populations, les migrations internationales de grande ampleur, tels qu'il en existe aujourd'hui encore surviennent non pas en réaction des populations contre le système étatique, mais à cause de la défaillance de leur État d'origine à leur assurer la sécurité nécessaire à leur sédentarisation. Ces mouvements incontrôlés de populations dont les causes peuvent être multiples (guerres, catastrophes naturelles, persécutions politiques, désastres environnementaux et sanitaires, misère économique, etc.) sont gérés par le droit international dans la perspective d'un retour dans leurs pays de ces populations déplacées

---

[1] Yann Gwet, « L'idéal panafricain doit s'affranchir de la vision émotionnelle de l'Union africaine », https://www.lemonde.fr/afrique/article/2016/07/22/l-ideal-panafricain-doit-s-affranchir-de-la-vision-emotionnelle-de-l-union-africaine_4973555_3212.html, consulté le 10.11.2020.

[2] Mathias Forteau, Alina Miron, Alain Pellet, *op. cit.*, p. 593.

[3] Jean Salmon, *op. cit.*, p. 849, B, entrée « population ».

[4] Marco Moretti, *Le droit international public et les peuples nomades*, Paris, Publibook, 2006.

pour éviter la généralisation du phénomène de l'apatridie. Et l'accueil des migrants en détresse dans les pays du voisinage ou lointains reste soumis aux politiques discrétionnaires de ces derniers, et non pas à un régime international s'imposant à tous. Même si elle a reçu une consécration universelle, la liberté de circulation n'en demeure pas moins un droit des États[1].

La nécessité de l'identification de la population à un territoire et à un État questionne quant au statut transnational de la diaspora. Cette dernière est, de ce point de vue, un groupe juridiquement invisible de par sa dispersion géographique. Il n'existe pas de statut international de la diaspora. Aucune règle juridique n'oblige un État par rapport à sa diaspora, de même qu'inversement aucune norme internationale ne contraint la diaspora quant à sa relation avec son État et son foyer d'origine. La diasporité est un phénomène subjectif et non objectif faisant intervenir le ressenti et l'affect de populations marquées par le déracinement lié à la double appartenance. Son traitement politique et juridique relève de l'appréciation et de la compétence de l'État souverain.

Il n'y a pas non plus une nationalité panafricaine diasporique. Les peuples africains qui se mobilisent au titre de la diaspora sont rattachés à leurs États par le lien juridique de la nationalité, de même que les Africains d'Afrique possèdent la nationalité de leurs États respectifs, même si certains peuvent appartenir à d'autres États par le jeu de la plurinationalité. L'attribution de la nationalité demeure un privilège de l'État. Comme l'Afrique n'est pas un État, il n'y a pas non plus de nationalité africaine. Cela aurait pu être le cas si la proposition de Kwame Nkrumah dans ce sens avait prospéré lors des débats sur l'unité africaine. Le droit positif est un droit des États, et la seule forme de communauté politique que reconnaît le droit international est l'État, indifféremment de la configuration particulière de celui-ci : unitaire, fédéral, confédéral, etc. Aucune figure d'association politique étatique substitutive des États individuels existants n'a été réalisée à ce jour entre l'Afrique dans son ensemble et les États de domiciliation de sa diaspora. Cette éventualité paraît tout simplement irréalisable. De

[1] Monique Chemillier-Gendreau, « Droit de circulation des personnes, droit des États », *Revue Projet,* 3 septembre 2000, https://www.revue-projet.com/articles/droit-de-circulation-des-personnes-droit-des-etats/7605

même n'existe, à ce jour, aucun modèle d'association politique s'étant constitué en remplacement des États africains continentaux entre eux. Autant dire que la perspective d'une communauté politique panafricaine globale pensée dans le cadre d'un État souverain est hypothétique et problématique.

LA COMMUNAUTÉ POLITIQUE PANAFRICAINE, UN IMAGINÉ POLITIQUE SANS GOUVERNEMENT

Le gouvernement, autre caractéristique de l'État, est l'organisation politique par laquelle ce dernier exerce ses compétences au plan interne et à l'international. Le gouvernement est « Dans son sens le plus large, [l'] organisation des pouvoirs publics, par opposition à l'anarchie[1] » ; mais aussi, « Dans un sens plus restreint et plus fréquent, [l'] organe représentatif de l'État dans ses relations internationales, quelle que soit sa structure interne[2] ». L'effectivité de la nature étatique d'une communauté nationale est déterminée par la faculté de disposer d'institutions de libre gouvernement. Il n'est pas nécessaire de rappeler que cette prérogative est dévolue uniquement à l'État national, hormis les exemples d'administration des territoires par une organisation internationale comme ce fut par exemple le cas pour le Sud-Ouest africain (Namibie) dont l'administration fut retirée à l'Afrique du Sud pour être confiée aux Nations unies. Mais cela le fut par une résolution des Nations unies, donc par la volonté des États.

Le pouvoir de gouvernement appartient à l'État, indifféremment de la nature de ce dernier (colonial, indépendant) ou quel que soit le titre par lequel il est investi de ce pouvoir par le système international (mandat, tutelle). Il en découle une déduction simple en termes de panafricanisme : l'inexistence d'un territoire panafricain, et d'une population panafricaine entraîne par ricochet la non-existence d'un gouvernement panafricain, et plus largement celle d'un État panafricain investi de l'attribut de la souveraineté. La fonction de gouvernement est un pouvoir d'État individualisé car exercé seul par celui-ci sur son territoire et sur sa population. La structure étatique dans laquelle est pensé et enfermé le panafricanisme exclut toute possibilité d'un

[1] Jean Salmon, *op. cit.,* 533, entrée « Gouvernement ».
[2] *Ibid.*

gouvernement émancipé des bases nationales des divers États existants. Quelle est, dans ce sens, la nature juridique du gouvernement de l'Union africaine tel que proposé dans le cadre de la dynamisation de cette organisation ?[1] Se substitue-t-il ou se superpose-t-il aux gouvernements nationaux de ses États membres ? Quel est son fond théorique et institutionnel ? Change-t-il la nature du panafricanisme unitaire corseté par la souveraineté des États ? Faut-il seulement prendre au sérieux cette initiative qui a d'ailleurs du mal à se mettre en place ?

LA COMMUNAUTÉ POLITIQUE PANAFRICAINE, UN IMAGINÉ POLITIQUE SANS SOUVERAINETÉ

L'histoire politique et juridique des sociétés humaines est celle de la montée en puissance du modèle de l'État tel qu'il s'est constitué à la fin du Moyen Âge européen, période pendant laquelle s'affirme et se consolide le pouvoir des princes par émancipation de la double tutelle de l'Empereur et du Pape. Ce retournement est alors consacré par l'adage « Chaque prince est Empereur en son Royaume[2] ». La souveraineté est dès lors attachée à l'État, et cette forme particulière de gouvernement politique s'universalise par les conquêtes coloniales et par le mouvement inverse de la décolonisation. Elle reçoit sa consécration juridique en tant que principe universel inscrit dans la Charte des Nations unies (article 2, § 1).

Ce qu'il importe de souligner dans le cadre de ce propos, c'est que la souveraineté a été conçue comme étant un pouvoir territorialisé, c'est-à-dire s'exerçant dans des espaces bornés et sur des communautés humaines fermées. Il en découle que cet attribut du pouvoir ne peut être détenue par la communauté politique panafricaine qui est sans territoire, sans population et sans gouvernement. La souveraineté est une prérogative reconnue exclusivement à l'État par le droit international. Dans le contexte du mouvement panafricain, elle est déjà enfermée et

[1] Delphine Lecoutre, « Vers un gouvernement de l'Union africaine ? Gradualisme et statu quo v. immédiatisme », *Politique étrangère*, 2008/3, automne, p. 629-639.
[2] Jacques Krynen, *L'Empire du roi. Idées et croyances politiques en France, XIIIe-XVe siècle,* Paris, Gallimard, NRF, 1993. ; Ernst Kantorowicz, *Les deux corps du roi,* Paris, NRF, Gallimard, 1989. ; François-Louis Ganshof, *Le Moyen Âge. Histoire des relations internationales,* Paris, Hachette, 1953, tome 1.

exercée par les États constitués, à l'intérieur desquels vivent des communautés panafricaines. La communauté politique panafricaine, agglomération de groupes humains géographiquement éparpillés, ne peut prétendre être une collectivité étatique unique. Elle forme, au mieux, une multination sans État, c'est-à-dire une collectivité humaine plurielle sans expression juridique souveraine correspondante.

Si au sens du droit international la communauté politique panafricaine ne peut se voir attribuer la qualité d'État, notamment par le fait que ne peuvent pas lui être appliqués les éléments constitutifs de ce dernier, par quelles formes politiques et juridiques compatibles avec le droit international peut-elle alors s'institutionnaliser et se structurer ?

LES FIGURES POLITIQUES ET JURIDIQUES POSSIBLES DE LA COMMUNAUTÉ POLITIQUE PANAFRICAINE AU REGARD DU DROIT INTERNATIONAL

Régissant essentiellement les relations entre États souverains, le droit international offre des possibilités limitées en matière d'encadrement du phénomène de l'association politique transnationale du type de celle de la communauté politique panafricaine. Quelles formes d'association le panafricanisme est-il alors susceptible de revêtir dans sa rencontre avec le droit international et qui rendent compte de l'idée de communauté politique ?

LA COMMUNAUTÉ POLITIQUE PANAFRICAINE ET LES LIMITES DU DROIT INTERNATIONAL EN MATIÈRE D'ENCADREMENT DU PHÉNOMÈNE DE L'ASSOCIATION POLITIQUE TRANSNATIONALE

Il existe une contradiction entre le panafricanisme et le droit international. Celle-ci résulte de ce que le panafricanisme transcende les États, alors que le droit international est essentiellement un droit des États. Or la communauté politique panafricaine n'est pas une communauté politique nationale étatique. Elle est transnationale à cause du pluralisme étatique qui la caractérise. Le droit international impose au panafricanisme des bornes théoriques qu'il ne peut ignorer. La méconnaissance de cette réalité est manifestée de manière paroxystique dans les initiatives chimériques et inconséquentes de certains activistes du mouvement panafricain contemporain. C'est notamment le cas, au travers d'un grand bruitage médiatique[1], de l'idée saugrenue laissant croire à l'opinion publique internationale que la diaspora africaine pouvait se structurer en État. La proclamation farfelue d'un État de la diaspora africaine participe du brouillage du statut juridique du panafricanisme dans la conscience populaire. Si dans l'histoire il a pu exister des gouvernements en exil, ceux-ci avaient une base nationale par référencement à un territoire et à une population. Or le gouvernement autoproclamé[2] de la fiction qu'est le prétendu État de la diaspora africaine ne remplit aucun des critères constitutifs de l'État. Cette initiative rendue publique en juillet 2018 lors du sommet de l'Union africaine à Nouakchott (Mauritanie) a été critiquée par une frange des mouvements panafricains ; non pas tant à cause de son inconsistance juridique et politique, qu'au motif qu'elle était anti-démocratique[3], soulignant ainsi les luttes d'influence et les stratégies de positionnement qui traversent le mouvement panafricain pour son contrôle. Elle a de même fait l'objet d'une prise de distance par l'Union africaine alors que ses promoteurs se prévalaient de son soutien et de celui d'Abdel Aziz, président mauritanien, et président en exercice sortant de cette organisation au moment de l'annonce de cette création. Au regard du droit international, cette entité fictive ne peut être considérée comme ayant donné naissance à un État, car elle est dépourvue de la personnalité juridique internationale ; tout au plus la rangerait-on, par son caractère transnational, avec d'autres formes de regroupements, dans la catégorie des organisations non-gouvernementales : « Quand on parle de réseau transnational,

---

[1] *« La diaspora africaine, un nouvel État ? »*, https://www.france24.com/fr/20191016-diaspora-africaine-etat-union-louis-georges-tin-citoyennete-gouvernement, consulté le 14.09.2020.

[2] Brochure *« État de la Diaspora Africaine »*, https://www.camerlex.com/wp-content/uploads/2018.11/6e-Region-Brochure-fr.pdf, consulté le 14.09.2020.

[3] *« Un 'État de la Diaspora Africaine, 'énième' enfumade autour du Panafricanisme »*, https://www.fondation-frantzfanon.com/un-etat-de-la-diaspora-africaine-enieme-enfumade-autour-du-panafricanisme/, consulté le 14.09.2020. ; Karfa Sira Diallo, *« 'Africaneries' diasporiques parisiennes pour un État fantoche »*, https://www.blogs.mediapart.fr/karfa-sira-diallo/blog/311019/africaneries-diasporiques-parisiennes-pour-un-etat-fantoche, consulté le 14.09.2020.

d'association, ou de fédérations de régions insulaires, de régions littorales ou autres, on est en face des ONG[1] ».

Si l'on espère du droit international qu'il serve de trépied à l'avènement possible d'un État panafricain, on risque d'attendre longtemps. Il faut parfois s'accommoder du fait que face à certaines situations sociales, le droit n'ait pas d'autre solution à proposer que le silence. Le droit ne peut pas tout dire et tout régenter. Bien que critiquable à bien des égards par ses imperfections, et notamment son absence de lisibilité en termes d'avenir politique, la construction européenne ne peut-elle pas néanmoins servir d'exemple et inspirer le panafricanisme en peine de consécration et de maturation ? L'Union européenne s'est construite en défiant le droit international marqué par la souveraineté. Elle a réalisé une unité juridique et économique sans unité politique[2]. Elle ambitionne d'aller à l'union politique par le droit sans souveraineté politique au sommet, c'est-à-dire sans que l'abandon des souverainetés nationales soit une précondition exigible des États membres pour la poursuite de l'œuvre unificatrice commune. Cette voie d'une altérité politique minimaliste qui a permis à l'Europe communautaire de s'affirmer en tant que puissance peut-elle être empruntée par les États africains ? Le modèle séduit, comme tend à le prouver l'homologie des dénominations Union européenne et Union africaine. Resterait cependant à répondre à la question épistémologique suivante : le panafricanisme, visée politique, peut-il être un construit juridique ? Autrement dit, le droit peut-il enclencher une dynamique qui permette de réaliser le projet politique ?

La piste d'une réflexion approfondie en matière de représentation de la communauté politique panafricaine est ouverte. Cette dernière ne peut qu'être une fusée à plusieurs étages. On peut aussi, pour se la représenter, évoquer l'image d'une « matriochka » ou poupée russe. Elle est un contenant de contenus. Elle n'a pas vocation à remplacer les communautés politiques plurielles existantes, mais à cohabiter avec

---

[1] Patrick Daillier, assurant la présidence des débats sur le thème « Les collectivités territoriales non-étatiques sujets du droit international ? », dans Société française pour le droit international, *Les collectivités territoriales non-étatiques dans le système juridique international,* Journées d'études, Paris, Éditions A. Pedone, 2002, p. 197.

[2] Hassaneen, « Le paradoxe d'une unité fondée sur l'économie et le droit », dans Claude Blumann, Fabrice Picod, dir., *Annuaire du droit de l'Union européenne,* 2017, Paris, Éditions Panthéon-Assas, 2018, p. 303-315.

elles dans l'exercice des libertés. Elle n'est pas un État doté de l'attribut de la souveraineté au sens de la verticalité de ce concept. La communauté politique panafricaine est une association de collectivités humaines différenciées partageant une expérience historique et contemporaine commune de la domination esclavagiste, coloniale, néocoloniale, mais unies par la revendication de leur émancipation et de leur liberté dans le contexte de la mondialisation ancienne et contemporaine. L'exercice du pouvoir y est caractérisé par son horizontalité dans ce sens que les entités constituantes l'exercent selon les principes de la complémentarité et de la subsidiarité.

En examinant la question de la formalisation et de l'institutionnalisation de la communauté politique panafricaine, il convient d'avoir présent à l'esprit que la problématique de l'africanité politique est étroitement liée à celle de l'émancipation internationale, et de la manière dont les groupes humains projettent leur vie en commun au travers des institutions qu'ils créent à cette fin. La question n'est donc pas seulement institutionnelle ; elle est éminemment politique car c'est la vision politique qui s'incarne dans les institutions. Le droit institutionnel est en effet la traduction d'une politique.

LA COMMUNAUTÉ POLITIQUE PANAFRICAINE, UNE ASSOCIATION INTERÉTATIQUE QUI INVITE À REPENSER LA SOUVERAINETÉ

Dans l'ordre des possibilités offertes par le droit international, la représentation du panafricanisme en tant que communauté politique peut se matérialiser en une figure étatique. C'est que l'État est aujourd'hui encore perçu comme étant le réel fini et l'horizon indépassable en matière d'encadrement politique des groupes humains, à l'abri, en tout cas, de toute forme de concurrence : « À vrai dire personne ne conteste vraiment l'État en tant qu'instrument le plus apte à exprimer l'individualité d'un groupe humain à l'aube du troisième millénaire ; du point de vue juridique comme sociologique, aucune institution de remplacement ne se présente pour occuper la place[1] ». L'État continue d'imprégner de sa logique le fonctionnement de la

[1] Jean-François Guilhaudis, *Relations internationales contemporaines,* 2e édition, Paris, LexisNexis Litec, 2005, p. 35.

société internationale. Son expansion illimitée est attestée par le bornage de la planète en unités étatiques, hormis quelques espaces qualifiés d'internationaux parce qu'échappant à l'emprise des États (Antarctique, fond des mers, lunes et autres corps célestes), bien que se manifeste la gourmandise des plus puissants d'entre eux tentés de s'approprier ces espaces. L'apparition de l'État a consacré la décentralisation de la société internationale par éclatement de celle-ci en plusieurs pôles de pouvoir. La communauté politique panafricaine peut se penser en association étatique dans la mesure où le droit international offre cette possibilité. Mais le cadre théorique d'un tel État serait à repenser, notamment par la remise en cause nécessaire de la notion de souveraineté.

Les États souverains constitutifs de la nébuleuse panafricaine peuvent théoriquement, par le phénomène d'association interétatique, se regrouper en unités politiques expressives de leur volonté de former une communauté politique au-delà de la simple figure classique d'une union économique. Si l'on excepte les exemples historiques qui n'existent plus guère de nos jours des unions personnelles et des unions réelles, formules d'association politique ne remettant pas en cause la pluralité des sujets de droit y participant sous la configuration d'un gouvernement internationalisé[1], les États disposent aujourd'hui encore de procédés pour exprimer leur volonté d'unification politique : « Union, Confédération, État fédéral, ces modèles, et un foisonnement d'expériences concrètes qui les mettent en œuvre, sont à la disposition des États pour se rassembler, si nécessaire[2] ». Comment serait matérialisée, dans le contexte des unités étatiques panafricaines actuelles, un tel changement qui acterait le dépassement du phénomène de l'État souverain replié sur lui-même et enfermé dans ses frontières nationales ?

Les États africains diasporiques et continentaux peuvent réaliser, par adoption du modèle institutionnel qu'ils souhaitent, soit une union partielle ne regroupant qu'un nombre limité d'entre eux, soit une union intégrale englobant la totalité d'entre eux. Il n'est pas, en effet, exclu

---

[1] Voir les définitions de ces formes d'association politique dans Jean Salmon, dir., *Dictionnaire de droit international public, op. cit.*, entrée « Union personnelle », p. 1118 ; entrée « Union réelle », p. 1119.

[2] Jean-François Guilhaudis, *op. cit.*, p. 126, § 183.

que ces États décident d'entrer en communauté politique en établissant des liens qui témoignent de leur volonté de dépasser leur existence individuelle pour s'engager dans la voie d'une destinée politique partagée. S'il y avait un assouplissement du continentalisme étroit et rétrograde qui conduit par exemple l'Union africaine à considérer que les États non continentaux peuplés en majorité de Noirs, à l'exemple d'Haïti, ne peuvent faire partie de cette organisation, on pourrait très bien imaginer une association politique avec ceux-ci une fois levé ce veto discriminant et déshonorant. Pour l'heure, la souveraineté attachée à l'État fait écran à une quelconque évolution du nationalisme étriqué et sourcilleux des États vers le supranationalisme, même sous la forme inachevée et imparfaite de type « préfédéral[1] » à laquelle est parvenue aujourd'hui l'Union européenne dont « Les États membres...restent des États souverains[2] ».

Quelle que soit cependant la formule retenue en matière d'institutionnalisation de la communauté politique africaine (Fédération, Confédération, etc.), il est bien évident que celle-ci ne doit pas emprunter le visage monstrueux d'un léviathan moderne écrasant les peuples, c'est-à-dire se matérialiser dans une structure destinée à embrigader le pluralisme des sociétés humaines. Cette réserve est notamment formulée par Philippe Nemo lorsqu'il propose la mise en place d'une « *Union occidentale* qui réunirait l'Europe occidentale, l'Amérique du Nord, et les autres pays occidentaux...Cette union ne devrait pas être un super-État fédéral, formule dont on connaît les dangers. Le pluralisme, la multipolarité sont nécessaires. Ce devrait être une confédération, c'est-à-dire un espace institutionnalisé de concertation et de coordination, une libre République de pays égaux en droits[3] ». Il souligne alors l'échec, à ses yeux, des modèles prisés du vivre-ensemble dans les sociétés plurielles : « On ne peut s'en remettre, pour concilier unité et différences, aux formules aujourd'hui à la mode, le multiculturalisme ou le métissage culturel. La première est aussi absurde qu'un jeu où chaque joueur prétendrait jouer selon ses propres règles. La seconde, qui consiste à rechercher un *plus grand*

[1] *Ibid.*
[2] *Ibid.*
[3] Philippe Nemo, *Qu'est-ce que l'Occident ?,* Paris, Quadrige/PUF, 2005, p. 119.

dénominateur commun, est par définition appauvrissante[1] ». Ce raisonnement suggère, dans une perspective panafricaine, la nécessité d'une mutation idéologique pour sortir, d'une part, des impasses du modèle de l'État-nation appliqué sans discernement à l'Afrique notamment, et dont l'échec ne fait plus guère de doute[2] ; d'autre part, le dévoilement du mirage de la souveraineté aujourd'hui engloutie par les attaques de la mondialisation, mais à laquelle continuent cependant de s'accrocher les pouvoirs politiques, y compris africains. Il faut acter la fin de la souveraineté dans l'acception pure de ce concept, c'est-à-dire un pouvoir inconditionné au-dessus duquel il n'y a rien. Ce nécessaire réajustement conceptuel ouvrirait la voie au-dedans à une prise en compte du pluralisme des communautés politiques nationales africaines formant une multination dans une démarche d'association politique ; il permettrait d'articuler, au-dehors, ces sociétés pacifiées en une structure institutionnelle porteuse de l'idéal d'unification politique panafricaine.

Dans l'ordre des possibles en droit international positif, pourrait donc tout à fait se former des États-Unis d'Afrique constitués d'entités adhérant au projet d'une communauté politique élargie. Ils regrouperaient alors, d'une part, des États africains continentaux et, d'autre part, des États africains diasporiques. La communauté politique panafricaine étatique est une mise en scène de cette configuration institutionnelle à deux niveaux. Cette architecture à étages suppose en interne des recompositions et des reclassements dans chacun des espaces géographiques considérés, continental et diasporique.

Les États diasporiques composés de populations majoritairement africaines ont la faculté, individuellement ou collectivement, par des processus démocratiques, de solliciter une association avec le continent africain. Une nouvelle configuration politique est donc possible. Mais l'association entre l'Afrique continentale et l'Afrique diasporique ne saurait cependant être conçue sur le mode de l'instrumentalisation ou de la subalternisation de la seconde par la première. Le panafricanisme sans vision globale, c'est-à-dire préoccupé uniquement à réaliser l'unité physique et organique du continent africain risque d'être fort peu

[1] *Ibid.,* p. 124.

[2] Willy Jackson, Issiaka Mandé, « Coups d'État, partis uniques », Unesco, *Histoire générale de l'Afrique. Volume IX, op. cit.*

attrayant et paraître insultant pour les peuples africains de la diaspora qui se verraient relégués au statut de roue de secours et de faire-valoir d'un panafricanisme africain en manque d'inspiration et de vitalité. Or le panafricanisme diasporique n'est pas un panafricanisme accessoire, à part ; il est un élément constitutif du panafricanisme dans sa globalité.

Le renouveau politique et institutionnel, indispensable à la mise en œuvre de la communauté politique panafricaine, implique le dépouillement de l'État de ses oripeaux de souveraineté, la prise de conscience politique des aspirations panafricanistes de la diaspora, la reconnaissance de l'obstacle que constituent les organisations régionales sur la voie de la réalisation de l'idéal panafricain, l'expression libre et démocratique des communautés politiques nationales. C'est seulement à ces conditions remplies que se réaliseront les États-Unis d'Afrique, dénomination utilisée indistinctement et malencontreusement dans la pensée politique africaine pour désigner soit l'association des États africains diasporiques avec les États africains continentaux, soit uniquement ces derniers entrés en association entre eux. Bien que communément admise et plébiscitée, l'appellation États-Unis d'Afrique pourrait être remplacée par une autre qui aurait l'avantage d'éviter toute confusion lexicale possible avec un énoncé déjà préempté par les États-Unis d'Amérique. Dans cette optique, je propose que la communauté politique panafricaine soit désignée par le nom Union des États africains (UEA), mais plus encore, et préférentiellement, Union des Peuples africains (UPA), pour souligner que seuls les peuples sont le moteur de l'histoire et la finalité de l'action politique.

Quelles que soient cependant les combinaisons possibles en matière de restructuration politique du monde panafricain, il convient d'insister sur le caractère libre des associations et contrats politiques envisagés, aussi bien à l'intérieur de chaque sphère territoriale qu'entre celles-ci. On signifie ainsi qu'aucun sujet politique ne saurait se voir imposer une relation non consentie qui serait par nature antidémocratique. Ces recompositions doivent émaner de l'acceptation, par chaque entité politique, de son entrée en association politique avec d'autres communautés panafricaines. L'association politique est un pacte de liberté, et « Si le droit est la grammaire d'une société, s'il est ce qui la rend intelligible à elle-même, il ne peut exister que si cette société s'est d'abord perçue comme une association politique d'hommes libres, ce qui est l'antithèse de l'État[1] ». Les États ne seraient pas supprimés, mais ils seraient dépouillés du manteau de la souveraineté qui les empêche de se projeter vers une perspective globale et supranationale. Ce nouveau construit politique signe en même temps l'arrêt de mort, dans sa conception actuelle, d'une institution comme l'Union africaine qui n'est pas, à proprement parler, politique dans le sens où elle n'est pas porteuse d'un projet d'émancipation ayant effet d'entraînement des peuples africains vers une destinée commune. Mais de la mort peut surgir une vie foisonnante et en nouveauté, car « …si le grain de blé qui est tombé en terre ne meurt, il reste seul ; mais, s'il meurt, il porte beaucoup de fruits[2] ».

En considération de la pensée de l'innovation politique panafricaine qui tisse la trame de cette réflexion, il faudrait aussi questionner le discours de la renaissance africaine endossé par l'Union africaine, les élites africaines et les activistes panafricains. Pour séduisant qu'il soit, il ne manquera pas alors d'apparaître illusoire et en deçà des enjeux politiques réels du panafricanisme. L'avenir de l'Afrique n'est pas dans son passé, quelque grandiose et glorieux qu'on suppose qu'il ait été, mais dans la réinvention de son futur, dans un projet d'émancipation qui garantisse un meilleur avenir à tous ses peuples. Aller de l'avant, se réinventer implique non pas une contemplation rétrospective et jubilatoire de son histoire, mais un dépassement de celle-ci dans une démarche résolument prospective. Or le discours sur la renaissance africaine tend à idéaliser le passé de l'Afrique et à occulter la défaite historique de ce continent dans sa rencontre avec le monde.

Si l'État est la forme immédiatement donnée par laquelle le panafricanisme peut se structurer en communauté politique, il convient néanmoins de relever l'impossibilité pour celui-ci de se concevoir et de se construire dans le cadre d'un État transcontinental unitaire qui aurait vocation à ne rassembler que les peuples africains noirs. La perspective d'un État panafricain qui acterait la pensée d'un peuple noir ou celle

---

[1] Monique Chemillier-Gendreau, « L'État : la souveraineté », dans Charalambolos Apostolidis, Hélène Tourard, eds., *Actualité de Georges Scelle,* Dijon, Éditions universitaires de Dijon, 2013, p. 99.

[2] *La Bible,* Louis Segond, *op. cit.,* Jean, chapitre 12, verset 24.

d'une nation noire globale est non seulement sulfureuse parce qu'empreinte de racisme, mais aussi sans consistance en droit international qui n'accrédite pas l'idée de l'homogénéité raciale ou ethnique de la population d'un État. Le panafricanisme ne peut être un racisme. Un panafricanisme érigé uniquement à partir et en considération des groupes raciaux est un panafricanisme inconséquent et dangereux. Le panafricanisme racial pose notamment le problème des groupes humains non noirs : minorités blanches d'Afrique australe et des anciennes colonies portugaises d'Afrique, populations blanches d'Afrique au Nord du Sahara, diasporas noires minoritaires dans leurs États d'implantation, métis, etc. La notion d'État noir défendue par une frange du mouvement panafricain est critiquable en soi. Elle a été heureusement sinon désapprouvée, du moins relativisée par une autre tendance du panafricanisme soucieuse de préserver la formidable et enrichissante diversité humaine des peuples panafricains : « Nous demandons un État nègre unique, regroupant l'ensemble de l'Afrique noire et de la Caraïbe, et dans cet État nous ferons de la question raciale ce qu'elle a été : un objet de diversité, d'approbation mutuelle, et de compétition amicale, et non pas une excuse pour des antipathies amères. Les Nord-Africains, aussi, s'ils le veulent, peuvent avoir accès à cet État[1] ». Mais alors, cet État perd ipso facto son qualificatif d'État noir par reconnaissance et inclusion des populations blanches et celles métisses qui en feraient partie. La ligne de partage et d'identification du panafricanisme ne doit pas passer par une exclusion opérée à partir de la couleur de la peau. Le brassage des humains a créé des situations et des identités différentes qui rendent compte de la difficulté à témoigner d'un panafricanisme global et pacifié, pensé en dépassement des groupes raciaux possiblement antagoniques. Aller vers le commun exige de purger, de décharger le passé de la culpabilité de l'esclavage et de la colonisation au sein des sociétés où, par les aléas de l'histoire, coexistent désormais et de façon durable et irréversible des populations composites. Il convient de libérer le pardon, loin de tout esprit revanchard et de tout sentiment victimaire entretenu. Il y va de la cohésion sociale. La repentance pour commission des crimes d'esclavage et de colonisation, ainsi que les demandes de

[1] Déclaration des rédacteurs du premier numéro de *La Race Nègre,* cité par Amzat Boukari-Yabara, dans *Africa Unite..., op. cit.,* p. 323.

dédommagement qui en découlent[1] sont de nature á contribuer á la pacification des relations sociales au sein de ces communautés composites marquées par les traumatismes de l'histoire. La paix se nourrit de la justice qui, elle-même, fonctionne sur le fondement des principes de l'imputation des responsabilités et de la réparation des préjudices. Le panafricanisme pose le défi d'une organisation politique qui inclut tous ceux qui habitent là, dans un même lieu, et unis tous ensemble dans un projet de destin commun. La diaspora africaine doit naturellement tenir une part dans ce projet de fécondation intellectuelle. Elle représente une strate de l'histoire politique de l'Afrique projetée ailleurs. L'enjeu est alors, par le moyen de l'association politique, de lui reconnaître une place éminente et à plein titre dans le processus de réinvention du panafricanisme.

LA COMMUNAUTÉ POLITIQUE PANAFRICAINE, UNE ASSOCIATION NON-ÉTATIQUE À VOCATION D'ÉMANCIPATION ÉCONOMIQUE ET SOCIALE

Il convient de souligner, d'une part, que l'État n'a pas toujours été, et que, d'autre part, il existe des sociétés humaines sans État[2]. Ce dernier n'est donc pas frappé d'irréversibilité et d'éternité. Ce constat du caractère prétendument irremplaçable de l'État rend surtout compte de l'impuissance de la pensée humaine à concevoir d'autres formes d'association politique. Il conviendrait pourtant de contextualiser cette structure de pouvoir qu'est l'État en raison notamment de sa confrontation avec la globalisation du monde[3] qui interpelle quant à la

---

[1] Résolution, dans ce sens, adoptée par l'Union africaine le 15 février 2025 lors de son 38e Sommet : « Justice pour les Africains et les personnes d'ascendance africaine grâce aux réparations » ; voir *« L'Afrique fait des réparations pour la colonisation et l'esclavage un sujet central »,* https://www.courrierinternational.com/article/la-lettre-de-l-educ-l-afrique-fait-des-reparations-pour-la-colonisation-et-l-esclavage-un-sujet-central_228222, consulté le 10.03.2025. ; « 'L'Année des réparations' de l'UA : entre mémoire et avenir », https://issafrica.org/fr/iss-today/l-annee-des-reparations-de-l-ua-entre-memoire-et-avenir, consulté le 10.03.2025.

[2] Pierre Clastres, *La société contre l'État,* Paris, Éditions de Minuit, coll. « Critique », 1974.

[3] *La mondialisation,* Journées allemandes, Tome XLVI/2016, Travaux de l'Association Henri Capitant, Bruxelles, Bruylant et LB2V, 2017. ; Société Française pour le Droit international (SFDI), *L'État dans la mondialisation,* Colloque de Nancy, Paris, Éditions Pedone, 2013.

nécessité d'imaginer des formes plus adaptées de regroupements politiques des humains différenciés.

En dehors de la matrice de l'État, quels peuvent donc être ces autres modèles d'association susceptibles de rendre compte de l'idée de communauté politique panafricaine ? Ici intervient la problématique des racines de l'émancipation commune des peuples africains, diasporiques et continentaux. Celles-ci sont à rechercher dans la solidarité indispensable des peuples dominés contre l'exploitation économique et sociale. La soumission de l'État à la logique prédatrice du marché mondial, autre aspect de l'ossature du système international d'inégalité, conduit à bien des ravages qui grossissent les rangs des marginalisés dans les sociétés panafricaines, produisant ces « damnés de la terre », selon le mot de Frantz Fanon. Quels que soient les degrés et les formes particulières d'oppression et de discrimination qui les affectent, les peuples panafricains sont confrontés à des situations contemporaines de domination qui doivent les inciter à prendre conscience de leur destin partagé et de la nécessité pour eux d'entrer en communauté politique. Dans ce contexte, « La réflexion doit associer tous les exclus qui sont le rebus des États encore organisés[1] ». L'émancipation des peuples panafricains n'est pas accomplie dans le cadre de la société internationale. Il faut, dès lors, tracer de nouvelles perspectives de ralliement et de lutte pour la liberté. Ce nouveau chemin sera celui de la solidarité pour les droits de l'homme et des peuples. La question institutionnelle, sans être superfétatoire, vient alors se greffer à celle de l'émancipation sociale et de l'égalité entre tous les humains. La libération, je l'ai dit, n'empruntera cependant pas la voie institutionnelle d'un État souverain unique, par la disqualification de ce dernier à être seul le contenant de toutes les diversités panafricaines.

À un moindre niveau et en deçà d'une structuration proprement politique, il convient d'encourager des rencontres de concertation cycliques, formelles ou informelles, où seraient débattus des problèmes communs aux peuples africains. Le rôle de la société civile est déterminant dans ce processus, à l'exemple de celui des mouvements de l'altermondialisation. Ces associations peuvent être représentées à

---

[1] Monique Chemillier-Gendreau, « Les Antilles françaises, droit international et émancipation », dans Monique Chemillier-Gendreau, *Droit international et démocratie mondiale... op. cit.*, p. 221-222.

différents niveaux. Comportant notamment des démembrements territoriaux, auprès des États et des organisations internationales, elles peuvent agir en tant que puissances de lobbying et d'inflexion des politiques de marginalisation et d'exploitation des populations panafricaines. Il s'agit, dans cette configuration particulière, de capitaliser les frustrations nées des injustices communes, de les transformer en actions de solidarité transcontinentale en leur conférant un écho mondial, comme à l'époque flamboyante du panafricanisme originel. Des actions de coopération multifonctionnelle à différents échelons (États, entités régionales, communes) que rendent possibles les compétences internationales reconnues aux entités territoriales décentralisées sont également porteuses de l'idée d'une marche en avant des communautés panafricaines vers une destinée commune.

Le chapitre politique du mouvement panafricain reste à écrire, dans des configurations qui tiennent compte à la fois de l'irréductibilité des revendications nationalitaires, des formes de mobilisation des peuples, et des possibilités limitées offertes par le droit international en matière d'émancipation des collectivités humaines dominées. Le moment des transformations politiques doit cependant être suivi du « deuxième temps de la décolonisation avec une décolonisation juridique[1] ». Au fondement d'une nouvelle philosophie du droit portée par le renouveau politique, se trouve le défi à relever du pluralisme juridique, c'est-à-dire de la reconnaissance de systèmes de normes différents régissant des communautés non identiques, mais cependant orientées vers l'atteinte d'un but commun. Au pluralisme politique doit répondre le pluralisme juridique.

LA COMMUNAUTÉ POLITIQUE PANAFRICAINE ET LA NÉCESSITÉ DU PLURALISME JURIDIQUE

LA PROBLÉMATIQUE DU PLURALISME JURIDIQUE

L'idée de base du pluralisme juridique est que les sociétés humaines n'étant pas identiques, on ne peut leur appliquer le même

[1] Monique Chemillier-Gendreau, « La dangereuse situation dans laquelle se trouve le Mali, un condensé des impasses où se trouve la société mondiale », dans Monique Chemillier-Gendreau, *Un autre droit pour un autre monde...*, *op. cit.*, p. 243.

système de normes. Il s'agit d'une véritable rupture épistémologique par rapport à la culture juridique dominante longtemps marquée par le centralisme jacobin, notamment dans les pays d'héritage et de tradition francophone[1], mais ensuite répandu d'une manière ou d'une autre dans les autres sociétés. Le pluralisme juridique dont la production doctrinale est abondante, dans les disciplines de l'anthropologie juridique, de la sociologie du droit, et de la théorie du droit[2] émet l'idée que « la conception théorique du centralisme étatique n'explique pas la réalité de l'expérience normative[3] ». Avec cette notion, « il s'agit tout d'abord de contester la prétention monopolistique de l'État sur la production du droit… Il s'agit ensuite de contester le discours des juristes, dits alors traditionnels ou dogmatiques, qui légitiment, tant dans leurs écrits que dans leurs enseignements, cette posture hégémonique de l'État[4] ».

Le concept du pluralisme juridique est politique dans sa mise en cause de l'État et de la place de celui-ci dans la vie sociale. Mais il soulève aussi des problèmes de cohérence juridique, enjeu que souligne Monique Chemillier-Gendreau en ces termes : « peut-il exister, sur un même espace et au même moment, plusieurs ordres normatifs se revendiquant les uns et les autres comme légitimes, et selon quel principe trancher s'ils sont contradictoires entre eux ?[5] ». Les communautés humaines se forment en effet à des échelons politiques différents (ethnique, municipal, régional, étatique, international, etc.) ; à ces différents niveaux peuvent correspondre des ordres normatifs tout aussi différents, et possiblement opposés les uns aux autres. Mais la complexité est aujourd'hui au cœur même des sociétés occidentales dans la confrontation entre la survivance dans l'imaginaire juridique des populations immigrées des lois de leurs pays d'origine, avec celles que leur imposent les États d'accueil[6]. La polygamie, régime

[1] Étienne Leroy, « Pourquoi en Afrique le droit refuse-t-il toujours le pluralisme que le communautarisme induit ? », *Anthropologie et Sociétés,* vol. 40, N° 2, 2016, « Pluralismes juridiques et interculturalités », p. 25-42.
[2] Albane Geslin, « Une brève historiographie de 'pluralisme juridique' : quand les usages d'une notion en font un instrument de luttes politiques », *Clio@Themis. Revue électronique d'histoire du droit,* N° 15, 2019, p. 1-18.
[3] *Ibid.,* p. 5.
[4] *Ibid.*
[5] Monique Chemillier-Gendreau, *De la guerre à la communauté universelle, op. cit.,* p. 345.
[6] *Ibid.*

matrimonial largement dominant dans certains pays africains est par exemple interdite dans les sociétés occidentales, de même que l'est aussi l'excision considérée dans certaines communautés africaines comme une pratique normale. Surgissent alors les questions suivantes : peut-on tolérer, au nom du pluralisme juridique, certaines coutumes attentatoires aux droits de l'homme ? ; peut-on, pareillement, au nom de l'unicité des lois de la République, ignorer les spécificités des groupes humains dans une société composite et multiculturelle ? Il y a là un enjeu de civilisation qui interpelle quant à la nécessité d'une innovation juridique : « La coexistence sur une base multiculturelle devrait attiser l'imagination juridique, alors que l'État occidental intégrateur … impose aux étrangers de faire table rase de leur droit d'origine et de se conformer à l'orthodoxie juridique nationale de l'État d'accueil[1] ». Il n'est pas facile de tenir une juste et égale distance entre ces deux pôles contradictoires. D'où l'entrechoquement persistant entre les identitarismes communautaristes de certaines populations et les politiques d'assimilation pratiquées par certains États, ce qui conduit François Gemenne, politologue des migrations, à affirmer par exemple que « L'universalisme français a perdu sa dimension universelle et cosmopolite[2] », analyse que partage également Louis-Georges Tin lorsqu'il fustige et dénonce les impostures de l'universalisme, notamment français, à l'ombre duquel infuse en réalité, selon lui, une pensée de la domination, véritable fabrique des marginaux sociaux et politiques[3].

La communauté politique panafricaine, superposition d'échelons politiques différents ne peut se concevoir que sur le fondement d'un enchevêtrement d'ordres juridiques diversifiés. On ne saurait en effet avoir sérieusement la prétention d'appliquer les mêmes règles juridiques à des communautés politiques aussi diverses que celles qui la forment. La stratification politique qui la caractérise est à la fois transcontinentale, c'est-à-dire diasporique ; continentale, par

---

[1] *Ibid.*

[2] François Gemenne, http://www.lemonde.fr/afrique/article/2020/11/30/francois-gemenne-l-universalisme-francais-a-perdu-sa-dimension-universelle, consulté le 01.12.2020. Lire son livre, François Gemenne, *On a tous un ami noir,* Paris, Éditions Fayard, 2020.

[3] Louis-Georges Tin, *Les impostures de l'universalisme,* Paris, Éditions Textuel, coll. « Conversations pour demain », 2020.

identification géographique à l'Afrique ; nationale, en raison de la pluralité des États souverains qui la constituent, ces derniers étant eux-mêmes démembrés en unités administratives territoriales diverses ; infra-étatique, compte tenu de la multiplicité de ses composantes ethniques. La communauté panafricaine est un véritable millefeuille politique et institutionnel. Cet étagement des structures politiques entraîne comme conséquence et signifie que la loi d'un groupe ne doit pas être imposée à tous les autres.

On sait que la règle de droit contribue à l'apaisement des contradictions sociales qui surgissent du vivre-ensemble. Ce lien politique de l'exister en commun est vécu différemment dans chacun des échelons constitutifs de la communauté politique panafricaine, et ceux-ci sont confrontés à des situations sociales différentes. On ne peut araser ni écrêter ces spécificités locales et ambitionner apporter par en haut des solutions politiques, économiques, et juridiques communes, à des difficultés sociales ressenties diversement par en bas. La norme juridique doit répondre à une attente sociale et, en ce sens, elle a vocation à s'enraciner au sol. Sa légalité doit être confortée par sa légitimité, par son acceptation sociale, en d'autres termes. Aussi pourra-t-elle produire du droit exécutoire, applicable, et non pas être reléguée dans l'antichambre du droit déclamatoire, sans effet pratique, comme c'est malheureusement trop souvent le cas par son détachement, son déni et sa cécité de la réalité sociale. Le télescopage en Afrique de deux ordres juridiques différents émanant, l'un de l'État, et l'autre, produit par le corps social, est synonyme de conflictualité dans le cadre du pluralisme juridique : « Celui-ci signifie que l'individu n'est pas régi par un droit unique, celui de l'État, mais qu'il est pris dans des réseaux normatifs qui régulent les rapports sociaux[1] ». Un droit de nature impersonnelle, s'appliquant indistinctement à tous et à toutes les situations, dans un système politique pluraliste prônant la coexistence de tous les échelons d'organisation politique, deviendrait inopérant. On peut alors très bien imaginer ce qu'il adviendrait d'un système juridique ignorant des multiples particularités des échelons politiques composantes de la communauté politique panafricaine : il se

[1] Léonard Matala-Tala, « L'ineffectivité du droit positif en Afrique subsaharienne », *Civitas Europa,* 2013/2, N° 31, p. 243, https://www.cairn.info/revue-civitas-europa-2013-2-page-239.htm, consulté le 02.12.2020.

condamnerait à l'ineffectivité et à l'inefficacité. Il faudrait alors avoir recours à un léviathan juridique pour imposer les lois. Une telle monstruosité manquerait au but de la règle de droit qui est la pacification des rapports humains dans une société donnée. Le centralisme juridique est incompatible avec la spécificité des collectivités politiques. L'échec dans la longue durée historique des systèmes normatifs importés en Afrique oblige alors à repenser l'avenir des régimes juridiques de ce continent : « Dans cette perspective le droit serait le réseau social normatif contrôlé par l'État aux côtés duquel cohabiteraient, sur un pied d'autonomie complète, une multitude d'autres, placés sous le contrôle de collectivités extrêmement diverses utilisant à cette fin des modalités extrêmement variables[1] ». Ces observations sont bien évidemment valables pour les autres aires géographiques englobant des communautés panafricaines.

LA MISE EN ŒUVRE DU PLURALISME JURIDIQUE DANS LE CADRE DE LA COMMUNAUTÉ POLITIQUE PANAFRICAINE

Des ordres juridiques pluralistes[2], nécessaires dans un système politique pluraliste, interrogent sur le droit substantiel qui serait laissé à la compétence des unités politiques constitutives de la communauté d'ensemble. Dans les systèmes politiques traditionnels, cette question est tranchée par la forme institutionnelle des entités secondaires et des attributs qui leur sont délégués par l'État central. Détenteur de la souveraineté, ce dernier se réserve généralement l'exercice exclusif des aptitudes régaliennes. Ce modèle pourrait servir d'exemple. Il ne serait pas en effet raisonnable d'envisager une uniformisation des institutions ni un alignement des domaines d'intervention dans une construction politique telle que celle à mettre en place avec l'association politique panafricaine. Les spécificités culturelles ainsi que les legs coloniaux distincts plaident au contraire pour une adaptation des régimes

---

[1] Jacques Vanderlinden, « Les droits africains entre positivisme et pluralisme », *Bulletin des séances de l'Académie royale des sciences d'outre-mer,* 46, 2000, p. 279-292, sur http://www.dhdi.free.fr/recherches/etatdroitjustice/articles/vanderli3.pdf, (p. 16), consulté le 02.12.2020.

[2] Nelson Arturo Ovalle Diaz, *La production pluraliste du droit transnational contemporain,* Thèse soumise à la Faculté des Études supérieures et postdoctorales dans le cadre des exigences du programme de doctorat en philosophie en droit, Faculté de droit, Université d'Ottawa, 2015.

juridiques aux caractéristiques propres des groupements politiques auxquels doit être reconnue une réelle autonomie dans l'élaboration et l'application des normes. Ce pluralisme juridique serait cependant assujetti à deux obligations : celle de sauvegarder les droits et les libertés, et celle de ne pas mettre en péril le contrat politique d'association.

LA SAUVEGARDE DES DROITS ET DES LIBERTÉS

Sur ce premier point de la nécessité du respect des droits et des libertés, il importe de redire que la communauté politique panafricaine est un construit politique porteur d'une promesse de liberté collective autant au sein de chaque unité constituante qu'au niveau de l'institution politique prise dans son entièreté. Le droit, émanation du lien politique, doit avoir pour visée la réalisation de cet objectif démocratique de liberté. La question se pose alors de la contribution du droit à la démocratie en tant que celle-ci est la jauge universelle souhaitable du politique.

Même si la démocratie est concrètement non réalisée dans les sociétés par l'exclusion qu'elle opère entre les groupes humains[1], et décriée à juste titre à cet effet, elle demeure malgré tout la représentation et l'expression la plus achevée à ce jour du pluriel des communautés humaines se regroupant en association politique. Le pluralisme juridique ne peut dès lors s'émanciper ni du référentiel, ni de l'exigence démocratiques ; il doit participer au renforcement du lien politique communautaire. Globale dans son universalité, la démocratie est cependant aussi échelonnée dans son rapport immédiat avec les différentes instances de la communauté politique panafricaine qui sont astreintes, chacune à son niveau, à la réaliser. Le droit est ainsi sommé de se mettre au service du projet politique. La démocratie doit de ce fait descendre de la sphère des réalités immatérielles, idéelles, au regard de la déterritorialisation du schéma d'organisation de la communauté politique panafricaine, pour s'enraciner dans celle des réalités vécues, empiriques, des collectivités humaines effectivement existantes. Le

---

[1] Jacques Rancière, *La mésentente,* Paris, Éditions Galilée, 1995.

pluralisme juridique permet d'amener du ciel à la terre la conscience du caractère pluraliste et politique de l'association panafricaine.

LA PRÉSERVATION DU CONTRAT POLITIQUE D'ASSOCIATION

Dans un deuxième temps, il s'agit pour le pluralisme juridique de ne pas contribuer à détricoter les liens de l'association politique formée par les communautés panafricaines. Le risque est en effet réel que l'activité normative des groupes particuliers aboutisse à la dénaturation et à la mise en danger de l'existence même du projet d'une destinée commune. Ce risque peut être neutralisé si les termes de l'accord par lequel les différents membres de la communauté politique s'engagent mutuellement sont bien définis. Les modalités du contrat politique d'association doivent notamment veiller à éliminer les risques d'empiètement et de chevauchement des compétences des diverses composantes du corps panafricain. La liberté de chacun n'est possible que lorsque la liberté de tous est bridée. Et le droit étant le bras armé du politique, il ne lui est pas autorisé de participer à défaire par le bas ce qui est scellé par en haut comme étant l'émanation d'une volonté politique commune supérieure, intangible et irréfragable. Les États, unitaires décentralisés, ou fédéraux, définissent précisément dans leurs constitutions ou dans d'autres actes juridiques les domaines de compétences respectives des unités politiques intriquées. Chacune ne doit alors agir qu'au seul niveau de ses attributions, et en tant que celles-ci sont soustraites de la compétence de l'échelon supérieur. C'est le principe de subsidiarité déjà évoqué et formulé en ces termes par le traité de Maastricht en son article 5 : « La Communauté agit dans les limites des compétences qui lui sont conférées et des objectifs qui lui sont assignés par le présent traité. Dans les domaines qui ne relèvent pas de sa compétence exclusive, la Communauté n'intervient, conformément au principe de subsidiarité, que si et dans la mesure où les objectifs de l'action envisagée ne peuvent pas être réalisés de manière suffisante par les États membres et peuvent donc, en raison des dimensions ou des effets de l'action envisagée, être mieux réalisés au niveau communautaire. L'action de la Communauté n'excède pas ce qui est nécessaire pour atteindre les objectifs du présent traité ». Une claire délimitation des compétences entre la communauté politique panafricaine et ses composantes est donc essentielle. La communauté politique panafricaine définirait ses propres compétences et laisserait à chacun des États adhérents organiser la répartition des pouvoirs en son sein avec les collectivités politiques intermédiaires qui la constituent. Ce schéma structurel permet de faire être ensemble les différents échelons politiques sans qu'ils ne soient écrasés dans une relation de verticalité par le « dictum » d'une institution s'étant accaparé le dire du droit. Tout en entretenant un lien associatif de nature politique avec l'échelon supérieur de la communauté panafricaine, ces corps intermédiaires produisent des normes juridiques émanées de l'exercice de leurs compétences. Pluralisme juridique et pluralisme politique se nouent ainsi dans la réalisation du destin commun.

La pensée de l'altérité politique défendue et assumée tout au long de cette réflexion sur le panafricanisme est à associer à celle du pluralisme juridique, autre altérité dans le domaine du droit. Cette démarche intellectuelle et praxéologique d'un dépassement du phénomène souverain dans ses aspects tant politique que juridique doit également s'appliquer à la complexité du monde à laquelle est appelée à se confronter la communauté politique panafricaine.

CHAPITRE IV

LA COMMUNAUTÉ POLITIQUE PANAFRICAINE À L'ÉCHELLE DE LA SOCIÉTÉ MONDIALE ET DE SON DROIT

Le tissage des humains dans des relations de plus en plus imbriquées a conduit à l'émergence d'une véritable société mondiale. Faut-il néanmoins y voir l'apparition de l'humanité en tant que catégorie politique et juridique, alors même que la prise en compte de la notion d'humanité par le droit est tardive[1] et qu'elle est un concept juridique indéterminé[2] ? La question est loin d'avoir été tranchée dans le débat intellectuel par les controverses doctrinales qu'elle suscite, comme le souligne Emmanuelle Jouannet : « ...que le monde forme à lui seul une communauté humaine est une idée à la fois simple et dérangeante, évidente ou contestée, suivant que l'on joue sur la parenté qui unit les hommes ou sur la singularité qui différencie chaque communauté étatique[3] ». Convoquons aussi Monique Chemillier-Gendreau à ce banquet de la pensée : « En désignant ainsi l'*autre,* celui que je ne connais pas, et la multitude des inconnus, j'utilise le terme *humanité,* non comme un étant, mais comme un rapport : celui qui se noue entre un groupe dans son extension maximale et les parties qui le composent. Si l'utopie est l'autre lieu, celui où nous ne nous trouvons pas, alors l'humanité est en soi utopie, car elle est un horizon nouveau qui n'est accessible ni par un statut juridique, ni par une expression politique institutionnelle. Elle est la relation à une société meilleure, celle où chacun comptera pour tous[4] ». Et l'autrice de poursuivre :

---

[1] Valérie Parent, *L'humanité et le droit international,* Mémoire présenté à la Faculté des études supérieures en vue de l'obtention du grade de Maîtrise en droit (L.L.M.), Université de Montréal, 2013.

[2] Charalambos Apostolidis, « La protection juridique de l'humanité », dans Charalambos Apostolidis, Gérard Fritz, Jean-Claude Fritz, dir., *op. cit.,* p. 155-186.

[3] Emmanuelle Jouannet, « L'idée de communauté humaine à la croisée de la communauté des États et de la communauté mondiale », dans « La mondialisation entre Illusion et l'Utopie », *Archives de philosophie du droit,* 2003, Tome 47, p. 191.

[4] Monique Chemillier-Gendreau, *De la guerre à la communauté universelle, op. cit.,* p. 233.

« Toutefois, si l'époque actuelle et ses dangers requièrent une nouvelle conception du monde, il importe d'en dire plus sur la place que tiendra alors cette figure de l'humanité dans un renouvellement des bases politiques et juridiques de la construction mondiale. Référence suprême d'une société pacifiée et des institutions et normes dont on ne peut se passer, l'humanité reste un concept philosophique. Il est donc nécessaire de préciser d'abord pourquoi elle ne saurait être comprise comme un nouveau sujet de droit[1] ». Par ailleurs, « Elle ne prend tout son sens dans le champ politique que dans une conception correspondant à l'extension maximale des humains qui la constituent. Alors, elle occupe la place de l'universel dans le champ politique et devient une notion politique en soi dont il faut indiquer la fonction. Il reste ensuite à en étudier les retombées dans l'organisation des choses, car l'entrée en politique de TOUS, sans laisser personne au bord du chemin, amène à penser un nouveau partage[2] ». L'humanité est donc une « englobalité » en ce qu'elle opère l'inclusion de chacun dans le tout, à égalité de représentation et de participation dans la construction de l'édifice humain commun. On appartient à l'humanité en tant qu'on en est consubstantiellement membre, mais aussi en tant qu'elle porte la marque de notre trace et action en elle. Reste alors à imaginer une organisation politique mondiale régulée par un droit du monde. La communauté panafricaine se grefferait à ce commun humain et universel et y participerait tout en préservant sa spécificité. Ce raisonnement conduit à considérer que la société mondiale est l'étape politique ultime de la communauté politique panafricaine. Il oblige ensuite à examiner les modes juridiques d'emboîtement de ce construit panafricain à la société mondiale.

LA COMMUNAUTÉ POLITIQUE MONDIALE, ÉCHELON ULTIME DE LA COMMUNAUTÉ POLITIQUE PANAFRICAINE

L'idée d'une communauté politique est permanente dans l'histoire de l'humanité, bien qu'avec des perceptions contrastées. Elle a été imparfaitement réalisée au plan de son institutionnalisation. Se fait donc toujours ressentir dans la société mondiale le besoin de recréer un lien

---

[1] *Ibid.*
[2] *Ibid.*

politique et juridique entre des sociétés humaines différenciées, seul véritablement fondateur d'une communauté politique.

HISTOIRE ABRÉGÉE DE L'IDÉE DE COMMUNAUTÉ POLITIQUE MONDIALE

L'idée d'une communauté politique des humains différenciés se confond avec l'histoire même de l'humanité. Au regard du christianisme par exemple, l'histoire de l'humanité est au départ celle d'une communauté globale et mondiale, par apparentement biologique et ontologique des humains procédant d'une même souche, celle de la race humaine commencée avec Adam et Eve et continuée avec leur descendance. Cette communauté initiale, originelle, est-elle politique ? Certes une communauté politique procède d'abord et avant tout de la volonté et de la décision des humains qui la constituent de former une association et d'entrer dans l'agir politique commun. Mais on peut aussi considérer que la communauté politique existe en soi, de façon immanente, si l'on admet que le lien politique est dès l'instant où des humains entrent en relation les uns avec les autres et forment un groupe social. Il faut, dans ce sens, conclure à l'existence d'une communauté politique humaine globale de nature et d'essence divine, qui s'origine dans l'universalité du plan de Dieu se déployant dans l'histoire sans acception de personne. Cette communauté politique immédiate se différencie ensuite pour former après le déluge, des nations issues de la lignée de Noé, seul juste parmi sa génération corrompue à avoir trouvé grâce aux yeux de Dieu. C'est cependant avec le drame de la dispersion, châtiment prononcé par Dieu à l'endroit de l'homme en rébellion contre lui, que se disloque véritablement l'unité politique du genre humain. Cet épisode est raconté dans le chapitre 11 du livre de la Genèse[1].

[1] « 1. Toute la terre avait une seule langue et les mêmes mots. 2. Comme ils étaient partis de l'orient, ils trouvèrent une plaine au pays de Schinear et ils y habitèrent. 3. Ils se dirent l'un à l'autre : Allons ! Faisons des briques, et cuisons-les au feu. Et la brique leur servit de pierre, et le bitume leur servit de ciment. 4. Ils dirent encore : Allons ! Bâtissons-nous une ville et une tour dont le sommet touche au ciel, et faisons-nous un nom, afin que nous ne soyons pas dispersés sur toute la face de la terre. 5. L'Éternel descendit pour voir la tour et la ville que bâtissaient les fils des hommes. 6. Et l'Éternel dit : Voici, ils forment un seul peuple et ont tous une même langue, et c'est là ce qu'ils ont entrepris ; maintenant, rien ne les empêcherait de faire tout ce qu'ils auraient projeté. 7. Allons ! descendons, et là confondons leur langage, afin

Contre l'orgueil prométhéen de l'homme, Dieu prononce une sentence qui aboutit à l'éclatement en plusieurs unités politiques de la communauté originelle. L'œuvre rédemptrice et messianique de Jésus Christ a cependant pour finalité de reconstituer la communauté politique des humains, par la notion de l'élection appliquée d'abord au peuple hébreu et ensuite à tous les autres croyants qui viendraient à lui par la foi. L'œcuménisme biblique est ce moment et ce lieu où se forme, ici-bas et dans l'au-delà, une communauté indistincte et indifférenciée, parce que constitutive de tous les humains rachetés[1]. Georges Scelle souligne ainsi la vocation internationale et politique du christianisme : « Le christianisme avait pour fondement le principe d'œcuménisme ou de catholicité. 'Ni Grecs, ni Barbares', selon la parole de Saint-Paul 'ni Juifs, ni Gentils'. C'est l'idée même d'une communauté internationale globale, ayant comme élément premier l'individu humain que la possession d'une âme et d'une volonté libre fait le destinataire de la règle morale et de la norme juridique. C'est sur cette conception que s'est développée la civilisation du monde moderne : elle est à la base de toute l'évolution juridique et spécialement du Droit des gens[2] ».

L'histoire politique des sociétés humaines montre que la catégorisation dichotomique des groupes humains et de leurs formes politiques (hordes, barbares, civilisés, empires, etc.) a concouru à la non-réalisation de l'idée de communauté politique à l'échelle globale. Le conflit est alors au cœur des relations entre celles-ci : « Les Huns et les Avares, de race touranienne, moins bien doués que les Sémites, sans éducation antérieure, demeurés à l'état primitif de la horde, et attardés dans le fétichisme, n'apporteront avec eux que la brutalité.

---

qu'ils n'entendent plus la langue, les uns des autres. 8. Et l'Éternel les dispersa loin de là sur toute la surface de la terre ; et ils cessèrent de bâtir la ville. 9. C'est pourquoi on l'appela du nom de Babel, car c'est là que l'Éternel confondit le langage de toute la terre, et c'est de là que l'Éternel les dispersa sur la face de toute la terre[1] », *La Bible,* Louis Segond, 1910, Genèse, chapitre 11, versets 1-9.

[1] « Après cela, je regardai, et voici, il y avait une grande foule que personne ne pouvait compter, de toute nation, de toute tribu, de tout peuple, et de toute langue. Ils se tenaient devant le trône et devant l'agneau, revêtus de robes blanches, et des palmes dans leurs mains », *Ibid.,* Apocalypse, chapitre 7, verset 9.

[2] Georges Scelle, *Manuel élémentaire du Droit international public (avec les Textes essentiels),* Paris, Les Éditions Domat-Montchrestien, 1943, p. 28.

Destructeurs, incapables de fonder, ils seront détruits[1] ». La colonisation, au prétexte de la mission civilisatrice de l'Occident, allait également participer à l'irréalisation d'une communauté mondiale inclusive de tous les humains[2]. L'histoire humaine est celle de communautés disjointes comme le souligne Antonio Cassese : « Pendant la majeure partie de l'ère moderne, la communauté internationale n'a donc pas été une communauté à proprement parler, mais plutôt un ensemble d'entités, séparées et sans liens entre elles, qui ont été contraintes, pour des raisons historiques, de vivre ensemble d'une manière ou d'une autre, dans une cohabitation malaisée[3] ». La responsabilité particulière de l'État à cet effet est à signaler, puisque par le principe de souveraineté qui lui est attaché, il a contribué à dresser les collectivités humaines les unes contre les autres. Il s'en est suivi, dans des formes souvent les plus extrêmes, un état de belligérance permanent entre les peuples. Cette situation est imputable au droit régalien de faire la guerre, consubstantiel à la souveraineté[4]. Mais l'idée d'une communauté fondée en une humanité ressoudée a toujours été une préoccupation de la pensée philosophique et politique.

Au regard des doctrines développées dans cette perspective, la société des États ne devait pas être un obstacle à la formation d'une société mondiale. Ce mouvement aboutit ainsi à la prise de conscience de la nécessité d'une communauté politique mondiale. J'ai évoqué les différentes intonations de cet imaginaire politique dans les développements sur la pensée philosophique de l'universalisme et du cosmopolitisme. On enrichira juste ce registre de l'apport du juriste

---

[1] Ernest Lavisse, *Vue Générale de l'histoire politique de l'Europe,* Paris, Éditions Glyphe, 2011, p. 32-33.

[2] Matthew Craven, « Colonialism and Domination », dans Bardo Fassbender, Anne Peters, eds., *The Oxford Handbook of the History of International Law*, Oxford University Press, UK, 2012, p. 862-889.

[3] "The international community in most of the modern era, then, has not been a community proper, but rather a cluster of entities, separate and unconnected, which have been compelled by historical reasons to somehow live together in an uneasy cohabitation", Antonio Cassese, « Rise and Decline of the Primary Subjects of the international community », *Ibid.,* p. 49-70.

[4] Jean Bodin, *Methodus ad facilem historiarum cognitionem. (La Méthode de l'Histoire),* (1566), traduit et présenté par Pierre Mesnard, Paris, Les Belles Lettres, 1951, p. 174-175 ; Thomas Hobbes, *Léviathan,* (1651), Paris, Gallimard, coll. « Folio Essais », p. 298-299.

espagnol Antonio Truyol y Serra avec son idée d'une « communauté des peuples[1] ». Celle-ci, à la fois supranationale et internationale, est plus qu'une simple société internationale du droit des gens, car construite non pas uniquement sur les rapports interétatiques, mais sur le « fondement spirituel de l'idée d'une communauté universelle des peuples[2] ». Dans le même lignage de l'affirmation d'une communauté politique universelle, le juriste suisse Joseph Hornung, l'un des théoriciens de l'intervention humanitaire, admettait « que la chrétienté, en tant que représentant la tête et le cœur de l'humanité, intervienne en faveur des nationalités menacées ou opprimées, en faveur des droits individuels et plus généralement en faveur de l'humanité et de la civilisation, dès qu'elles sont par trop gravement offensées et compromises par un État quelconque[3] ». Mais, poursuivait-il, l'humanité ne pouvait être réduite à la seule dimension de la congrégation de nations chrétiennes appelées certes à assumer « un rôle de tuteur qui appartient aux bons et aux forts, qui lui donnerait une grande autorité morale sur les races, dégénérées sans doute, mais si intelligentes de l'Orient, et qui ferait de lui le centre et le foyer de l'humanité[4] ». Le désordre mondial, les rapports entre les États régis par la force militent, comme le suggérait Kant et d'autres penseurs, pour un « État ou Société des Nations, Völkerstaat, Völkergesellschaft[5] », embrassant au-delà des nations chrétiennes d'autres civilisations : « Mais on l'a généralement limitée aux nations chrétiennes, et on l'a conçue comme ayant pour but essentiel d'éviter la guerre, en sorte qu'elle se confond avec l'idée de l'arbitrage. Il faut élargir la question, y faire entrer le grand principe de l'intervention, et s'élever jusqu'à l'idée d'un vaste organisme international comprenant toutes les races et les mettant au bénéfice d'un droit commun qui serait placé sous la garantie des nations civilisées dans leur ensemble. Le

---

[1] Antonio Truyol y Serra, *Genèse et fondements spirituels de l'idée d'une communauté universelle. De la civitas maxima stoïcienne à la civitas gentium moderne,* Lisbonne, Separata de « Revista da Faculdade de Direito da Universidade de Lisboa », 1958, p. 11.

[2] *Ibid.*

[3] Joseph Hornung, « Civilisés et Barbares », *Revue de Droit international et de Législation comparée,* Tome XVII, N° 1, 1885, p. 13.

[4] *Ibid.,* p. 17.

[5] *Ibid.*

Völkerstaat, avec sa loi, son tribunal et ses sanctions, doit s'étendre jusqu'aux limites de l'humanité[1] ». En dehors des relents de suprémacisme chrétien et européen de cette pensée, reste à en retenir positivement la conception de l'humanité en tant qu'extension à tous les humains d'un même régime politique et juridique. Georges Scelle exprime cette idée en ces termes : « Le Droit international, au sens le plus compréhensif du terme, est l'Ordre juridique de la Communauté des peuples ou Société universelle des hommes. C'est un Ordre juridique de superposition, l'Ordre juridique terminal, dont les normes prévalent sur celles de tous autres systèmes de Droit sous-jacents, y compris les ordres nationaux, impériaux ou fédéraux[2] ». La pensée d'une communauté politique universelle fondée en droit sera, bien que de manière insatisfaisante, incarnée dans des institutions politiques mondiales.

UNE INSTITUTIONNALISATION DÉCEVANTE DE LA COMMUNAUTÉ POLITIQUE MONDIALE

Les plaidoyers pour une institutionnalisation de la société mondiale vont véritablement se concrétiser au travers des deux organisations universelles à vocation politique créées après les deux conflits d'ampleur mondiale. La Société des Nations voit le jour en 1919 par son Pacte annexé aux Traités de paix qui mettent fin à la Première Guerre mondiale ; mais elle était déjà en germe dans le 14ᵉ point du discours délivré par le président américain Woodrow Wilson le 8 janvier 1918 devant le Congrès des États-Unis. À la fin de la Seconde Guerre mondiale, en 1945, lui succède l'Organisation des Nations unies par la Charte de San Francisco du 26 juin. Mais la promesse d'une société mondiale pacifiée et unissant tous les humains dans un lien fondateur d'une véritable association politique sera vite déçue. Autant la Société des Nations que les Nations unies révèlent que le dessein d'une société politique mondiale a été capturé par les États au travers du principe de la souveraineté, et par les plus puissants d'entre eux s'arrogeant des privilèges indus au travers notamment du

---

[1] *Ibid.*, p. 18.

[2] Georges Scelle, *op. cit.*, p. 4. Une critique de certains aspects de la pensée de Georges Scelle est exposée par Monique-Chemillier-Gendreau, *En finir avec la souveraineté*, Paris, Éditions Dalloz, 2024.

fonctionnement inégalitaire de ces organisations. Cette supercherie témoigne de la persistance, à intervalle de deux guerres mondiales et au-delà, de la permanence de l'idée impériale et de la confiscation par une particularité, de la représentation de l'universel politique commun. La communauté politique mondiale est un inexistant politique ; elle est une absence, un manque. Les théories spéculatives de la fin de l'histoire qui avaient annoncé, à la suite de la chute du communisme, l'avènement d'un monde pacifié et uniformisé par ralliement de toutes les sociétés humaines aux principes de la régulation capitaliste[1] ont depuis lors démontré leur inanité. L'humanité est toujours en attente d'un sens politique commun, le lien entre les sociétés humaines étant encore pensé en souveraineté des États opposés les uns aux autres.

En assumant que le monde est devenu multipolaire après la longue parenthèse historique de la période bipolaire qui a vu la confrontation idéologique entre les camps soviétique et occidental, et celle fugace de l'unipolarité sous contrôle des États-Unis après la dislocation de l'URSS et de son empire, on s'interrogera sur la convergence des dynamiques géopolitiques en cours au regard de l'impératif d'une communauté politique mondiale. L'après-guerre froide a favorisé la dissémination de la puissance entre différents pôles de pouvoir concurrents. Considérée comme un progrès de l'histoire politique de l'humanité par relâchement du corset de la domination occidentale[2], cette reconfiguration des rapports mondiaux aiguise cependant les rivalités entre prétendants à la puissance mondiale ou régionale, anciens et nouveaux acteurs des relations internationales. La possibilité d'un monde commun s'en trouve ainsi affectée et hypothéquée[3]. Le retour de la confrontation entre les blocs, occidental et russe, suite à la guerre déclenchée le 24 février 2022 par l'intervention russe en Ukraine atteste que la paix mondiale demeure fragile. La communauté politique panafricaine en puissance devrait se démarquer de cette conception conflictuelle des rapports internationaux et se projeter vers un monde à inventer. Cette nouvelle terre demeure encore inconnue et inexplorée.

---

[1] Francis Fukuyama, *La fin de l'histoire et le dernier homme,* Paris, Flammarion, 1992.

[2] Samir Amin, *Pour un monde multipolaire,* Paris, Éditions Syllepse, 2005.

[3] Willy Jackson, « Vers un monde multipolaire », *Histoire générale de l'Afrique,* volume IX, Paris, Unesco, sous presse.

Mais la pensée humaine en esquisse d'ores et déjà, bien qu'avec peine, les contours en bousculant schémas et poncifs dominants. Le monde à venir n'est pas encore venu. Il est pensé en utopie. Il est une friche intellectuelle. Mais lorsque ce représenté sera manifesté, il maillera l'humanité tout entière par des interdépendances multiples qui verront s'emboîter relativisme et universalisme. Cette perspective d'une inclusion politique de la communauté panafricaine et de la communauté universelle requiert d'être soutenue par l'outil juridique.

Cette situation d'irréalisation d'une finalité politique collective interroge quant à la distinction à faire entre société mondiale et communauté mondiale[1]. La société mondiale est constituée d'entités distinctes non nécessairement imbriquées les unes aux autres, existant par elles-mêmes et ne se projetant pas nécessairement vers un horizon commun. La notion de communauté mondiale est synonyme de lien politique créé et entretenu entre les constituants des différents échelons politiques, de dessein entremêlé entre l'un et le « Tout-Monde », selon le mot d'Édouard Glissant[2]. Se formant en dépassement du référentiel de la souveraineté, Emmanuelle Jouannet explique ainsi le passage à cette forme de relation politique supérieure : « On revendique l'émergence d'une communauté mondialisée, si possible institutionnalisée, qui dépasserait le phénomène souverain pour rassembler l'ensemble de l'humanité[3] ». L'organisation actuelle de la société internationale est bien loin de répondre à cette exigence qui permettrait d'accréditer l'idée de l'existence d'une véritable communauté politique mondiale. Les contradictions entre les intérêts des uns et des autres questionnent quant à la pertinence de l'usage, dans le langage politique et diplomatique, de la notion de communauté internationale. Celle-ci laisse à penser que l'humanité est désormais soudée et orientée à poursuivre des buts communs alors qu'il n'en est rien en réalité, les rapports internationaux étant marqués par la

---

[1] René-Jean Dupuy, *La communauté internationale entre le mythe et l'histoire,* Paris, Economica/Unesco, 1986. ; Pierre-Marie Dupuy, « La communauté internationale comme fiction ? », dans *L'unité de l'ordre juridique international : cours général de droit international public », RCADI,* vol. 297 (2000), Martinus Nijhoff Publishers, 2004.

[2] Édouard Glissant, *Tout-Monde,* Paris, Gallimard, 1995. ; Édouard Glissant, *Traité du Tout-Monde,* Paris, Gallimard, 1997.

[3] Emmanuelle Jouannet, « L'idée de communauté humaine... », *op. cit.,* p. 192.

domination des puissants sur les faibles. Il faut alors œuvrer à recréer du lien politique entre les sociétés humaines différentes.

LE BESOIN DE RÉTABLISSEMENT DU LIEN POLITIQUE

L'innovation politique, démarche consistant à penser en nouveauté un existant politique aux fins de son amélioration, ou à proposer une nouvelle offre politique jusqu'alors inexistante en vue de sa réalisation par la praxis, est au fondement de mon approche du panafricanisme. L'innovation politique opère soit par transcendance et sublimation du réel, soit par démiurgie et présentification de l'irréel. Cette deuxième acception a conduit à entrevoir, à partir d'une absence d'être, deux formes possibles d'association politique : l'une, panafricaine, par agglomération des communautés politiques africaines continentales et diasporiques ; l'autre, universelle, par inclusion du tout existant des communautés politiques humaines dans une organisation politique supérieure. Le particulier panafricain n'est cependant pas absorbé et dilué dans cette figure de l'universel politique. Il survit et subsiste en osmose avec lui en tant que composante spécifique et particulière d'un monde commun où différents échelons coopèrent et participent à la réalisation d'une destinée humaine partagée. Ce schéma d'un vivre-ensemble universel, par imbrication de structures politiques différentes est un inventé majeur de la pensée politique, car conçu en dérivation de la forme étatique, archétype, jusqu'ici, de l'organisation politique des sociétés humaines. Il s'agit alors d'accompagner ce mouvement de transformation par le droit, en tant que ce dernier doit être un instrument de réalisation de l'innovation politique. C'est un impératif à l'heure de la globalisation[1].

L'échec du droit international à réguler une société mondiale désormais ouverte et aux risques accentués n'est plus à démontrer[2].

---

[1] Jacques Chevallier, « Globalisation et post-modernité », dans Wanda Capella, Jacques Commaille, Laure Ortiz, dir., *Repenser le droit. Hommage à André-Jean Arnaud,* Paris, LGDJ, Lextenso éditions, 2019, p. 233-241 ; Catherine Le Bris, *L'humanité saisie par le droit international public,* Paris, LGDJ, Lextenso éditions, 2012. ; Christophe Bouriau, André Moine, Marie Rota, dir., *Le vivre ensemble saisi par le droit,* Paris, Éditions A. Pedone, 2021.

[2] Mireille Delmas-Marty, *Résister, responsabiliser, anticiper, ou comment humaniser la mondialisation,* Paris, Éditions du Seuil, 2013. ; Monique Chemillier-Gendreau,

Cette impuissance est attribuable au fait que ce droit a été pensé pour articuler des sociétés humaines renfermées chacune sous le statut et le paravent de l'État souverain[1]. Il en résulte que le droit international n'est pas universel, ni d'application générale, puisque soumis à la volonté de l'État. Il n'offre de ce fait qu'une possibilité très faible à l'existence d'une communauté politique mondiale qui intégrerait la communauté politique panafricaine. Les Nations unies prétendent parler indifféremment au nom des « peuples » et des « nations », entretenant ainsi par ces termes une réelle confusion sur les groupes humains visés par son projet politique d'humanité. En réalité, l'identification de ses membres ne souffre d'aucun doute puisque seuls les États peuvent appartenir à cette organisation. Il y a là une rupture de l'universalité par non-reconnaissance de bien d'autres entités politiques. L'ouverture vers une organisation politique véritablement universelle implique une refondation nécessaire du schéma institutionnel et organisationnel actuel des Nations unies, qui rende possible la représentation des peuples panafricains.

La redéfinition de l'architecture mondiale actuelle pose aussi le principe d'une société mondiale régie par le droit. Il ne s'agit pas alors uniquement d'un système juridique attributif de privilèges citoyens ; il est question d'un ensemble de normes qui déterminent l'organisation et le fonctionnement de la société mondiale elle-même. En ce sens le droit de la société internationale n'est pas seulement cosmopolitique ; il est universaliste parce qu'énonçant des règles ayant pour destinataire la communauté mondiale considérée comme entité subjective, même si son statut juridique reste indéterminé et disputé. L'interdiction du recours à la force dans les relations internationales et d'autres normes de droit sont constitutives de cette « part efficace du droit international[2] », de l'universalisme progressiste, en d'autres termes. Il est loisible de se recommander de ce droit-là, et d'être circonspect à l'égard du « droit non respectable[3] », injuste. Accepté comme universel

---

Humanité et souverainetés..., op. cit. ; Monique-Chemillier-Gendreau, *De la guerre à la communauté universelle..., op. cit.*

[1] Alain Pellet, *Le droit international entre souveraineté et communauté,* Paris, Éditions Pedone, 2014.

[2] Monique Chemillier-Gendreau, *Humanité et souverainetés...op. cit.,* p. 60 et suivantes.

[3] *Ibid.,* p. 74 et suivantes.

et validé par la légalité de ses procédures, ses effets sociaux n'en demeurent pas moins désastreux sur les populations qu'il contribue à vulnérabiliser. Une prise de distance relativiste est alors nécessaire pour tracer un nouvel horizon juridique fait de règles autres que celles du libéralisme économique à travers ses bras séculiers (OMC, FMI, Banque mondiale, etc.).

La justice pénale internationale ne saurait pas non plus échapper à une appréciation critique ; certains grands États ne reconnaissent pas la compétence la Cour pénale internationale et les cas dont elle s'est saisie laissent penser que seuls les États les plus faibles peuvent être attraits devant sa juridiction[1], même si elle s'est distinguée ces derniers temps par la mise en accusation de dirigeants de pays puissants (Vladimir Poutine pour la Russie, et Benyamin Netanyahou pour Israël). Le discrédit qui l'entoure alimente la tentation de créer des juridictions pénales complémentaires et concurrentes au niveau régional[2].

La société mondiale, érigée ou non en association politique, c'est-à-dire consciente ou pas d'elle-même et de ses buts, apparaît comme l'étape suprême et ultime de la représentation politique du vivre-ensemble de tous les humains. La communauté politique panafricaine en est alors une composante, un échelon parmi tant d'autres. En tant qu'elle est, même de manière symbolique, au sommet d'un imaginé institutionnel humain, la société mondiale est la matrice de tous les « étants » politiques des niveaux intermédiaires. Comment ces deux entités doivent-elles, dès lors, être irriguées par un droit commun, sédiment d'une humanité pacifiée vivant en osmose ?

---

[1] Maurice Kamto, « L''affaire Al Bashir' et les relations de l'Afrique avec la Cour pénale internationale », dans *Liber Amicorum en l'honneur de Raymond Ranjeva. L'Afrique et le droit international. Variations sur l'organisation internationale,* Paris, Pedone, 2013, p. 147-170.

[2] Abdoul Kader Bitié, « L'africanisation de la justice pénale internationale : entre motivations politiques et juridiques », *Revue québécoise de droit international,* Année 2017/1-1/, p. 143-165.

UN DROIT MONDIAL ADAPTÉ À LA FOIS À LA COMMUNAUTÉ POLITIQUE UNIVERSELLE ET À LA COMMUNAUTÉ POLITIQUE PANAFRICAINE

Un droit mondial prenant en compte la nécessaire cohabitation de la communauté politique mondiale et de la communauté politique panafricaine doit viser deux objectifs principaux : la refondation des institutions mondiales et la définition de valeurs communes porteuses des luttes émancipatrices collectives.

LE BESOIN DE RENOUVEAU INSTITUTIONNEL

Il est nécessaire, au plan architectural et formel, de dépasser le modèle mis en place par le droit international qui ne reconnaît principalement que les États : « Le droit international est, et a toujours été un droit entre États et donc entre entités politiques, et non un droit entre nations, peuples ou autres groupes d'êtres humains... Les États n'ont jamais été les seuls sujets du droit international, mais ils en ont toujours été les principaux[1] ». Or les peuples panafricains ne forment pas un État. Victimes historiques, pour certains d'entre eux, de l'esclavage, ils ne constituent pas aujourd'hui un ensemble géographiquement homogène, car disséminés dans plusieurs parties du monde à partir du foyer matriciel africain. Ils ne peuvent donc actuellement être représentés aux Nations unies qu'au travers de leurs États respectifs d'appartenance, et nullement en tant que groupe humain identifié et différencié. Il n'existe pas un État mondial panafricain reconnu par le reste des États, possédant un territoire même s'il n'est pas d'un tenant, doté d'un gouvernement central, dont la population ne serait constituée que des Africains, continentaux et ascendants, et doté de l'attribut de la souveraineté. L'organisation actuelle du monde se fait par l'exclusion de la catégorie peuple, par son invisibilité juridique et institutionnelle au sein de l'instance mondiale, même si, comme vu, elle

---

1 "International law is, and always has been, law between States and thus between political entities, not law between nations, peoples, or other groups of human beings...States have never been the only subjects of international law, but they have always been the most essential ones", Jörg Fisch, « Peoples and Nations », dans Bardo Fassbender, Anne Peters, eds., *op. cit.*, p. 27.

entretient la confusion dans la terminologie par laquelle elle désigne les bénéficiaires de son projet d'universalisme (peuples, nations).

Dans un souci de rééquilibrage des rapports internationaux, l'Afrique revendique deux sièges de membres permanents avec droit de veto au Conseil de sécurité des Nations unies, ainsi que cinq sièges de membres non permanents dans cet organe[1]. Pour protestataire qu'elle soit, d'une situation inacceptable de domination organisée par les grandes puissances, cette démarche n'est pas de nature à fondamentalement changer les choses. Elle est enfermée dans le verrouillage du système onusien organisé par les cinq grandes puissances victorieuses de la Seconde Guerre mondiale et elle butte sur les contradictions du projet unitaire africain[2]. Cette initiative n'est pas non plus panafricaine, mais africaine parce qu'émanant des seuls États africains en défense de leurs intérêts supposés communs, et regroupés dans une organisation continentale africaine, l'Union africaine. Ce regroupement politique, à l'image des Nations unies, ne rassemble que les États, en ignorance des peuples. Il ne peut donc pas être porteur d'un modèle disruptif ouvrant la voie à une nouvelle organisation du monde. Il faudrait acter l'échec, et des Nations unies, et de l'Union africaine à représenter les peuples, et plus particulièrement les peuples africains dans leur globalité. Ne faudrait-il pas alors, comme le suggère Monique Chemillier-Gendreau, envisager sérieusement et mettre à l'étude la création d'une nouvelle organisation politique universelle qui serait dénommée Organisation Mondiale des Peuples[3] ? Tout au plus peut-on concéder que, dans la perspective d'une refondation complète de la société mondiale, l'Union africaine, si elle devait subsister, devienne, comme préconisé par Monique Chemillier-Gendreau, un appendice de la nouvelle organisation universelle[4].

---

[1] Union africaine, Conseil exécutif, 7e session extraordinaire,7-8 mars 2005, Addis-Abeba (Éthiopie), Ext./EX.CL./2 (VII), Position commune africaine sur la réforme des Nations Unies. « Le consensus d'Ezulwini », p. 10, https://www.un.org/fr/africa/osaa/pdf/au/cap_screform_2005f.pdf, visité le 24.08.2020.

[2] Willy Jackson, « L'Afrique membre permanent de l'ONU, un plaidoyer inaudible », *op. cit.*

[3] Monique Chemillier-Gendreau, *Pour un Conseil mondial de la Résistance, op. cit.*, p. 53.

[4] *Ibid.*, p. 57.

Le nécessaire renouveau institutionnel mondial vise aussi à sortir l'humanité de la crise de la justiciabilité car la justice internationale telle qu'elle existe actuellement n'est pas universelle. Or un ordre politique universel suppose en parallèle l'existence d'un ordre judiciaire universel ayant vocation à se prononcer sur l'imputabilité des responsabilités ainsi que sur la réparation des dommages. Le principe de l'universalité est cependant mis en défaut par la limitation de l'accès au prétoire uniquement à certaines catégories d'entités, notamment les États. Ces derniers ne sont néanmoins traînés devant une juridiction internationale qu'avec leur consentement, et ils peuvent déroger à l'obligation d'appliquer les sanctions prises à leur encontre. Illustratif à ce propos est l'exemple de la CIJ : sa juridiction n'est accessible qu'aux seuls États, mais certains des membres permanents du Conseil de sécurité ne reconnaissent pas sa compétence, et les États-Unis ont refusé d'exécuter l'arrêt de la Cour les condamnant à payer des réparations au Nicaragua pour engagement de leur responsabilité dans l'aide apportée à la guérilla sévissant contre ce pays depuis le Honduras *(CIJ, Affaire des activités militaires et paramilitaires au Nicaragua et contre celui-ci, Arrêt du 27 juin 1986, Recueil CIJ, 1986, p. 14).*

Quant à la justice pénale internationale, elle n'est pas mieux en point. Longtemps réduite à des tribunaux *ad hoc* (Nuremberg, ex-Yougoslavie, Rwanda, Sierra Léone), elle a semblé faire un pas décisif par la création en 1998 d'une institution permanente, la Cour pénale internationale (CPI). Certains des grands États n'ont cependant pas adhéré au statut de Rome qui l'a établie, ou n'ont pas ratifié celui-ci[1]. Sa crédibilité est grandement entamée par ses multiples reculades face aux pressions des grandes puissances dont les comportements sont mis en cause dans des situations de conflits armés[2]. Aussi se rabat-elle sur les cas concernant les États les moins puissants, donnant ainsi l'impression d'une justice à deux vitesses, même si, comme souligné, ses décisions récentes laissent à penser qu'elle a désormais la volonté d'élargir l'exercice de sa compétence à des cas impliquant notamment

[1] Cour pénale internationale, *« Les États parties au Statut de Rome »*, https://asp.icc-cpi.int

[2] Abandon de ses enquêtes sur les allégations de crimes de guerre commis par les soldats américains en Afghanistan, et refus d'enquêter sur ceux de l'armée britannique en Irak.

des personnalités politiques de grands pays en responsabilité dans leurs États[1]. Par ailleurs, la compétence universelle, notion qui ouvre la possibilité à tout État de poursuivre tout individu soupçonné de crimes internationaux, n'a pas prospéré pour deux raisons essentielles : sa non-introduction dans le droit pénal interne de la plupart des États, et sa rétraction par ceux qui l'avaient adoptée[2]. Ces faiblesses de la justice internationale interpellent particulièrement l'Afrique car beaucoup de cas attraits devant le prétoire de la CPI la concernent. Il s'agit alors de dénoncer le fléchage africain de cette institution, d'élargir le cadre des protestations africaines en visant à une prise de conscience et à une mobilisation panafricaine contre les insuffisances et les errements de cette juridiction. Les menaces de retrait de la CPI proférées ou exécutées individuellement par certains États africains ou par l'Union africaine ont eu peu d'effet sur son comportement jugé impartial et hostile. Au demeurant, tous les États véritablement épris d'impartialité en matière de justice pénale internationale devraient se reconnaître dans ce mouvement de protestation et le soutenir, car la Cour pénale internationale contribue actuellement à la dépréciation d'une belle idée, celle de la mise en échec de l'impunité. Les juridictions pénales régionales ne sauraient suppléer à sa défaillance et être considérées comme des substituts de l'universalisme.

J'ai soutenu que le monde nouveau qui vient devrait intégrer la problématique des valeurs communes à l'humanité. La Charte des Nations unies associe ces valeurs aux droits de l'homme. Chacun, du simple fait de sa qualité d'être humain, est attributaire de certains droits inaliénables. La Déclaration universelle de 1948 corrobore cette interprétation, ainsi que les Pactes internationaux de 1966 entrés en vigueur en 1976. L'indivisibilité des droits de l'homme, leur indissociabilité, est soulignée en ce qu'ils forment un tout ; preuve en est que les préambules des deux Pactes internationaux ont un énoncé commun. Le droit mondial des droits de l'homme doit se réaliser à tous les échelons des communautés politiques, y compris à celui panafricain. Une convergence forte devrait se dégager à ce sujet pour que leur

---

[1] *Supra*, p. 170.

[2] Antoine Bailleux, *La compétence universelle au carrefour de la pyramide et du réseau. De l'expérience belge à l'exigence d'une justice pénale transnationale*, Bruxelles, Bruylant, 2005.

universalité soit effective, malgré la concurrence des systèmes régionaux de promotion et de protection dans ce domaine[1]. La situation dégradée tant des droits civils et politiques, qu'économiques, sociaux et culturels ou environnementaux, atteste que l'on est bien loin du compte en matière de réalisation des droits de l'homme en tant que constitutifs des droits de l'humanité. Le bilan largement négatif affiché en ce domaine a poussé à l'ouverture d'un débat sur l'établissement de juridictions universelles spécifiquement dédiées à ce sujet : projets de création, d'une part, d'une Cour constitutionnelle internationale[2], et d'autre part, d'une Cour mondiale des droits de l'homme[3]. Ces instances judiciaires auraient compétence pour juger les manquements des États par rapport à leurs obligations en matière de droits de l'homme, et pourraient sous certaines conditions recevoir les recours des particuliers. Les juridictions chargées d'appliquer au niveau régional les conventions en ce domaine sont, excepté le cas de la Cour européenne des droits de l'homme, confrontées au barrage de la souveraineté des États parties. Il en est ainsi des juridictions africaines marquées par la réticence des États à l'égard de ce type de tribunal par la limitation de leur accès à leurs nationaux[4]. Il s'ensuit l'impossibilité pour ces derniers de faire valoir leurs droits. Ces pratiques restrictives engendrent alors du déni de justice.

VALEURS COMMUNES ET LUTTES ÉMANCIPATRICES COLLECTIVES

Aucune société humaine ne peut fonctionner sans l'adhésion de ses membres à des valeurs communes. La communauté politique mondiale ne déroge pas à cette règle. Les valeurs sont le ciment du lien politique,

[1] Voir, au plan africain, Alioune Badara Fall, « La Charte africaine des droits de l'homme et des peuples : entre universalisme et régionalisme », *Pouvoirs,* 2009/2, N° 129, p. 77-100.

[2] Asma Ghachem, Henri Pallard, dir., *Une Cour constitutionnelle internationale au service du droit démocratique et du droit constitutionnel,* Beyrouth, Liban, Konrad Adenauer Stiftung, 2015.

[3] Monique Chemillier-Gendreau, *Pour un Conseil mondial de la Résistance, op. cit.,* p. 57.

[4] Willy Jackson, *Le panafricanisme, entre politique et droit, op. cit.,* p. 227 et suivantes ; Tessa Barsac, *La Cour africaine de justice et des droits de l'homme,* Paris, Éditions Pedone, « Perspectives internationales », N° 32, 2012.

comme le souligne Mireille Delmas-Marty[1]. La rencontre et la coexistence des deux communautés politiques, l'une mondiale et, l'autre, panafricaine, ne peut se faire sans le consentement à des valeurs partagées. Face, d'une part, à l'impossible dépassement des contradictions persistantes de la société universelle et, d'autre part, à la nécessité d'un changement refondateur, la seule voie semble être celle qui consiste à adopter une attitude transgressive de l'ordre international dominant. Il faut alors encourager et élargir le front des luttes politiques en tissant entre elles une alliance mondiale, seule stratégie porteuse d'un avenir humain réinventé[2]. Les luttes émancipatrices collectives concernent notamment la lutte contre le racisme, l'inclusion économique et sociale de tous les humains, l'immigration, l'inclusion politique des diasporas africaines dans leurs sociétés d'appartenance, et la mobilisation contre les menaces globales en ce qu'elles constituent un risque pour la survie même de l'humanité.

LA LUTTE CONTRE LE RACISME

Le panafricanisme, réalisé dans la communauté politique panafricaine, est une promesse d'émancipation des peuples majoritairement noirs, une prise de position forte contre la domination. Le panafricanisme est une revendication de liberté. Dans ce sens, imbriquées l'une à l'autre, la communauté panafricaine et la communauté mondiale ont vocation à être des associations politiques d'hommes et de femmes libres. La liberté doit être l'horizon commun de l'humanité. Dans ce sens, l'esclavagisme, le colonialisme, et le néocolonialisme rémanents et récalcitrants sont à combattre en tant qu'ils sont des insultes à la liberté et à la raison. Autant que le racisme entremêlé à ces idéologies hideuses.

Le racisme anti-noir, gangrène des sociétés modernes, rappelle que le combat panafricain contre ce fléau n'est pas achevé. Une campagne mondiale aux résultats mitigés a été lancée pour que les symboles et monuments historiques des personnages qui ont incarné la traite des

[1] Mireille Delmas-Marty, *Vers une communauté de valeurs ? Les forces imaginantes du droit (IV),* Paris, Éditions du Seuil, coll. « La couleur des idées », 2011.
[2] Monique Chemillier-Gendreau, *Pour un Conseil mondial de la Résistance, op. cit.*

esclaves et le colonialisme soient déboulonnés[1]. Andrews Kehinde souligne que la globalisation du racisme découle de la domination de l'Occident et qu'il est nécessaire de précipiter la fin de la suprématie mondiale blanche pour vaincre cette infamie[2]. Une convergence de valeurs contre le racisme, pour la liberté et l'égalité, doit tisser dans un même lien d'humanité la communauté politique mondiale et la communauté politique panafricaine. Ce cheminement est amorcé, au regard des nombreux textes internationaux sur les droits de l'homme, bien que le mot racisme ne soit pas mentionné dans la Déclaration universelle de 1948 y relative ; cette abomination y est plutôt abordée par le biais du terme discrimination (articles 2 et 7). Le 21 décembre 1965 est adoptée la Convention internationale sur l'élimination de toutes les formes de discrimination raciale (Résolution 2106 A/XX de l'Assemblée générale) entrée en vigueur le 4 janvier 1969. Elle a créé un Comité pour l'élimination de la discrimination raciale (article 8 § 1) chargé du respect, par les États parties, des dispositions de la convention dont la violation alléguée peut donner lieu à des procédures devant les juridictions internationales, à l'exemple de l'affaire *Application de la convention internationale sur l'élimination de toutes les formes de discrimination raciale, (Qatar c. Emirats arabes unis)* introduite en 2018 devant la CIJ qui a déclaré en 2021 n'avoir pas compétence pour en juger *(Exceptions préliminaires, Arrêt du 4 février 2021)*.

Il faut souligner que la répression internationale du racisme reste assujettie au plan judiciaire, à l'acceptation des États à être attraits devant les juridictions compétentes. La solution judicaire internationale offre donc une protection faible contre les victimes du racisme. Et, au plan interne, l'absence d'États vertueux en ce domaine autorise bien des abus nourris de discours haineux et suprémacistes. Aussi, certains États, coupables eux-mêmes de disséminer une idéologie raciste, tolèrent-ils l'expression et le déchaînement des bas instincts de leurs populations.

---

[1] Rhodes Must Fall Movement, Oxford, Edited by Roseane Chantiluke, Brian Kwoba, Athinangamso Nkopo, *Rhodes Must Fall. The Sruggle to Decolonize The Racist Heart of Empire,* London, Zed, 2018. ; « France : Faut-il déboulonner les statues controversées ? », https://www.information.tv5.monde.com/info/france-faut-il-deboulonner-les-statues-controversees-363590, consulté le 14.02.2021.

[2] Andrews Kehinde, « Black is a country. Black people in the West as a colonized minority », dans Andrews Kehinde, Lisa Amanda Palmer, ed., *Blackness in Britain,* London and New York, Routledge, 2016, p. 58.

La conscience morale de l'humanité en chaque homme, combinée à une action résolue du politique et, sans doute aussi, du religieux, pour combattre et extirper la part résiduelle de l'inhumanité en l'humain est de nature à aider à édifier des sociétés d'un vivre-ensemble tolérant, pacifié et fraternel. Le recours à l'éducation en tant que parcours d'apprentissage à la citoyenneté et d'acceptation de la différence est alors un instrument et un moyen de domestiquer et d'apprivoiser les peurs et les préjugés qui sont souvent le terreau du rejet de l'autre non semblable, et les causes de bien des conflits internationaux : « La peur et l'intolérance de 'l'autre' représentent l'un des aspects les plus sombres de l'histoire de l'humanité, responsable de crimes graves et de mauvais traitements[1] ». Comme le proclame l'Acte constitutif de l'Unesco, « …les guerres prenant naissance dans l'esprit des hommes, c'est dans l'esprit des hommes que doivent être élevées les défenses de la paix ». La violence et la haine s'abreuvent aux sources de l'ignorance et de la méconnaissance de son semblable humain. L'insécurité quant à soi engendre un sentiment d'insécurité quant à son prochain inconnu. Être ensemble en chemin vers un destin commun suppose de se connaître et de s'accorder : « Deux hommes peuvent-ils marcher ensemble sans s'être concertés ?[2] ». Avec la mondialisation caractérisée par le phénomène de l'hyper-connectivité au moyen des réseaux sociaux et autres modes de communication, l'humanité est aussi paradoxalement entrée dans un cycle de déliaison des rapports humains. Aussi faut-il inventer, comme le souligne Felwine Sarr, une autre façon plus conviviale d'habiter le monde[3].

Ainsi donc, bien qu'étant une problématique posée particulièrement au peuple noir, le racisme devient-il une question qui interpelle l'ensemble de la communauté humaine. Il y va de la liberté en tant que valeur universelle, le défi étant de réussir à basculer définitivement l'humanité de la domination des uns à l'émancipation de tous.

---

[1] "Fear and intolerance of 'the other' represent some of the darkest side of global human history, responsible for grave crimes and mistreatment", Janne E. Nijman, « Minority and Majorities », dans Bardo Fassbender, Anne Peters, eds., *op. cit.,* p. 95.

[2] *La Bible,* Louis Segond, Amos, chapitre 3, verset 3.

[3] Felwine Sarr, *Habiter le monde… op. cit.*

La revendication de l'égalité économique et sociale est particulièrement portée par les peuples africains. La plupart d'entre eux vivent dans des sociétés étranglées par les dogmes du capitalisme, système qui les soumet à une rude surexploitation et engendre misère et pauvreté dénoncées par les agences internationales[1]. Selon les Nations unies, 734 millions de personnes vivaient en 2015 en-dessous du seuil de pauvreté fixé à 1,90 dollar par jour. La plupart d'entre elles étaient concentrées en Asie du Sud et en Afrique subsaharienne[2]. La situation dégradée des descendants africains est dépeinte en ces termes par les Nations unies elles-mêmes : « Les individus d'ascendance africaine sont, dans le monde entier, parmi les groupes les plus pauvres et les plus marginalisés de la population, que ce soit comme descendants de victimes de la traite transatlantique des esclaves ou comme migrants plus récents[3] ».

Si on assiste à une inflation du discours et de programmes pour combattre cette infâmie qu'est la pauvreté, aucune action décisive pour l'éradiquer n'est cependant à mettre au crédit de la société mondiale, d'autant que le droit international y est complètement indifférent[4]. Hier encore invisible du fait de son amortissement par l'intervention de l'État-providence, la pauvreté a, depuis la fin de celui-ci sous le diktat des théories libérales, fait irruption dans l'espace public des pays occidentaux. Mauvaise conscience de la minorité possédante et accaparante, elle est attestée par le gonflement des phénomènes de la

---

[1] PNUD, *Rapport sur le développement humain 2019. Au-delà des revenus, des moyennes et du temps présent : les inégalités de développement humain au XXIe siècle,* New York, 2019. ; Oxfam International, *Le virus des inégalités. Réunifier un monde déchiré par le coronavirus grâce à une économie équitable, durable et juste,* Oxfam GB, 2021.

[2] https://www.un.org/fr/global-issues/ending-poverty, consulté le 7 février 2023.

[3] « Décennie internationale des personnes d'ascendance africaine 2015-2024 », https://www.un.org/fr/observances/decade-people-african-descent/background, consulté le 25 février 2023.

[4] Monique Chemillier-Gendreau, « Les droits du pauvre, en droit international et européen », dans *Droit international et démocratie mondiale..., op. cit.,* p. 91-104. ; Conseil de l'Europe, *Le droit d'être protégé contre la pauvreté et l'exclusion sociale au regard de la Charte sociale européenne,* septembre 2016. ; Prim Masrinuan, *Le droit international et la pauvreté,* Thèse de Droit international public, Université de Paris 1, 2005.

marginalité et de la précarité économique et sociale au sein de sociétés opulentes mais excluantes. En témoigne notamment la situation des sans-abris, des mal-logés, des mal-nourris, des mal-soignés, des mal-tout, des sans-rien, en d'autres termes. Comme l'atteste le réquisitoire sans complaisance des Nations unies, les populations noires dans les sociétés occidentales sont particulièrement affectées par ces formes de vulnérabilité[1]. On voit bien alors qu'un front commun est nécessaire entre les communautés politiques, mondiale et panafricaine, pour amortir le choc des révoltes sociales qui sourdent de l'insatisfaction et des frustrations de ces humains superflus, légion de marginaux charriés par le capitalisme en crise. Les luttes d'ici (mouvement des indignés, des gilets jaunes, mobilisation contre les réformes des retraites) et d'ailleurs (émeutes de la faim), symboliques de la pensée de l'altermondialisation sont de nature à bouleverser les fondements mêmes des pouvoirs politiques et de l'ordre mondial. Il est vrai que le capitalisme outrancier et insolent a réussi jusqu'ici à contenir les émeutes populaires et à survivre à lui-même. Il n'en demeure pas moins que les sillons précurseurs du chaos sont d'ores et déjà creusés à l'intérieur du système de la prédation internationale, entamant ainsi sa croyance en un avenir d'éternité.

LES MIGRATIONS INTERNATIONALES

Une thématique relative aux droits de l'homme interpelle particulièrement la communauté mondiale et la communauté panafricaine : il s'agit de la question des migrations internationales, de la libre circulation des personnes. Proclamé dans les instruments internationaux, le droit à la mobilité internationale reste largement inappliqué car soumis à la volonté des États. Les politiques limitatives de ces derniers sur ce sujet contribuent à dresser des murs entre les humains. Les réseaux mafieux se nourrissent de ces restrictions et alimentent le flot des migrants clandestins assimilés dans les pays occidentaux à des hordes d'envahisseurs. Ni les politiques de rétention sur place de ces populations, ni les dispositifs pour les stopper, une fois

[1] « Décennie internationale des personnes d'ascendance africaine 2015-2024 », https://www.un.org/fr/observances/decade-people-african-descent/background, consulté le 25 février 2023.

leur parcours migratoire entamé, ne réussissent à inverser sérieusement ce mouvement de la mobilité internationale. L'occident forteresse, barricadé et bunkérisé est, malgré tout, ébranlé, vacillant et perméable. Une analyse sérieuse des causes de ces migrations est alors à entreprendre : misère dans les sociétés périphériques alimentée par les politiques libérales autant des États que des institutions internationales, soutien des dictatures locales, etc. Ces causes poussent à l'aventure incertaine et perpétuent les trajectoires de l'exil contraint. La société mondiale a besoin d'être régulée par des normes assurant la liberté de mouvement à tous, et non pas seulement aux personnes qualifiées. Or, c'est ce à quoi contribue précisément l'insidieuse et corrosive politique de l'immigration choisie pratiquée par les pays occidentaux. Celle-ci est une ponction honteuse des compétences humaines des pays en sous-développement et contribue à l'aggravation de leur situation. Affectant particulièrement les communautés panafricaines, la fuite des cerveaux si décriée est un phénomène orchestré internationalement[1].

Plus globalement, il importe de susciter un débat sur la libre circulation des personnes non seulement au niveau mondial, mais également dans l'espace panafricain. Faisant le constat qu'il n'existe dans le monde aucun État sans population à l'étranger, Achille Mbembe s'interroge à l'effet de savoir comment rendre possible la mobilité internationale des personnes : « … à quelles conditions la Terre, dans ses dimensions planétaires, peut effectivement se transformer en véritable berceau de tous les humains et en horizon commun de tous les vivants. Il s'agit alors d'inventer d'autres façons d'habiter la planète. Comment y parvenir sinon en imaginant des formes politiques et étatiques et des modalités d'appartenance toujours plus flexibles, pliables et mobiles ?[2] ». Cet auteur n'apporte cependant aucune réponse à ce questionnement. Le droit de la liberté de circulation étant un droit confisqué par les États, quel contre-modèle politique serait approprié pour desserrer cet étau et impulser une dynamique migratoire globale ? Comment traduire en droit cette forme de liberté humaine ? Quelles

---

[1] Willy Jackson, « Mondialisation, exode des compétences et développement des capacités en Afrique », *op. cit*.

[2] Achille Mbembe, « Circulations », dans Achille Mbembe, Felwine Sarr, dir., *Les Ateliers de la pensée. Politique des Temps. Imaginer les devenirs africains,* Paris, Dakar, Philippe Rey/Jimsaan, 2019, p. 145.

formes migratoires encourager ? Pour quelles catégories humaines ? À quel rythme se fera cette ouverture migratoire ? Quelles modalités pratiques et formalités administratives seront nécessaires ? Bien de questions qui méritent réflexion et réponse dans le cadre d'une politique migratoire globale. Dans l'espace panafricain dont les peuples entretiennent des relations anciennes de mobilité réciproque, il importe d'affirmer comme indérogeable, le principe de la liberté de circulation. Il s'imposerait comme norme de *jus cogens*[1], ou droit impératif général, à tous les États qui accepteraient d'entrer en association politique et qui, par ce moyen, en feraient bénéficier leurs peuples. Un Office Panafricain des Migrations (OPM) serait chargé de veiller à l'application de cette politique de la mobilité internationale. Mais il convient d'aller plus loin et de promouvoir un droit d'établissement et de résidence ouvrant à tous la possibilité d'exercer dans l'État d'accueil toutes professions et activités sans autres restrictions que celles imposées aux nationaux de cet État.

L'INCLUSION POLITIQUE DES COMMUNAUTÉS PANAFRICAINES DANS LEURS SOCIÉTÉS D'APPARTENANCE

La capture historique des populations noires au sein des structures étatiques occidentales, les formes d'association forcée, l'emprise persistante des empires sur les terres lointaines, sont autant d'exemples révélateurs d'une humanité en crise politique et en peine de liberté pour tous. Les peuples africains hier déportés et contraints à l'immigration forcée transformée en exil perpétuel, et aujourd'hui insérés malgré eux dans des États jadis esclavagistes recyclés en démocraties imparfaites[2] aspirent à un vent de liberté au sein de ces États dont ils ont pourtant la nationalité. La référence identitaire de ces peuples reste avant tout

[1] Norme juridique définie par l'articles 53 de la Convention de Vienne de 1969 sur le droit des traités : « Est nul tout traité qui, au moment de sa conclusion, est en conflit avec une norme impérative du droit international général. Aux fins de la présente Convention, une norme impérative du droit international général est une norme reconnue et acceptée par la communauté internationale des États dans son ensemble en tant que norme à laquelle aucune dérogation n'est permise et qui ne peut être modifiée que par une nouvelle norme du droit international général ayant le même caractère ».

[2] Yves Mény, *Imparfaites démocraties. Frustrations populaires et vagues populistes,* Paris, Presses de la Fondation nationale des sciences politiques, 2019.

africaine et panafricaine, comme le souligne Andrews Kehinde en ce qui concerne le Royaume-Uni : « Pour la grande majorité d'entre nous en Grande-Bretagne, nos racines se trouvent dans les Caraïbes ou en Afrique[1] ». Cette situation engendre du mal-être, l'horizon politique qui leur est tracé au sein des sociétés occidentales ne leur offrant d'autre perspective que celle de l'assimilation, autrement dit, du reniement de soi. L'effacement identitaire de soi qui leur est ainsi proposé suscite à l'opposé une riposte existentielle révolutionnaire. Cette alternative antinomique vise à l'unification transcontinentale et trans-étatique de l'ensemble des Noirs : « Nous devons construire une politique qui reconnaisse la nature du problème auquel nous sommes confrontés, et qui conduise à la libération des Noirs partout dans le monde. L'Occident s'est construit en nous méprisant, nous les Noirs, les Nègres, en dévalorisant nos vies au point de nous dénier la qualité d'être humain. Rien n'a changé à cet égard, et nous en voyons les résultats mortels… Sans libération, nous continuerons à mourir par millions à cause de l'oppression raciale[2] ». Analysant aussi le phénomène de la marginalisation et de la non-reconnaissance des diasporas africaines à l'intérieur de leurs nations d'appartenance, Quito Swan montre comment, aux Bermudes, le refus de la submersion identitaire débouche parmi les jeunes à un mouvement transnational panafricain, le « Bermuda's Black Power Movement[3] ». C'est alors l'échec de l'État-nation qui est ainsi mis en évidence par le refus des peuples africains en soupir de liberté, de s'intégrer dans leurs sociétés d'implantation. L'intégration est perçue dans ce cas comme un processus de dilution et de suicide identitaire consenti[4]. La nationalité ne suffit pas à créer des liens d'allégeance affective et spirituelle à la patrie.

---

[1] "For the vast majority of us in Britain our roots lie in the Caribbean or Africa" Andrews Kehinde, *Back to Black…, op. cit.,* p. 282.

[2] "We have to build a politics that recognises the nature of the plight we are in and can deliver liberation for Black people accross the globe. The West was built by reducing us to the Negro, the Nigger, devaluating our lives to the point where we could be treated as less than human. Nothing has changed in this regard, and we see the deadly results…Without liberation we will continue to die in the millions due to racial oppression", *Ibid.,* p. 283.

[3] Quito Swan, *Black Power in Bermuda. The Struggle for Decolonization,* New York, Palgrave Macmillan, 2009.

[4] Norman Ajari, *Noirceur, race, genre, classe et pessimisme dans la pensée africaine-américaine au XXIe siècle*, Paris, Divergences, 2022. ; Norman Ajari, *La dignité ou*

Face à cette crise de la diasporité politique, la société mondiale et le droit international ne proposent aucune solution. L'Assemblée générale des Nations unies avait, dans sa résolution 64/169 du 18 décembre 2009 proclamé l'année 2011 « Année internationale des personnes d'ascendance africaine ». Celle-ci avait pour objet « de renforcer les mesures nationales et les activités de coopération régionale et internationale en faveur des personnes d'ascendance africaine qui visent à leur garantir le plein exercice des droits économiques, culturels, sociaux, civils et politiques, à assurer leur participation et leur intégration à la société sous tous ses aspects – politiques, économiques, sociaux et culturels – et à promouvoir une meilleure connaissance et un plus grand respect de la diversité de leur patrimoine et de leur culture ». Devant l'échec de cette initiative somme toute modeste et décalée au regard des aspirations politiques des peuples africains diasporisés, la même Assemblée générale des Nations unies, se situant a minima sur le terrain de la dénonciation du racisme, de la discrimination raciale, de la xénophobie et de l'intolérance, adoptait le 23 décembre 2013 la résolution 68/237 portant « Proclamation de la décennie internationale des personnes d'ascendance africaine ». Celle-ci, « allant du 1er janvier 2015 au 31 décembre 2024…aura pour thème : *Personnes d'ascendance africaine : considération, justice et développement* ». Aucune réponse politique n'est donc apportée aux revendications de ces populations auxquelles n'est associé un quelconque statut juridique[1]. Pour

---

la mort. Éthique et politique de la race, Paris, La Découverte, « Les empêcheurs de penser en rond », 2019. ; « Afropessimisme, fin du monde et communisme noir », Rencontre avec Norman Ajari, *lundimatin#322,* 17 janvier 2022 ; Jean-Marc Party, « Comment peut-on être Afrodescendant ? », 20 mars 2019, https://la1ere.francetvinfo.fr/martinique/comment-peut-on-etre-afrodescendant-691098.html ; Pascal Blanchard, Nicolas Bancel, Dominic Thomas, dir., *Vers la guerre des identités ? De la fracture coloniale à la révolution ultranationale,* Paris, La Découverte, 2016. ; Pascal Blanchard, *La France noire. Trois siècles de présence des Afriques, des Caraïbes, de l'Océan Indien et d'Océanie,* Paris, La Découverte, 2011. ; Sarah Fila Bakabadio, « Imaginaires d'Afrique et historiographies afrocentristes », *Monde(s),* 2013/1 (N° 3), p. 125-145.

[1] Roberto Rojas Dávila, « Afro-Descendants as subjects of Rights in International Human Rights Law. The Historical process of recognition and its Challenges *», Sur-International Journal of Human Rights,* 28, v. 15, n° 28, 2018, p. 151-164, https://sur.conectas.org/en/afro-descendants-as-subjects-of-rights-in-international-human-rights-law/

innovantes qu'elles paraissent être par le souci manifesté de s'intéresser au sort des peuples africains en situation de déracinement, les préconisations onusiennes contribuent à enserrer et à embrigader ces derniers à l'intérieur des États constitués. Il ne pouvait d'ailleurs en être autrement, les Nations unies étant une organisation d'États souverains. Aussi doit-on faire le constat de l'espoir suspendu et contrarié d'une existence politique autonome pour ceux des peuples africains tentés par cette perspective. Les possibilités offertes par le droit de résistance et d'insurrection à l'intérieur des États dans lesquels sont logés ces peuples africains semblent alors bien minces, sinon inexistantes[1]. Les *Quilombos*[2], communauté d'esclaves du Brésil ont, par exemple, certes vu leurs droits être reconnus par la constitution de 1988 de ce pays, mais leurs revendications spécifiques, notamment celles qui ont trait à la récupération de leurs terres, ne peuvent être exprimées que dans le cadre des lois nationales. Toutes les autres communautés panafricaines dans le monde sont confrontées au même problème de l'impossible dépassement et détachement des États nationaux auxquels elles appartiennent. Elles ne peuvent par conséquent espérer se constituer en collectivités politiques autonomes. Ainsi en est-il, par exemple, des *Garifunas*, peuple de certains pays d'Amérique centrale (Belize, Guatemala, Honduras, Nicaragua) issu du métissage entre descendants africains et indigènes amérindiens dont la transnationalité ethnique est confrontée à la non-reconnaissance de la transnationalité territoriale[3]. C'est aussi le cas des *Gullahs*, descendants des esclaves africains vivant dans l'archipel entre la Caroline du Nord et la Floride, dont la revendication identitaire ne débouche sur aucune perspective politique autonome en dehors du cadre territorial des États-Unis[4]. C'est

---

[1] Monique Chemillier-Gendreau, *De la guerre à la communauté universelle, op. cit.*, p. 360-371.

[2] Flávio dos Santo Gomes, *Quilombos. Communauté d'esclaves insoumis au Brésil,* Paris, L'Échappée, 2018.

[3] Carlos Agudelo, « Les Garifuna. Transnationalité territoriale, construction d'identités et action politique », *Revue Européenne des Migrations Internationales,* vol. 27, N° 1, 2011, p. 47-70, https://doi.org/10.4000/remi.5315 , visité le 27.03.2021 ; Nicolas Rey, « Les Garifunas. Entre 'mémoire de la résistance' aux Antilles et transmission des terres en Amérique centrale », *Cahiers d'études africaines,* N° 177, 2005, p. 132-163, https://doi.org/10400etudesafricaines.14907, visité le 27.03.2021.

[4] « Aux États-Unis, les Gullahs, plus Afro qu'Américains », Reportage sur Arte, émission « Invitation au voyage », Arte, 08.12.2022. ; Joan Bardeletti, « États-Unis :

également dans cette impasse politique que se trouvent les communautés noires d'Irak[1], du Mexique[2] de l'Argentine[3] ou de l'Inde[4], et de bien d'autres pays encore. Enfermées dans leurs États actuels, elles ne peuvent espérer s'en émanciper et s'en détacher que par le moyen de la sécession interdite par le droit international, comme souligné plus haut.

La question se pose alors de savoir si ces communautés peuvent être traitées comme des minorités nationales et bénéficier si possible, à ce titre, d'un statut juridique international. On fera tout d'abord observer la posture idéologique de retrait des pays occidentaux par rapport au problème des minorités nationales. Si historiquement les drames politiques qui ont ensanglanté l'Europe à la fin du XIXe siècle ont abouti à l'émergence de la catégorie minorité nationale, il semble qu'il y ait aujourd'hui une distanciation de la plupart des pays de cette zone géographique par rapport à cette notion. L'État centralisateur et intégrateur occidental répugne en effet à appliquer ce terme à une frange de sa population qu'il considère comme bénéficiant d'un égal statut et d'un traitement à l'identique par rapport á la population nationale dans son ensemble. Il ne ferait pas sérieux et il serait insultant et dégradant pour l'État occidental d'endosser une désignation caractéristique des situations réputées prévaloir dans des contrées exotiques. Reconnaître l'existence de minorités ethniques dans la République une et indivisible serait admettre l'échec des politiques d'intégration. Les représentations

---

le royaume des Gullahs, descendants d'esclaves », https://photo.geo.fr/etats-unis-le-royaume-des-gullahs-descendants-d-esclaves-14911#marquetta-goodwine-alias-queen-quet-la-reine-des-dullah-262565, consulté le 04.09.2023 ; Guillaume Pitron, « États-Unis : qui sont les Gullah ? », https://www.geo.fr/voyage/etats-unis-qui-sont-les-gullah-ces-descendants-d-esclaves-159741, 09.03.2016, consulté le 04.09.2023.

[1] « Irak : la communauté noire dénonce sa 'marginalisation' », https://youtu.be/Ku7-hgpiE4o, consulté le 10 juin 2022.

[2] Élodie Descamps, « Afro-descendants : au cœur d'une communauté noire qui lutte pour exister », *Jeune Afrique,* 2019, https://www.jeuneafrique.com/825117/societe/afro-descendants-au-coeur-dune-communaute-noire-qui-lutte-pour-exister-au-mexique

[3] Élodie Descamps, « Afro-descendants : chez les 'invisibles' de l'Argentine », *Jeune Afrique,* 27 décembre 2018, https://www.jeuneafrique.com/565398/societe/afro-descendants-chez-les-invisibles-de-largentine/

[4] Sofia Péquignot, *Black India. Les constructions sociales des Siddis, descendants d'Africains en Inde,* Thèse de Doctorat, Anthropologie sociale et historique, Université de Toulouse, 2024.

politiques des sociétés nord-américaines bâties sur le multiculturalisme sont à cet égard plus poreuses et plus perméables au concept de minorité ethnique. Au reste, le statut juridique international des minorités demeure très imprécis. En appoint des traités plus généraux sur les droits de l'homme, deux textes des Nations unies traitent plus spécifiquement des droits des minorités : la résolution A/RES/47/135 adoptée le 18 décembre 1992 par l'Assemblée générale (Déclaration des droits des personnes appartenant à des minorités nationales ou ethniques, religieuses et linguistiques), et la résolution A/RES/63/174 adoptée par cet organe le 18 décembre 2008 (Promotion effective de la Déclaration sur les droits des personnes appartenant à des minorités nationales ou ethniques, religieuses et linguistiques). Le terme de minorité nationale n'est cependant défini nulle part dans aucun de ces deux documents. Y sont déclinés des droits de jouissance reconnus aux minorités en matière de culture, de religion, de langue. Mais la reconnaissance de ces droits n'entame pas l'existence de l'État comme l'indique l'article 8, alinéa 4 de la première résolution précitée : « Aucune des dispositions de la présente Déclaration ne peut être interprétée comme autorisant une quelconque activité contraire aux buts et principes des Nations Unies, y compris à l'égalité souveraine, à l'intégrité territoriale et à l'indépendance politique des États ». La faiblesse normative de ces textes, par leur caractère non contraignant en ce qu'ils relèvent de la catégorie de la déclaration, ajoute encore au sentiment d'un droit des minorités inachevé et inaccompli.

Les communautés africaines rêveuses et en soupir d'un destin politique autonome au sein des États occidentaux sont ainsi condamnées à voir leurs ambitions se briser sur le mur infranchissable des souverainetés nationales. Il ne leur reste plus alors que le refuge dans une hybridité identitaire mal définie, mal acceptée et mal vécue, révélatrice d'un mal-être que dépeignent de nombreuses œuvres littéraires et musicales[1]. Les multiples catégories lexicales (afropolitain,

[1] Jeffrey Colvin, *Africville,* Paris, HarperCollins France, 2020. ; Jo Gustin, *Ah Sissi, il faut souffrir pour être française !,* Paris, Éditions Présence Africaine, 2019. ; Abd Al Malik, *Le jeune noir à l'épée,* Paris, Flammarion, coll. « Musée d'Orsay », 2019. ; Abd Al Malik, *Réconciliation,* Paris, Robert Laffont, 2021. ; Fatou Diome, *Marianne porte plainte ! Identité nationale : Des passerelles, pas des barrières,* Paris, Flammarion, 2017. ; Lilian Thuram, *La pensée blanche,* Paris, Philippe Rey, coll. « Document », 2020.

afropéen, noirité, noiritude, afro-américain, africain-américain, afro-brésilien, etc.) par lesquelles elles cherchent à se singulariser, dans une dialectique de revendication et de distanciation par rapport à la fois à leurs origines africaines et à leur implantation occidentale, illustrent assez bien, et de manière poignante, ce drame existentiel du déracinement dans l'enracinement[1], malaise analysé par la critique littéraire et romanesque[2]. Le basculement dans des comportements à la limite de la légalité, à l'exemple de ceux imputés à la Ligue de Défense Noire Africaine (LDNA) en France, atteste de l'impasse politique dans laquelle se trouvent ces communautés africaines[3]. Le clivage racial que l'on tente de camoufler par une pirouette langagière consistant à substituer au terme français « Noir » son équivalent anglais « Black » censé atténuer l'effet de couleur[4] ne suffit pas à occulter la réalité politique du racisme, comme le souligne Catherine Coquery-Vidrovitch : « La vérité génétique que les races, biologiquement, n'existent pas, n'a pas supprimé le *racisme,* le bannissement du terme *race* n'empêche pas le mot de jouer son rôle comme représentation sociale : parler de la discrimination *raciale* signifie que le concept continue d'exister dans les imaginaires. Or parler des Noirs est se référer à une catégorie imaginée, celle des personnes dont l'*apparence* et non pas l'*essence* serait d'être noires[5] ». Dans le même genre, Philippe Bernard écrit : « La théorie de la nation une et *indivisible* n'a jamais empêché la France d'être bousculée par le débat racial[6] ». Le témoignage de Kofi Yamgnane, homme politique franco-togolais, tiré

---

[1] Léonora Miano, *Afropea. Utopie post-occidentale et post-raciste,* Paris, Grasset, coll. « Essais littéraires », 2020.
[2] Gabrielle Bonnet, *Récit de soi et construction des identités culturelles. Le cas de la littérature afropéenne,* Paris, Classiques Garnier, « Perspectives comparatistes », 2023.
[3] Vincent Geny, « Menaces, intimidations, outrances,...Qu'est-ce que la Ligue de Défense Noire Africaine ? », https://www.marianne.net/societe/police-et-justice/menaces-intimidations-outrances-quest-ce-que-la-ligue-de-defense-noire-africaine, 04.01.2021, consulté le 04.01.2021.
[4] Catherine Coquery-Vidrovitch, *Les routes de l'esclavage..., op.cit.,* p. 253.
[5] *Ibid.*
[6] Philippe Bernard, « La théorie de la nation une et indivisible n'a jamais empêché la France d'être bousculée par le débat racial », https://www.lemonde.fr/idees/article/2021/02/20/la-theorie-de-la-nation-une-et-indivisible-n-a-jamais-empeche-la-france-d-etre-bousculee-par-le-debat-racial_6070668_323, 20.02.2021, consulté le 20.02.2021.

de son expérience personnelle atteste que la France, patrie des droits de l'homme, est loin d'être une société pacifiée et réconciliée avec ses différentes composantes humaines[1]. Sa communauté noire est confrontée à une angoisse existentielle que dépeint aussi Pap Ndiaye[2], et qui participe du « wokisme[3] ». Utilisé initialement pour dénoncer le racisme subi par les Afro-Américains, ce terme désigne plus globalement aujourd'hui l'incrimination de toutes les formes d'injustice subies par les minorités. Cette pensée d'une critique radicale des sociétés occidentales aux prises avec la montée des exclusions suscite un vif débat dans les milieux politiques, mais aussi intellectuels et universitaires, comme le montre Francis Dupuis-Déri[4].

MENACES GLOBALES ET RISQUES POUR LA SURVIE DE L'HUMANITÉ

L'humanité dans son ensemble est confrontée à des dangers de nature globale qui interpellent autant la communauté politique mondiale que la communauté politique panafricaine. Ces périls sont nombreux et soulignent la nécessité d'une rencontre de tous pour une humanité solidaire. Construire ensemble un monde de paix, objectif déclaré mais non atteint des Nations unies, implique de prendre la juste mesure des défis contemporains et de l'obligation qui en découle d'y répondre dans une démarche et une configuration d'association politique. La pensée d'un « en-commun » politique exige que s'opère une symbiose entre le relatif et l'universel, avec l'un imbriqué dans le multiple, car chacun porte en soi le particulier et l'universel.

La dangerosité du monde par la globalisation de l'insécurité, la course aux armements, les guerres dévastatrices menées contre les peuples, le spectre des armes nucléaires, le terrorisme planétarisé, les menaces d'explosion sociale par la défaillance des États en matière de politiques publiques, la surexploitation capitaliste de la nature par les

---

[1] Kofi Yamgnane, *Mémoires d'Outre-Haine,* Châteaulin, Locus solus, 2021.
[2] Pap Ndiaye, *La condition noire. Essai sur une minorité française,* Paris, Calmann-Lévy, 2008.
[3] Dérivé du verbe anglais « to wake », qui signifie « se réveiller ». Il appelle à une prise de conscience face aux injustices contre les minorités.
[4] Francis Dupuis-Déri, *Panique à l'université. Rectitude politique, wokes et autres menaces imaginaires*, Montréal, Lux Éditeur, « Lettres libres », 2022.

entreprises multinationales et ses effets désastreux sur l'environnement et le climat, la marchandisation du corps aux fins de la reproduction humaine, les pandémies mondiales dont la Covid-19 est l'une des illustrations symptomatiques, etc., sont autant de fléaux communs qui lient ensemble l'humanité. Ces catastrophes présentes et d'autres à venir doivent inscrire dans la conscience collective la finitude du destin terrestre de l'homme, et l'hypothèse pas si absurde d'un cataclysme auquel ne survivrait pas le genre humain. L'humanité pourrait bien un jour disparaître, submergée par les multiples fléaux qui la minent. Alors vient en mémoire ce cri d'alarme et d'angoisse de Paul Valéry au sortir de la Première Guerre mondiale : « Nous autres, civilisations, nous savons maintenant que nous sommes mortelles… Nous sentons qu'une civilisation a la même fragilité qu'une vie[1] ». Chacun, être singulier ou collectif, porte en soi la marque de l'humanité. C'est une responsabilité qui invite à un sursaut existentiel et général par identification de son individualité à celle des autres. Térence, poète et dramaturge latin, exprime cet élan d'empathie ontologique dû à son semblable dans une belle formule : « Je suis un homme. Je considère que rien de ce qui est humain ne m'est étranger ». Et en épigraphe de son roman *Pour qui sonne le glas*[2], Ernest Hemingway place cette citation de John Donne, poète anglais du XVIIe siècle, par laquelle il invite aussi à sortir de l'indifférence au monde et à compatir aux drames humains : « Nul homme n'est une île complète en soi-même ; tout homme est un morceau du continent, une part du tout…la mort de tout homme me diminue, parce que je suis solidaire du genre humain. Ainsi donc, n'envoie jamais demander : pour qui sonne le glas ; il sonne pour toi ». La présence au monde et la présence du monde en chacun s'accompagnent du souci en tous, d'une collectivité humaine universelle. L'intéressement au monde implique notamment une indignation et une action résolue face à la misère, surtout matérielle, dans laquelle est maintenue une partie de l'humanité, cette classe des dépossédés de tout. Alors apparaît nécessaire d'agir et de mettre en place des politiques de redistribution des ressources et des richesses mondiales, par le recours à la notion de biens communs. Sa mise en

[1] Paul Valéry, *La crise de l'esprit,* Paris, NRF, 1919.

[2] Ernest Hemingway, *Pour qui sonne le glas* (1940), Gallimard, « coll. Folio », 455, 2017.

œuvre est de nature à contribuer à la satisfaction des besoins essentiels (alimentation, eau, médicaments, logement, etc.) de cette majorité humaine déclassée et sous perfusion[1].

La communauté mondiale, contenant de la communauté panafricaine, a besoin de se construire sur un droit commun, car le juridique est le lien et le liant du politique. La question de l'universalité du droit est alors posée[2]. L'obstacle des souverainetés nationales confine les relations juridiques à être de nature contractuelle. Dans une société mondiale ayant pour socle des valeurs communes, plus de poids devrait être accordé aux normes extracontractuelles, coutume et *jus cogens*, notamment. Il faut promouvoir un droit du monde, un droit cosmopolitique d'application générale. Mais alors, surgit le problème du relativisme juridique, de l'existence et de la subsistance nécessaires de systèmes de normes autonomes à côté des règles universelles. Cette difficulté est résolue par le fait que possibilité est laissée aux communautés politiques, notamment étatiques, de conserver une marge d'appréciation. Cette souplesse permet ainsi de mettre en conformité les législations nationales avec les principes définis universellement[3].

---

[1] Mireille Delmas-Marty, Kathia Martin-Chenut, Camillia Perruso, dir., *Sur les chemins d'un Jus commune universalisable,* Paris, Mare et Martin, 2021. ; Olivier Delas, Christian Deblock, dir., *Le bien commun comme réponse politique à la mondialisation,* Bruxelles, Bruylant, 2003.

[2] Monique Chemillier-Gendreau, « À quelles conditions l'universalité du droit international est-elle possible ? », Conférence inaugurale, session de droit international public, 2011, *Recueil des cours de l'Académie de droit international,* (volume 355), Boston ; Leiden, Martinus Nijhoff Publishers, 2012.

[3] Mireille Delmas-Marty, *Le relatif et l'universel. Les forces imaginantes du droit (I),* Paris, Éditions du Seuil, coll. « La couleur des idées », 2004.

CONCLUSION

Le panafricanisme est un phénomène de portée politique à caractère multidimensionnel, autant par ses itinéraires historiques que par ses problématiques. Né en révolte contre une domination, il s'est présenté comme une promesse de liberté pour les peuples africains assujettis. Je me suis interrogé dans cette réflexion sur ses perspectives dans la configuration d'un monde devenu global. Ma démarche confronte le panafricanisme avec le droit, le cosmopolitisme et l'universalisme.

Une première partie a exploré les voies d'une altérité panafricaine ayant pour matrice théorique la communauté politique panafricaine. Cet imaginé politique est enraciné dans le cosmopolitisme et l'universel, sans pour autant qu'il y soit dilué selon un schéma qui consacrerait sa dépendance et sa subalternisation. La communauté politique panafricaine se construit par superposition, addition et préservation des différents échelons politiques de la complexité du multiple panafricain local, régional, national, international. Ces différents niveaux de représentation politique s'imbriquent et forment une association politique qui n'est pas nécessairement un État qui exercerait la plénitude du pouvoir souverain, écrasant ainsi les entités constitutives de la communauté politique. L'échec de l'OUA puis de l'UA, organisations continentales à prétention panafricaine, à enclencher une dynamique politique globale d'association des peuples panafricains invite à réfléchir à la formalisation de l'africanité politique globale et remet sur le devant de la scène la question de l'unité organique et politique des peuples africains. Qu'est-ce que l'Afrique ? Quelle en est la dimension spatiale ? Afrique continentale uniquement ? Afrique continentale et diasporas africaines ? Le défi d'un destin politique commun et de ses formes institutionnelles se pose au mouvement panafricain.

Une deuxième partie s'est attachée à définir les modes d'articulation juridique de la communauté politique panafricaine avec la communauté politique mondiale car le politique ne peut s'émanciper du droit. La coexistence de ces deux entités requiert la formulation d'un droit mondial. Mais celui-ci opère dans la reconnaissance du pluralisme juridique comme moyen de sauvegarder et de préserver les pluralismes politiques des sociétés panafricaines emboîtées les unes aux autres, ainsi qu'à la société mondiale globale.

Le panafricanisme est mis au défi de répondre aux multiples problèmes contemporains apparus dans le sillage du cosmopolitisme et de l'universalisme dévoyés. Quelle est, par exemple, sa solution à la globalisation économique et financière d'une mondialisation génératrice des inégalités et désastreuse pour l'environnement ? Mais la mondialisation ne révèle-t-elle pas, elle-même, une scission dans le panafricanisme ? Ces peuples africains que le panafricanisme prétend représenter vivent-ils de manière égale et indistincte les effets et les conséquences de leur immersion dans le monde devenu global ? À ses débuts, le panafricanisme est un combat racial, car identifié à une opposition frontale entre Blancs et Noirs, dans une relation entre dominants et dominés, entre maîtres et esclaves. Il était alors une pensée fédérative et agrégative des frustrations collectives des Noirs racialement discriminés. Ce schéma d'une confrontation binaire n'est plus guère opérant aujourd'hui, par mise à nu et accentuation des phénomènes d'inégalité au sein des peuples africains eux-mêmes. La mondialisation a contribué à révéler le caractère de lutte de classes du panafricanisme. La domination a cessé d'être uniquement verticale pour devenir aussi transversale. Il existe une coalition objective d'intérêts entre les possédants de tous horizons pour perpétuer le système d'inégalité mondiale qui s'exerce particulièrement contre les peuples africains. Les nantis et privilégiés des sociétés panafricaines participent de ce système, même si la plupart d'entre eux y occupent une position périphérique et subalterne. Il faut alors déconstruire le mythe de l'unité raciale qui masque en réalité des inégalités de classe entre peuples panafricains. Cette supercherie de l'unanimisme racial est notamment dénoncée par Taylor Keeanga-Yamahtta qui dépeint les tensions entre classes populaires noires et élite politique noire aux États-Unis, aboutissant à « Deux sociétés noires, séparées et inégales[1] », où « Les réussites de certains Afro-Américains ne sauraient faire oublier que 4 millions d'enfants noirs vivent dans la pauvreté,

[1]Taylor Keeanga-Yamahtta, *Black Lives Matter. Le renouveau de la révolte noire américaine,* Marseille, Agone/Contre-feux, 2017, p. 20.

qu'un million de personnes noires sont incarcérées et que 240 000 ménages noirs ont perdu leur maison suite à la crise des *subprimes* [1]». Il relève que le mouvement des « Black Lives Matter » est paradoxalement né et a prospéré sous le mandat de Barack Obama, premier président noir des États-Unis dont la sincérité de l'engagement pour la cause panafricaine est questionnée[2]. On en conclut que la problématique de la liberté des peuples africains se pose, en réalité et en efficacité, en termes de confrontation entre domination et émancipation, d'affrontement entre ceux qui ont tout, et ceux qui n'ont rien. Se libérer en contexte panafricain, c'est d'abord prendre conscience de l'entrecroisement des chaînes de la domination. Elles sont ici et ailleurs, en-dedans et en-dehors. Pour fécondes qu'elles soient, par leur prise en compte du phénomène de la domination internationale qu'elles dénoncent et combattent, contrairement à l'afropolitanisme et aux théories qui lui sont apparentées, les notions de la « Blackness », de Peuple noir, de Nation noire globale, sous-estiment la fracture sociale entre Noirs. Andrews Kehinde, comme souligné plus haut, pense que la solution au problème du racisme et aux autres maux et injustices de toutes sortes que subissent les peuples africains se trouve dans une révolution panafricaine, car seule à même, selon lui, de libérer les peuples panafricains continentaux et diasporiques. Mais on ne peut cependant ignorer que le système impérial occidental, par sa distribution inégalitaire de la rente capitaliste à ses alliés périphériques, a accentué les distorsions sociales à l'intérieur des sociétés noires. En Afrique notamment, ce système a généré une classe de « Big Men[3] », élite dirigeante composée de tyrans locaux des tropiques ayant conduit le continent à la catastrophe avec la complicité des gouvernements occidentaux[4]. La mésestimation de cette césure interne conduit à penser que tous les Noirs, en quelque lieu qu'ils se trouvent, sont par essence des militants convaincus de la cause panafricaine, et notamment d'un panafricanisme authentique ne s'accommodant pas de la pensée de la

---

[1] *Ibid.,* p. 328.
[2] Paul Tiyambe Zeleza, « Pan-Africanism in the Age of Obama : Challenges and Prospects », *Black Scholar,* Summer 2011, Volume 41, Issue 2, p. 34-44.
[3] Gerald Lewis Caplan, *L'Afrique trahie,* Toronto, Groundwood Books ; Paris, Actes Sud, 2009, p. 81.
[4] *Ibid.*

soumission. En réalité, beaucoup ne sont pas prêts à sacrifier les prébendes qu'ils tirent de leur insertion dans les rouages du système mondial pour embrasser le combat de l'émancipation de la très grande majorité de ces autres Noirs, rebus et laissés pour compte de l'opulence mondiale. En ce sens, la contestation du système international de prédation détermine en dernière instance la nature réelle de l'engagement panafricain de chacun. Les racines de la domination sont à la fois internationales et internes. Il importe donc d'agir simultanément sur ces deux fronts pour que prospère un panafricanisme véritablement synonyme d'espérance pour la grande majorité des peuples africains victimes du système mondial oppresseur. Alors est apparue dans les luttes politiques africaines récentes, l'idée d'un « panafricanisme de gauche[1] ». Supposément revendicatif de la souveraineté nationale par volonté de distanciation et de déconnexion des mécanismes de la domination internationale[2], il se distinguerait d'un « panafricanisme de droite[3] » inféodé aux politiques néolibérales de la prédation internationale. Hier polarisé en un affrontement entre courants conservateur et progressiste, modéré et révolutionnaire, le panafricanisme demeure aujourd'hui encore une pensée au contour idéologique mouvant et imprécis.

En tant que réponse qui se veut globale à leur subalternisation actée sur une longue durée, le panafricanisme est de nature à véritablement ouvrir une nouvelle page concrète des peuples africains dominés. Ce nouvel horizon passe par l'innovation politique et juridique. Il invite à questionner la notion encore insuffisamment explorée de la communauté politique panafricaine. Appréhendée comme étant la forme de l'africanité politique globale, elle requiert le recours à l'utopie

---

[1] Rémi Carayol, « En Afrique de l'Ouest, le panafricanisme rime désormais avec 'dégagisme' », *Le Monde diplomatique,* septembre 2024, https://www.monde-diplomatique.fr/2024/09/CARAYOL/67464, visité le 01.03.2025 ; « Entre panafricanisme et aspirations au changement, vers un 'printemps africain' ? », https://www.courrierinternational.com/article/idees-entre-panafricanisme-et-aspirations-au-changement-vers-un-printemps-africain 221802, consulté le 01.03.2025.

[2] Cette tendance est illustrée de manière paroxystique par l'Alliance des États du Sahel (AES) érigée en Confédération autour du Burkina Faso, du Mali, et du Niger, pays dont les régimes sont issus de coups d'État militaires.

[3] Amzat Boukari-Yabara, « Le panafricanisme de droite », Xhttps://share/google/E8YKEoKZZ9YWnMA73, consulté le 09.04.2024.

en tant que cette dernière est une idéalité, un non-étant qui se projette dans le réel d'un futur anticipé. Mais si le panafricanisme est une revendication particulariste, il doit aussi se connecter à l'humanité globale, au devoir-habiter-ensemble de tous les humains différenciés. Le panafricanisme ne doit pas être un racisme ; il a vocation á être un cosmopolitisme.

Paris, mars 2025.

BIBLIOGRAPHIE

ABADIE, Delphine, « Fondements philosophiques d'une solidarité panafricaine », *Présence Africaine,* 2020/1, N° 201, p. 233-249.

ABENSOUR, Miguel, « Démocratie insurgeante et institution », *Générations,* 11, mai 2010.

ABBÉ DE SAINT-PIERRE, *Projet pour rendre la paix perpétuelle en Europe,* Paris, 1713, Fayard, 1987.

ADI, Hakim, « Pan-Africanism. An Ideology and a Movement », dans Dorothy L. Hodgson, Judith A. Byfield, ed., *Global Africa. Into the Twenty-First Century,* Oakland, California, University of California Press, 2017, p. 90-99.

AGUDELO, Carlos, « Les Garifuna. Transnationalité territoriale, construction d'identités et action politique », *Revue Européenne des Migrations Internationales,* vol. 27, N° 1, 2011, p. 47-70, https://doi.org/10.4000/remi.5315

ALLAND, Denis, dir., *Droit international public,* Paris, Presses Universitaires de France, 1re édition, 2000.

AMIN, Samir, *Pour un monde multipolaire,* Paris, Éditions Syllepse, 2005.

APPIAH, Kwame Anthony, *In My Father's House. Africa in the Philosophy of Culture,* London, Methuen, 1992.

ARENDT, Hannah, *Vies politiques,* Paris, Gallimard, 1986.

ARCHIBUGI, Daniele, *La démocratie cosmopolitique. Sur la voie d'une démocratie mondiale,* Paris, Les Éditions du Cerf, coll. « Humanités », Paris, 2009.

ARCHIBUGI, Daniele, HELD, David, KÖHLER, Martin, eds, *Re-imagining Political Community. Studies in Cosmopolitan Democracy,* Stanford, Stanford University Press, 1998.

ARISTOTE, *Politique,* Édition et trad. du grec ancien par Jean Aubonnet. Préface de Jean-Louis Labarrière, Paris, Gallimard, coll. « Tel », (N° 221), 1993.

BACZKO, Bronislaw, *Lumières de l'utopie,* Paris, Payot, 1978.

BADARA FALL, Alioune, « La Charte africaine des droits de l'homme et des peuples : entre universalisme et régionalisme », *Pouvoirs,* 2009/2, N° 129, p. 77-100.

BAILLEUX, Antoine, *La compétence universelle au carrefour de la pyramide et du réseau. De l'expérience belge à l'exigence d'une justice pénale transnationale,* Bruxelles, Bruylant, 2005.

BAKPETU THOMSON, Vincent, *The Making of the African Diaspora in the Americas 1441-1900,* New York, Longman Inc, 1987.

BALIBAR, Étienne, « Civilisation et mondialisation », *La Mazarine,* « Troisième millénaire. Le lien social », N° 1, juin 1999, Paris, Éditions du 13 mars, p. D012-D022 (p. D012-D013).

BARSAC, Tessa, *La Cour africaine de justice et des droits de l'homme,* Paris, Éditions Pedone, « Perspectives internationales », N° 32, 2012.

BECK, Ulrich, GRANDE, Edgar, *Pour un empire européen,* Paris, Flammarion, 2007.

BERKANI, Abdenour, *Le cosmopolitisme en œuvre dans la mondialisation. Des identités multiples à l'identité cosmopolitique,* Thèse de Doctorat en Philosophie, Université Jean Moulin Lyon 3, Université de Montréal, Facultés de philosophie, 2005.

BERNARD, Philippe, « La théorie de la nation une et indivisible n'a jamais empêché la France d'être bousculée par le débat racial », https://www.lemonde.fr/idees/article/2021/02/20/la-theorie-de-la-nation-une-et-indivisible-n-a-jamais-empeche-la-france-d-etre-bousculee-par-le-debat-racial_6070668_323

BIDIMA, Jean Godefroy. *La palabre. Une juridiction de la parole,* Paris, Éditions Michalon, coll. « Le bien commun », 1997.

BIPELE KEMFOUEDIO, Jacques, « La libre circulation des personnes en zone CEMAC : heurs et malheurs d'un droit fondamental », *Revue Juridique et Politique,* 2018, N°3, p. 368-392.

BITIÉ, Abdoul Kader, « L'africanisation de la justice pénale internationale : entre motivations politiques et juridiques », *Revue québécoise de droit international,* Année 2017/1-1/, p. 143-165.

BODIN, Jean, *Methodus ad facilem historiarum cognitionem. (La Méthode de l'Histoire),* (1566), traduit et présenté par Pierre Mesnard, Paris, Les Belles Lettres, 1951.

BOUAMAMA, Saïd, *Pour un panafricanisme révolutionnaire. Pistes pour une espérance continentale,* Paris, Syllepse, 2023.

BOUKARI-YABARA, Amzat, *Walter Rodney, 1942-1980. Un historien engagé. Les fragments d'une histoire de la révolution panafricaine,* Paris, Présence Africaine, 2018.

BOUKARI-YABARA, Amzat, *Africa Unite ! Une histoire du panafricanisme,* Paris, La Découverte, 2014.

BOURHIS-MARIOTTI, Claire, *L'union fait la force. Les Noirs Américains et Haïti, 1804-1893,* Rennes, Presses universitaires de Rennes, 2015.

CAPLAN, Gerald Lewis, *L'Afrique trahie,* Toronto, Groundwood Books ; Paris, Actes Sud, 2009.

CHAUVIER, Stéphane, *Du droit d'être étranger. Essai sur le concept kantien d'un droit cosmopolitique,* Paris, L'Harmattan, 1996.

CHEMILLIER-GENDREAU, Monique, *Pour un Conseil mondial de la Résistance,* Paris, Textuel, coll. « Petite encyclopédie critique », 2020.

CHEMILLIER-GENDREAU, Monique, *Un autre droit pour un autre monde. Comment sortir des impasses du droit international contemporain ?,* collection Doctrine (s), Paris, Éditions A. Pedone, 2019.

CHEMILLIER-GENDREAU, Monique, *De la guerre à la communauté universelle. Entre droit et politique,* Paris, Fayard, 2013.

CHEMILLIER-GENDREAU, Monique, *Humanité et souverainetés. Essai sur la fonction du droit international,* Paris, La Découverte, 1995.

CHEMILLIER-GENDREAU, Monique, *En finir avec la souveraineté,* Paris, Dalloz, 2024.

CHEVALLIER, Jacques, « Globalisation et post-modernité », dans Wanda Capella, Jacques Commaille, Laure Ortiz, dir., *Repenser le droit. Hommage à André-Jean Arnaud,* Paris, LGDJ, Lextenso éditions, 2019, (p. 233-241).

CHIRPAZ, François, *Raison et déraison de l'utopie,* Paris, L'Harmattan, 1999.

CHIVALLON, Christine. *La diaspora noire des Amériques. Expériences et théories à partir de la Caraïbe,* Paris, CNRS Éditions, « coll. Espaces et milieux », 2004.

CHUNG, Ryoa, NOOTENS, Geneviève, dir., *Le cosmopolitisme. Enjeux et débats contemporains,* Montréal, Les Presses de l'Université de Montréal, 2010.

CLASTRES, Pierre, *La société contre l'État,* Paris, Éditions de Minuit, coll. « Critique », 1974.

COHEN, Mitchell, « Rooted Cosmopolitan-ism », *Dissent,* Fall 1992, p. 478-483.
COLVIN, Jeffrey, *Africville,* Paris, HarperCollins France, 2020.
COMBACAU, Jean, SUR, Serge, *Droit international public,* 13e édition, Paris, LGDJ, 2019.
COMMAILLE, Jacques, DUMOULIN, Laurence, ROBERT, Cécile, dir., *La juridicisation du politique,* Paris, LGDJ, Lextenso Éditions, coll. « Droit et société », 2010.
COMMAILLE, Jacques, CHAZEL, François, dir., *Normes juridiques et régulation sociale,* Paris, LGDJ, 1991.
COQUERY-VIDROVITCH, Catherine. *Les routes de l'esclavage. Histoire des traites africaines, VIe-XXe siècle,* Paris, Albin Michel, Arte Éditions, 2018.
COULMAS, Peter, *Les citoyens du monde. Histoire du cosmopolitisme,* Paris, Albin Michel, 1995.
DABIRÉ, Stéphane Kader, *Le panafricanisme : analyse de l'histoire d'un mouvement fédéraliste,* Mémoire présenté comme exigence partielle de la Maîtrise en Science politique, Université du Québec à Montréal, 2017.
DA SILVA ESTANQUEIRO ROCHA, Acílio, « La question de la paix dans le cosmopolitisme des Lumières », dans TEGA, Walter, FERRANDI, Giuseppe, MALAGUTI, Maurizio, VOLPE, Georgio, dir., *La philosophie et la paix,* Paris, Librairie philosophique J. Vrin, 2 tomes, 2002, p. 241-253.
DE CRUCÉ, Emeric, *Le Nouveau Cyné ou Discours des occasions et moyens d'établir une paix générale et la liberté de commerce pour tout le monde,* Paris, 1623.
DE TOCQUEVILLE, Alexis, *De la démocratie en Amérique, I,* Paris, Éditions de Poche, 1986.
DE VOGUIÉ, Eugène-Melchior, « Au seuil d'un siècle. Cosmopolitisme et nationalisme », *Revue des Deux Mondes,* 5è période, tome 1, 1901, p. 677-692.
DELMAS-MARTY, Mireille, *Vers une communauté de valeurs ? Les forces imaginantes du droit (IV),* Paris, Éditions du Seuil, coll. « La couleur des idées », 2011.
DELMAS-MARTY, Mireille, *Résister, responsabiliser, anticiper, ou comment humaniser la mondialisation,* Paris, Éditions du Seuil, 2013.
DELMAS-MARTY, Mireille, *Le relatif et l'universel. Les forces imaginantes du droit (I),* Paris, Éditions du Seuil, coll. « La couleur des idées », 2004.
DELPÉRÉE, François, dir., *Le principe de subsidiarité,* Bruxelles, Bruylant ; Paris, LGDJ, 2002.
DESCARTES, René, *Les passions de l'âme,* (1649) Paris, Flammarion/Poche, 1998.
DIAGNE, Pathé, *Pour l'unité oust-africaine, Micro-États et intégration économique,* Paris, Éditions Anthropos, 1972.
DIAGNE, Souleymane Bachir, AMSELLE, Jean-Loup, *En quête d'Afrique(s). Universalisme et pensée décoloniale,* Paris, Albin Michel, 2018.
DIOME, Fatou, *Marianne porte plainte ! Identité nationale : Des passerelles, pas des barrières,* Paris, Flammarion, 2017.
DIOP, Cheikh Anta, *Les fondements culturels, techniques et industriels d'un futur État fédéral d'Afrique noire,* Paris, Présence Africaine, 1960, 124 p. Réédité sous le titre *Les fondements économiques et culturels d'un État fédéral d'Afrique noire,* Paris, Présence Africaine, 1974.
DOUMBY-FAKOLY, *Pour une Ligue des Peuples noirs,* Paris, L'Harmattan, 2003.
DOS SANTO GOMES, Flávio, *Quilombos. Communauté d'esclaves insoumis au Brésil,* Paris, L'Échappée, 2018.

DUPUY, René-Jean, *La communauté internationale entre le mythe et l'histoire,* Paris, Economica/Unesco, 1986.
DUPUY, Pierre-Marie, « La communauté internationale comme fiction ? », dans *L'unité de l'ordre juridique international : cours général de droit international public », RCADI,* vol. 297 (2000), Martinus Nijhoff Publishers, 2004.
FALOLA, Toyin, HOYER, Cacee, eds., *Global Africans. Race, Etnicity and Shifting Identities,* London, New York, Routledge, 2017.
FERRY, Jean-Marc., dir., *L'idée d'Europe. Prendre philosophiquement au sérieux le projet politique européen,* Paris, Presses de l'Université Paris-Sorbonne, 2013.
FŒSSEL, Michaël, LOURME, Louis. *Cosmopolitisme et démocratie,* Paris, PUF, coll. « La vie des idées », 2016.
FŒSSEL, Michaël, « La raison du cosmopolitisme », *Cahiers philosophiques,* 2012/1, N° 128, p. 71-84
FOÉ, Nkolo, « Les politiques de la philosophie en Afrique. Émancipation, postcolonialisme, herméneutique et gouvernance », *Diogène,* 2011/3, N° 235-236, p. 174-191.
FOÉ Nkolo, *Le postmodernisme et le nouvel esprit du capitalisme. Pour une philosophie globale d'Empire,* Dakar, Nema/Codesria, 2008.
FREUND, Julien, *L'essence du politique,* Paris, Éditions Sirey, coll. « Philosophie politique », 1965.
FUKUYAMA, Francis, *La fin de l'histoire et le dernier homme,* Paris, Flammarion, 1992.
GABRIEL, Joao, « En quoi le panafricanisme pourrait-il nous concerner, nous les 'Antillais' ? », 23 décembre 2019, https://www.joaogabriell.com/2919/12/23/en-quoi-le-panafricanisme-pourrait-il-nous-concerner-nous-les-antillais/
GHACHEM, Asma, PALLARD, Henri, dir., *Une Cour constitutionnelle internationale au service du droit démocratique et du droit constitutionnel,* Beyrouth, Liban, Konrad Adenauer Stiftung, 2015.
GANSHOF, François-Louis, *Le Moyen Âge. Histoire des relations internationales,* Paris, Hachette, 1953, tome 1.
GEMENNE, François, http://www.lemonde.fr/afrique/article/2020/11/30/francois-gemenne-l-universalisme-francais-a-perdu-sa-dimension-universelle
GEMENNE, François, *On a tous un ami noir,* Paris, Éditions Fayard, 2020.
GENY, Vincent, « Menaces, intimidations, outrances,… Qu'est-ce que la Ligue de Défense Noire Africaine ? », https://www.marianne.net/societe/police-et-justice/menaces-intimidations-outrances-quest-ce-que-la-ligue-de-defense-noire-africaine
GESLIN, Albane, « Une brève historiographie de 'pluralisme juridique' : quand les usages d'une notion en font un instrument de luttes politiques », *Clio@Themis. Revue électronique d'histoire du droit,* N° 15, 2019, p. 1-18.
GEISS, Imanuel, *The Pan-African Movement,* translated by Ann Keep, London, Methuen and Co. Ltd, 1974.
GEORGELIN, Hervé, *La fin de Smyrne. Du cosmopolitisme aux nationalismes,* Paris, CNRS Éditions, 2013.
GILDEA, Robert. *L'Esprit impérial. Passé colonial et politiques du présent,* Paris, Passés/Composés, 2020.

GILROY, Paul, *L'Atlantique noir. Modernité et double conscience,* Éditions Amsterdam, 2017.
GLISSANT, Édouard, *Tout-Monde,* Paris, Gallimard, 1995.
GLISSANT, Édouard, *Traité du Tout-Monde,* Paris, Gallimard, 1997.
GUILHAUDIS, Jean-François, *Relations internationales contemporaines,* 2e édition, Paris, LexisNexis Litec, 2005.
GUSTIN, Jo, *Ah Sissi, il faut souffrir pour être française !,* Paris, Éditions Présence Africaine, 2019.
GONZALÈS, Antonio, « Citoyenneté, universalisme et cosmopolitisme stoïciens : le cas romain », *Arys,* N° 16, 2018, p. 19-45.
GOODHART, David, *Les deux clans. La nouvelle fracture mondiale,* Paris, Les Arènes, 2019.
HABERMAS, Jürgen, *Après l'État-nation. Une nouvelle constellation politique,* Paris, Fayard, 2000.
HABERMAS, Jürgen, *La paix perpétuelle. Le bicentenaire d'une idée kantienne,* Paris, Éditions du Cerf, 1996.
HABERMAS, Jürgen, *Après l'État-nation. Une nouvelle constellation politique,* Paris, Fayard, 2000.
HARDT, Michael, NEGRI, Antonio, *Empire,* Paris, Exils, 2000.
HARDT, Michael, NEGRI, Antonio, *Multitude. Guerre et démocratie à l'âge de l'Empire,* Paris, La Découverte, 2004.
HASSANEEN, Wassim, « Le paradoxe d'une unité fondée sur l'économie et le droit », dans BLUMANN, Claude, PICOD, Fabrice, dir., *Annuaire du droit de l'Union européenne,* 2017, Paris, Éditions Panthéon-Assas, 2018, p. 303-315.
HEGEL, Georg Wilhelm Friedrich, *Principes de la philosophie du droit. 1820,* 3e éd., traduction de Jean-François Kervégan, Paris, PUF, 2013.
HELD, David, *Un nouveau contrat mondial. Pour une gouvernance social-démocrate,* Paris, Les Presses de Science Po, 2005.
HUGUES, Micheline, dir. *L'utopie,* Paris, Armand Colin, 1999.
HOBBES, Thomas, *Léviathan ou la matière, la forme et la puissance d'un état ecclésiastique et civil* (Éd. 1921), Paris, Hachette/BnF, 2018.
HORNUNG, Joseph, « Civilisés et Barbares », *Revue de Droit international et de Législation comparée,* Tome XVII, N° 1, 1885.
ISMARD, Paulin, *La cité et ses esclaves. Institutions, fictions, expériences,* Paris, Seuil, coll. « L'Univers historique », 2019.
JACKSON, Willy, *Le panafricanisme, entre politique et droit,* Paris, L'Harmattan, 2023.
JACKSON, Willy, *Intégrations économiques internationales. Idéologies, méthodes institutionnelles et dynamiques spatiales*, Paris, Classiques Garnier, 2023.
JACKSON, Willy, MANDÉ, Issiaka, « Coups d'État, partis uniques », Unesco, *Histoire générale de l'Afrique. Volume IX,* Paris, sous presse.
JAMES, Cyril Lionel Robert, *Les Jacobins noirs. Toussaint Louverture et la Révolution de Saint-Domingue,* traduit de l'anglais par Pierre Naville, Paris, Gallimard, coll. « La suite des temps », 1949.
JAMES, Cyril Lionel Robert, *Émancipation, guerre et révolution. Écrits sur l'histoire, la stratégie et l'organisation des Noirs aux États-Unis (1936-1967).* Suivi de Léon Trotsky et CLR James, *Discussion sur la question noire,* Saint-Joseph-du-Lac (Québec), M Éditeur ; Paris, Syllepse, 2013.

JENKINS, David, *Black Zion. The Return of Afro-Americans and West-Indians to Africa,* London, Wildwood House, 1975.
JOUANNET, Emmanuelle, « L'idée de communauté humaine à la croisée de la communauté des États et de la communauté mondiale », dans « La mondialisation entre Illusion et l'Utopie », *Archives de philosophie du droit,* 2003, Tomme 47, p. 192-232.
KAMTO, Maurice, « L''affaire Al Bashir' et les relations de l'Afrique avec la Cour pénale internationale », dans Liber Amicorum en l'honneur de Raymond Ranjeva. *L'Afrique et le droit international. Variations sur l'organisation internationale,* Paris, Pedone, 2013, p. 147-170.
KANT, Emmanuel, *Projet de paix perpétuelle. Essai philosophique,* (1795). Traduit de l'allemand avec un nouveau supplément de l'auteur. Premier supplément : « De la garantie de la paix perpétuelle », Königsberg, Frédéric Nicolovius, 1796.
KANT, Emmanuel, *Doctrine du droit* (1797), Paris, Garnier Flammarion, 1994.
KANT, Emmanuel, *Vers la paix perpétuelle,* (1795), Paris, Garnier Flammarion, 1991.
KANT, Emmanuel, *Métaphysique des mœurs, Œuvres philosophiques,* dir., de ALQUIÉ, Ferdinand, vol. 3, Paris, 1986.
KANTOROWICZ, Ernst, *Les deux corps du roi,* Paris, NRF, Gallimard, 1989.
KEEANGA-YAMAHTTA, Taylor, *Black Lives Matter. Le renouveau de la révolte noire américaine,* Marseille, Agone/Contre-feux, 2017.
KEHINDE, Andrews, « Black is a country. Black people in the West as a colonized minority», dans KEHINDE, Andrews, PALMER, Lisa Amanda, eds., *Blackness in Britain,* London and New York, Routledge, 2016, p. 50-63.
KLAH, Popo, *Yovodah et Panafricanisme. Résister pour survivre. S'unir pour renaître,* Paris, Anibwe Éditions, 2012.
KODJO, Edem, *...Et demain l'Afrique,* Paris, Stock, 1985.
KOFFI DJONDO, Gervais. *Africa First. L'Afrique d'abord. Mémoires,* Paris, Éditions Présence Africaine, 2019.
KONÉ KATINAN, Justin. *Idéologie, conscience et combat politique en Afrique,* Paris, L'Harmattan, 2018.
KOUNOU, Michel, *Le panafricanisme, de la crise à la renaissance. Une stratégie globale de reconstruction effective pour le troisième millénaire,* Yaoundé, Éditions Clé, 2007.
KRYNEN, Jacques, *L'Empire du roi. Idées et croyances politiques en France, XIIIe-XVe siècle,* Paris, Gallimard, NRF, 1993.
LA MONDIALISATION, Journées allemandes, Tome XLVI/2016, Travaux de l'Association Henri Capitant, Bruxelles, Bruylant et LB2V, 2017.
LANGLOIS, Denis, *L'utopie est morte ! Vive l'utopie,* Paris, Éditions Michalon, 2005.
LA SAINTE BIBLE, Version Louis Segond 1910, Bibli'O, 2008.
LE BRIS, Catherine, *L'humanité saisie par le droit international public,* Paris, LGDJ, Lextenso éditions, 2012.
LECOUTRE, Delphine, « Vers un gouvernement de l'Union africaine ? Gradualisme et statu quo v. immédiatisme », *Politique étrangère*, 2008/3, automne, p. 629-639.
LEROY, Étienne, « Pourquoi en Afrique le droit refuse-t-il toujours le pluralisme que le communautarisme induit ? », *Anthropologie et Sociétés,* vol. 40, N° 2, 2016, « Pluralismes juridiques et interculturalités », p. 25-42.
LIRUS-GALAP, Julie, *L'entrecroisement des mondes. De la Caraïbe à la France,* Paris, Karthala, 2016.

LOUNGOU, Serge, « La libre circulation des personnes au sein de l'espace de la C.E.M.A.C. : entre mythes et réalités », *Belgeo* (3), 2010, p. 315-330, https://doi.org/10-4000/belgeo.7096.

MACHEREY, Pierre, *De l'utopie,* Paris, De l'incidence Éditeur, 2011.

MALCOM X'S SPEECH AT THE FOUNDING RALLY OF THE ORGANIZATION OF AFRO-AMERICAN UNITY, 28 juin1964, dans https://www.blackpast.org/african-american-history/1964-malcom-x-s-speech-founding-rally-organization-afro-american-unity/

MALIK, Abd Al, *Le jeune noir à l'épée,* Paris, Flammarion, coll. « Musée d'Orsay », 2019.

MALIK, Abd Al, *Réconciliation,* Paris, Robert Laffont, 2021.

MANENT, Pierre, *Cours familier de philosophie politique,* Paris, Gallimard, coll. « Tel », 2004.

MANGEON, Anthony, « Du moment panafricain » à « l'afropolitanisme contemporain ». Lectures croisées de W.E.B. Du Bois, Joseph Casely Hayford, Alain Locke et Kwame Anthony Appiah », dans BRIDET, Guillaume, BRINKER, Virginie, BURNAUTZKI, Sarah, GARNIER, Xavier, dir., *Dynamiques actuelles des littératures africaines. Panafricanisme, cosmopolitisme, afropolitanisme,* Paris, Karthala, 2018.

MANNHEIM, Karl, *Idéologie et utopie*, Paris, Éditions de la Maison des Sciences de l'homme, 2006.

MARC-AURÈLE, *Pensées pour moi-même,* suivies du *Manuel d'Épictète,* traduction Mario Meunier, Paris, Flammarion, coll. « GF N° 16, 1999.

MARTIN, Guy, « L'État africain dans une perspective historique : origine, nature et évolution », dans GALY, Michel, SANNELLA, Elena, dir., *Les défis de l'État en Afrique,* Paris, L'Harmattan, 2007, p. 43-54.

MARTIN, Tony, *The Pan-African Connection. From Slavery to Garvey and beyond,* Majority Press, 1984.

MARX, Karl, *Thèses sur Feuerbach,* (11) dans *L'idéologie allemande,* 1845, Paris, Éditions sociales, 1976.

MARX, Karl, ENGELS, Friedrich, *L'idéologie allemande,* Paris, Éditions sociales, 2012.

MARX, Karl, ENGELS, Friedrich, *Le Manifeste du Parti communiste,* Pékin, Éditions en langues étrangères, 1973.

MATALA-TALA, Léonard, « L'ineffectivité du droit positif en Afrique subsaharienne », *Civitas Europa,* 2013/2, N° 31, p. 239-260.

MÉNY, Yves, *Imparfaites démocraties. Frustrations populaires et vagues populistes,* Paris, Presses de la Fondation nationale des sciences politiques, 2019.

MBAYE, Keba, *Les droits de l'homme en Afrique,* 2e édition, Paris, Éditions A. Pedone, ; Genève, Commission internationale de juristes, 2002.

MBAYE, Sanou, *L'Afrique au secours de l'Afrique,* Paris, Les Éditions de l'Atelier/Éditions ouvrières, 2009.

MBEDE, Christian Gabriel, *La crise de la pensée africaine contemporaine et la problématique postcoloniale,* Thèse pour le Doctorat de Philosophie, Université de Nantes, École doctorale Cognition, Éducation, Interactions, 2011.

MBELE, Charles Romain, « L'ajustement comme problème philosophique. Pour une alternative panafricaniste aux thèses postcolonialistes », dans Dossier « Panafricanisme. Piège post-colonial ou construction identitaire 'non blanche'.

Mémoire vive », *Latitudes Noires,* 2003-2004, Paris, Éditions Homnisphères, p. 159-183.

MBELE, Charles Romain, « Panafricanisme ou postcolonialisme ? La lutte en cours en Afrique », *Revue scientifique du Cerphis,* N° 12, 2014.

MBELE, Charles Romain, *Essai sur le postcolonialisme en tant que code de l'inégalité,* Yaoundé, Nema/Éditions Clé, 2010.

MBELE, Charles Romain, *Panafricanisme ou postcolonialisme. La lutte en cours en Afrique,* Paris, L'Harmattan, 2015.

MBEMBE, Achille, *Critique de la raison nègre,* Paris, La Découverte, coll. Poche/Essais, 2015.

MBEMBE, Achille, *Les nouvelles relations Afrique-France : relever ensemble les défis de demain,* octobre 2021.

MIANO, Léonora, *Afropea. Utopie post-occidentale et post-raciste,* Paris, Grasset, coll. « Essais littéraires », 2020.

MOHAMMED, Marwan, TALPIN, Julien, *Communautarisme ?,* Paris, PUF, coll. « La vie des idées », 2018.

MONTESQUIEU, *L'Esprit des lois. Suivi de la défense de l'Esprit des lois,* Paris, Langue Librairie Éditeur, 1844, Livre VIII, Chapitre XIX.

MORE, Thomas, *L'utopie ou le traité de la meilleure forme de gouvernement,* texte traduit et commenté par Marie Delcourt, Pais, La Renaissance du Livre, s.d.; Genève, Librairie Droz, 1983.

MUKASA SANON, Guy, *Du renouveau du cosmopolitisme au panafricanisme méthodologique. Une théorie de la transformation des acteurs,* Dissertation présentée en vue de l'obtention du titre de Docteur en Philosophie et Lettres, Université catholique de Louvain, Faculté de Philosophie, Arts et Lettres, École de Philosophie, Toussaint-la-Neuve, 2010.

NDIAYE, Pap, *La condition noire. Essai sur une minorité française,* Paris, Calmann-Lévy, 2008.

NEMO, Philippe, *Qu'est-ce que l'Occident ?,* Paris, Quadrige/PUF, 2005.

NOOTENS, Geneviève, *Souveraineté démocratique, justice et mondialisation. Essai sur la démocratie libérale et le cosmopolitisme,* Montréal, Liber, 2010.

NUSSBAUM, Martha C. *The Cosmopolitan Tradition. A Noble But Flawed Ideal,* The Belknap Press, 2019.

OBENGA, Théophile, *L'État fédéral d'Afrique noire : la seule issue,* Paris, L'Harmattan, 2012.

OIF (Organisation internationale de la francophonie), *Le mouvement panafricaniste au XXe siècle,* Paris, OIF, 2007.

ORUNO D., Lara, *La naissance du panafricanisme. Les racines caraïbes, américaines et africaines du mouvement au XIX^è^ siècle,* Paris, L'Harmattan, 2015.

ORY, Pascal, *Qu'est-ce qu'une nation ? Une histoire mondiale,* Paris, Gallimard, coll. « Bibliothèque des histoires », 2020.

OVALLE, Diaz Nelson Arturo, *La production pluraliste du droit transnational contemporain,* Thèse soutenue à la Faculté des Études supérieures et postdoctorales dans le cadre des exigences du programme de doctorat en philosophie en droit, Faculté de droit, Université d'Ottawa, 2015, 405.

OXFAM INTERNATIONAL, *Le virus des inégalités. Réunifier un monde déchiré par le coronavirus grâce à une économie équitable, durable et juste,* Oxfam GB, 2021.

PARENT, Valérie, *L'Humanité et le droit international,* Mémoire présenté à la Faculté des études supérieures en vue de l'obtention du grade de Maîtrise en droit (L.L.M.), 2013.

PASCAL, Blaise, *Pensées* (1670), Fragment 294, Paris, Léon Brunschwicg éditeur, 1897.

PELLET, Alain, *Le droit international entre souveraineté et communauté,* Paris, Éditions Pedone, 2014.

PIERRÉ-CAPS, Stéphane, *La multination. L'avenir des minorités en Europe centrale et orientale,* Paris, Odile Jacob, 1995.

PING, Jean, *Et l'Afrique brillera de mille feux,* Paris, L'Harmattan, 2009.

PLANTEY, Alain, *De la politique entre les États. Principes de diplomatie,* 2e édition, Paris, Éditions A. Pedone, 1991.

PNUD, *Rapport sur le développement humain 2019. Au-delà des revenus, des moyennes et du temps présent : les inégalités de développement humain au XXIe siècle,* New York, 2019.

POLICAR, Alain, *Cosmopolitisme ou barbarie,* Paris, Éditions Rue d'Ulm (Presses de l'École normale supérieure), 2020.

POLICAR, Alain, *Comment peut-on être cosmopolitique ?,* Lormont, Le Bord de l'Eau, 2018.

POLICAR, Alain, *Le cosmopolitisme sauvera-t-il la démocratie ?,* Paris, Classiques Garnier, 2019.

POLONY, Natacha, *Sommes-nous encore en démocratie ?,* Paris, Éditions de l'Observatoire, 2021.

PRADEAU, François, *Gouverner avec le monde. Réflexions antiques sur la mondialisation,* Paris, Manitoba/Les Belles Lettres, 2015.

RANCIÈRE, Jacques, *La mésentente*, Paris, Éditions Galilée, 1995.

RAWLS, John, *Théorie de la justice,* Paris, Points, 2009.

RAYNAUD, Philippe, *Le juge et le philosophe. Essais sur le nouvel âge du droit, « La lettre et l'idée »,* Paris, Armand Colin, coll. « La lettre et l'idée », 2020.

RENAN, Ernest, *Qu'est-ce qu'une nation ?,* Conférence prononcée en Sorbonne le 11 mars 1882, Paris, Mille et une nuits, 1997.

REY, Nicolas, « Les Garifunas. Entre 'mémoire de la résistance' aux Antilles et transmission des terres en Amérique centrale », *Cahiers d'études africaines,* N° 177, 2005, p. 132-163, https://doi.org/10400etudesafricaines.14907

RHODES MUST FALL MOVEMENT, Oxford, Edited by Roseane Chantiluke, Brian Kwoba, Athinangamso Nkopo, *Rhodes Must Fall. The Sruggle to Decolonize The Racist Heart of Empire,* London, Zed, 2018.

ROPIVIA, Marc-Louis, *Géopolitique de l'intégration en Afrique noire,* Paris, L'Harmattan, 1994.

ROSSATANGA-RIGNAULT, Guy, ENONGOUÉ, Flavien, *L'Afrique existe-t-elle ? Á propos d'un malentendu persistant sur l'identité,* Chennevières-sur-Marne, Éditions Dianoïa, Libreville, Éditions Raponda-Walker, 2006.

ROUSSEAU, Jean-Jacques, *Du contrat social ou Principes du Droit politique* (1762), Livre III, Chapitre 1er, Amsterdam, Marc Michel Rey, 1762.

ROUSSEAU, Jean-Jacques, *Extrait du Projet de paix perpétuelle de l'abbé de Saint-Pierre, Œuvres complètes, Écrits politiques,* Paris, Gallimard, 1952.

ROUSSEAU, Jean-Jacques, *Jugement sur le Projet de paix perpétuelle,* Paris, Guillaumin, 1857.

SALMON, Jean, dir., *Dictionnaire de droit international public,* Bruxelles, Bruylant, 2001.

SARR, Felwine, *Habiter le monde. Essai de politique relationnelle,* Montréal, Mémoire d'encrier, 2017.

SARR, Felwine, *Afrotopia,* Paris, Éditions Philippe Rey, 2016.

SARR, Felwine, *Méditations africaines,* Montréal, Mémoire d'encrier, 2020.

SCHMITT, Carl, *La notion de politique,* 1932, Paris, Flammarion, 2009.

SCHRAMM, Katharina, *African Homecoming. Panafrican Ideology and Contested Heritage,* London, Left Coast Press, 2010.

SHERWOOD, Marika, « Pan-African Conferences, 1900-1953 : What Did 'Pan-Africanism' Mean ? », *The Journal of Pan African Studies,* vol. 4, N° 10, January 2012, p. 106-126.

SOCIÉTÉ FRANÇAISE POUR LE DROIT INTERNATIONAL (SFDI), *L'État dans la mondialisation,* Colloque de Nancy, Paris, Éditions Pedone, 2013.

SOCIÉTÉ FRANÇAISE POUR LE DROIT INTERNATIONAL (SFDI), *Les collectivités territoriales non-étatiques dans le système juridique international,* Journées d'études, Paris, Éditions A. Pedone, 2002.

SULLY-SITCHET, Christine, « Noirs Américains, rêve d'Afrique et invention du retour », *Hommes & Migrations,* 2002, 1235, p. 72-81.

SUR, Serge, « Vers un nouvel ordre mondial de l'information et de la communication », *Annuaire français de droit international,* 1981, vol. 27, p. 45-64.

SURRATEAU, Jean-René, « Cosmopolitisme et patriotisme au siècle des Lumières », *Annales historiques de la Révolution française,* 1983, N° 253, p. 364-389.

SWAN, Quito, *Black Power in Bermuda. The Struggle for Decolonization,* New York, Palgrave Macmillan, 2009.

TARROW, Sidney, « Cosmopolites enracinés et militants transnationaux (Rooted cosmopolitans and transnational activists) », *Lien social et Politiques,* « Les solidarités sans frontières : entre permanences et changements », N° 58, automne 2007, p. 87-102

TASSIN, Étienne, *Un monde commun. Pour une cosmo-politique des conflits,* Paris, Le Seuil, 2003.

TAVOILLOT, Pierre-Henri, *La morale de cette histoire. Guide éthique pour temps incertains,* Paris, Michel Lafon, 2020.

THIAM, Doudou, *Le Fédéralisme africain. Ses principes et ses règles,* Paris, Présence Africaine, 1972.

THURAM, Lilian, *La pensée blanche,* Paris, Philippe Rey, coll. « Document », 2020.

TIN, Louis-Georges, *Les impostures de l'universalisme,* Paris, Éditions Textuel, coll. « Conversations pour demain », 2020.

THIERAULT, Joseph Yvon, « Au-delà du multiculturalisme : le cosmopolitisme ? », *Sociologie et sociétés,* vol. 44, N° 1, printemps 2012, p. 17-34.

TIYAMBE ZELEZA, Paul, « Pan-Africanism in the Age of Obama : Challenges and Prospects », *Black Scholar,* Summer 2011, Volume 41, Issue 2, p. 34-44.

TOURME JOUANNET, Emmanuelle, « La disparition du concept d'Empire », *Jus Politicum. Revue du droit politique,* N° 14, « Peut-on juridiquement penser l'Empire comme forme politique ? », https://juspoliticum.com/article/La-disparition-du-concept-d-Empire-986.html

TRUYOL Y SERRA, Antonio, *Genèse et fondements spirituels de l'idée d'une communauté universelle. De la civitas maxima stoïcienne à la civitas gentium moderne,* Lisbonne, Separata de « Revista da Faculdade de Direito da Universidade de Lisboa », 1958.

TSHIYEMBE, Mwayila, *État multinational et démocratie africaine. Sociologie de la renaissance politique,* Paris, L'Harmattan, 2002.

VANDERLINDEN, Jacques, « Les droits africains entre positivisme et pluralisme », *Bulletin des séances de l'Académie royale des sciences d'outre-mer,* 46, 2000, p. 279-292.

VULLIERME, Jean-Louis, *Le concept de système politique,* Paris, PUF, 1989.

WADE, Abdoulaye, *Un destin pour l'Afrique,* Paris, Éditions Karthala, 1989.

YAMGNANE, Kofi, *Mémoires d'Outre-Haine,* Châteaulin, Locus solus, 2021.

INDEX DES NOMS DE PERSONNES

A

ADI, Hakim:25,77,101,102
AGUDELO, Carlos:185
AJARI, Norman:183
AKUFO-ADO, Nana:26
ALLAND, Denis:14,15
AMIN, Samir:166
AMSELLE, Jean-Loup:62,119,120
ANGUILÉ, A.G.:42
ANNAN, Kofi:118
APOSTOLIDIS, Charalambolos:146
ARCHIBUGI, Daniele:94
ARENDT, Hannah:92,93
ARISTOTE:20,199
AZIZ, Abdel:139

B

BACHELARD, Gaston:190
BACZKO, Bronislaw:48
BADUEL, Pierre-Robert:121
BAILLEUX, Antoine:174
BAKPETU THOMSON, Vincent:23
BALASSA, Bela:42,43
BALIBAR, Étienne:89
BANCEL, Nicolas:184
BARBERIS, Julio:132
BASDEVANT, Jules:132
BATCHOM, Paul Elvic:51,66
BECK, Ulrich:109
BEKOLO, Jean-Pierre:62
BELISSA, Marc:89
BENSIMON, Cyril:27
BERNARD, Philppe:188
BIDIMA, Jean Godefroy:103
BITIÉ, Abdoul Kader:170
BLANCHARD, Pascal:184
BLUMANN, Claude:140
BODIN, Jean:163
BONNET, Gabrielle:187
BOUAMAMA, Saïd:13,65
BOUKARI-YABARA, Amzat:54,60,65,102,147
BOURHIS- MARIOTTI, Claire:23
BOURIAU, Christophe:168
BRIDET, Guillaume:98
BRINKER, Virginie:98
BROWN, Michael:27
BURNAUTZKI, Sarah:98
BYANYIMA, Winnie:27

C

CAPELLA, Wanda:168,200
CAPLAN, Gerald Lewis:195
CARAYOL, Rémi:196
CARMICHAEL, Stokely:53
CASSESE, Antonio:163
CASTEL, Charles Irénée, abbé de Saint-Pierre:91
CÉSAIRE, Aimé:99,100,104
CHANTILUKE, Roseane:176,207
CHAUVIER, Stéphane:93
CHAVEZ, Hugo:64,65
CHEMILLIER-GENDREAU, Monique:20,32,48,50,72,73,90,115,122,125,131,135,146,149,150,151,159,168,169,172,175,176,179,185,190
CHEVALLIER, Jacques:168
CHIRPAZ, François:20
CHIVALLON, Christine:52
CHUNG, Ryoa:94,97
CLASTRES, Pierre:148
COHEN, Mitchell:107
COLVIN, Jeffrey:187
COMBACAU, Jean:133
COMMAILLE, Jacques:14,168,200
CONDÉ, Maryse:63
CONNOR, Walter Robert:51
CONSTANT, Raphaël:78
COQUERY-VIDROVITCH, Catherine:13,83,188
COTTRET, Bernard:89
COULIBALY, Stéphane:113
COULMAS, Peter:14
CRAVEN, Matthew:116,163

D

DABIRÉ, Stéphane Kader:30,31
DAVID, J.E.:42
DÀVILA, Roberto Rojas:184
DE TOCQUEVILLE, Alexis:90,91
DE VOGUIÉ, Eugène Melchior:88
DEBLOCK, Christian:190
DELAS, Olivier:190
DELMAS-MARTY, Mireille:168,175,190,191
DELPÉRÉE, François:73
DESCAMPS, Élodie:186
DESCARTES, René:124,201
DESFOURNEAUX, Emmanuel:62
DIAGNE, Pathé:44
DIAGNE, Souleymane Bachir:119,120
DIARRA, Pierre:72
DIOGÈNE:65,85,86,104,202
DIOME, Fatou:187
DIOP, Cheikh Anta:33
DU BOIS, William Edward Burghardt:98,205
DUMOULIN, Laurence:14
DUTERME, Bernard:120

E

ENGELS, Friedrich:48,94,95,205
ENONGOUÉ, Flavien:38,39,78,79
ESTANQUEIRO ROCHA, Acílio da Silva:91

F

FALL, Alioune Badara:175
FALOLA, Toyin:52
FANON, Frantz:149
FASSBENDER, Bardo:116,163,171,178
FERRANDI, Giuseppe:91
FLEURY, Thibaut:132
FLORY, Maurice:132
FLOYD, George:27
FOÉ, Nkolo:103,104,105,110,121
FORTEAU, Mathias:133,134
FREUND, Julien:20
FRITZ, Gérard:159
FRITZ, Jean-Claude:159
FUKUYAMA, Francis:166

G

GABRIEL, Joao:57
GANSHOF, François-Louis:137
GARNIER, Xavier:98
GARVEY, Marcus:23,25,55,61,99,205
GEISS, Imanuel:28,29
GEMENNE, François:152
GENY, Vincent:188
GEORGELIN, Hervé:88
GESLIN, Albane:151
GHACHEM, Asma:175
GHALIOUN, Burham:97
GILDEA, Robert:115
GILROY, Paul:23
GLISSANT, Édouard:167
GONZALÈS, Antonio:89
GOODHART, David:95
GRANDE, Edgar:109
GUILHAUDIS, Jean-François:141,142
GWET, Yann:134

H

HABERMAS, Jürgen:85,93
HAMIDOU KANE, Cheikh:112
HARDT, Michael:95
HASSANEEN:140,203
HAYFORD, Casely:98,205
HEGEL, Georg Wilhelm Friedrich:92,114,203
HEMINGWAY, Ernest:190
HOBBES, Thomas:20,163
HORNUNG, Joseph:164
HOUTART, François:119,120
HOYER, Cacee:52
HUGUES, Micheline:47
HYTHLODÉE, Raphaël:47

I

ISMARD, Paulin:88

J

JACKSON, Willy:5,13,24,32,43,45,70,71,117,144,166,172,181
JAMES, Cyril Lionel Robert:54

JENKIS, David:26
JOUANNET, Emmanuelle:159,167

K

KABORÉ, Bernard:72
KAMTO, Maurice:170
KANT, Emmanuel:39,85,87,91,92,95,164,204
KANTOROWICZ:137
KAVWAHIEREHI, Kasereka:108
KEEANGA-YAMAHTTA, Taylor:194
KEHINDE, Andrews:55,56,176,177,182,183,195
KEMFOUEDIO, Jacques Bipele:70
KENDA NYAMBA, Anatole:101
KODJO, Edem:40
KONÉ KATINAN, Justin:36
KOUNOU, Michel:13
KRYNEN, Jacques:137

L

LANGLOIS, Denis:47
LARA, Oruno D.:23,78
LAVISSE, Ernest:163
LE BRIS, Catherine:168
LECOUTRE, Delphine:137
LEROY, Étienne:151
LIRUS-GALAP, Julie:63
LOCKE, Alain:98,205
LOUNGOU, Serge:70
LOURME, Louis:96
LYCOPS, Jean-Pierre:80

M

MACHEREY, Pierre:47,49
MACRON, Emmanuel:62
MAHAMAT, Moussa Faki:27
MALCOM X:53,55,61,65,205
MALIK, Abd Al:187
MANDÉ, Issiaka:71,144
MANENT, Pierre:21,124
MANGEON, Anthony:98
MANNHEIM, Karl:48
MANNING, Patrick:52
MARC-AURÈLE:90,205
MARTIN, Tony:23
MARTIN-CHENUT, Kathia:190
MARTN, Guy:41
MARX, Karl:48,94,95,109,205
MASRINUAN, Prim:179
MATALA-TALA, Léonard:153
MATALON, Benjamin:113
MBAYE, Keba:118
MBAYE, Sanou:43
MBEDE, Christian Gabriel:106
MBELE, Charles Romain:104,105
MBEMBE, Achille:26,62,101,103,181
MÉNY, Yves:182
MIOCINOVIC, Mirjana:74
MIRON, Alina:133,134
MOINE, André:168
MONTAIGNE, Michel de:125
MONTESQUIEU:39,206
MORALES, Evo:73
MORE, Thomas:47
MORETTI, Marco:134
MOUNDOUNGA MOUITY, Patrice:51,66
MUKASA SANON, Guy:109,110

N

N'DOLI, Jean-Hugues Chérif:27
NDIAYE, Pap:188
NEGRI, Antonio:95
NEMO, Philippe:143
NETANYAHOU, Benyamin:170
NGUIRANE, Cheikh:65
NKUMAH, Kwame:100
NLEND V, Nôb Georges Boniface:42
NOOTENS, Geneviève:94,97
NOVOSSELOFF, Alexandra:118
NTIMBA, Yamb:42
NUSSBAUM, Martha C.:97
NZE BEKALE, Ladislas:66

O

OBAMA, Barack:195
OBENGA, Théophile:33
OGUI, Gaston:72
ORTIZ, Laure:168,200
ORY, Pascal:76
OTTRO ABIE, Thédore:41,42
OVALLE DIAZ, Nelson Arturo:154

P

PALMER, Lisa Amanda:55,177
PARENT, Valérie:159
PASCAL, Blaise:125
PELLET, Alain:133,134,169
PETERS, Anne:116,163,171,178
PICOD, Fabrice:140
PIERRÉ-CAPS, Stéphane:73
PING, Jean:45
PITRON, Guillaume:185
PLANTEY, Alain:74
PLUTARQUE:87
POLET, François:120
POLICAR, Alain:90,94
POLONY, Natacha:122
POPO, Klah:36
POUCOUTA, Paulin:72
POUTINE, Vladimir:170
PRADEAU, François:85

R

RAJAOSON, Julien:118
RANCIÈRE, Jacques:155
RANJEVA, Raymond:170,204
RAWLS, John:93
RAYNAUD, Philippe:13
RENAN, Ernest:76
RENO, Fred:63
REY, Alain:112
REY, Nicolas:185
ROBERT, Cécile:15
RODNEY, Walter:54,200
ROPIVIA, Marc-Louis:40,79
ROSSATANGA-RIGNAULT, Guy:38,78,79
ROTA, Marie:168
ROUSSEAU, Jean-Jacques:39,91,106,107,207

S

SALMON, Jean:31,32,132,134,136,142
SARR, Felwine:111,124,178,181
SCELLE, Georges:146,162,165
SCHMITT, Carl:95
SCHRAMM, Katharina:26
SCIORA, Romuald:118
SENGHOR, Léopold Sédar:99
SENNY, Diogène:65
SHERWOOD, Marika:24
SUCCAT, Frantz:63
SULLY-SITCHET, Christine:26
SUR, Serge:118,133
SURRATEAU, Jean-René:88
SWAN, Quito:183

T

TALPIN, Julien:19
TAMETONG NGUEMO TSIDIÉ, Steve:51,66
TARROW, Sidney:107
TASSIN, Étienne:14
TAVOILLOT, Pierre-Henri:123,124
TEGA, Walter:91
TÉRENCE:190
THIAM, Doudou:38
THIÉRAULT, Joseph Yvon:96
THOMAS, Dominic:184
THURAM, Lilian:187
TIN, Louis-Georges:152
TIYAMBE ZELEZA, Paul:195
TOUERE ELENGA, Ben Luther:74
TOURARD, Hélène:146
TOURÉ, SÉKOU:29,71,100
TOURME JOUANNET, Emmanuelle:114
TRUYOL Y SERRA, Antonio:164
TSHIYEMBE, Mwayila:74

V

VALÉRY, Paul:189,190
VANDERLINDEN, Jacques:154
VULLIERME, Jean-Louis:76,83

W

WADE, Abdoulye:35
Wallerstein, Immanuel:116
WALLERSTEIN, Immanuel:116
WILLIAMS, Michael W.:25
WILSON, Woodrow:165

Y

YAMEOGO, Hermann:41
YAMGNANE, Koffi:188
YONDO, Marcel:42

INDEX THÉMATIQUE

A

Africain-Américain ..187
Africanité ::80
Africanité globale ::49,66,125
Africanité politique globale ::23,41,46,49,193,196
Afro-Américain ::53,187
Afro-Américains ::26,29,188,194
Afro-Brésilien ::187
Afrocentricité:33
Afrocosmopolitisme ::104
Afrodescendants ::26,53
Afromondialisme ::105
Afropéen ::187
Afropolitain ::187
Afropolitanisme ::98,103,104,107,108,195,205
Afrotopia ::111
Altérité politique ::140,157
Altermondialisation ::149,180
Amériques ::13,35,52,89,200
Armes nucléaires ::189
Assemblée générale des Nations unies Résolution 1514 (XV), 14 décembre 1960 Résolution 2625 (XXV), 24 octobre 1970:184
Association politique ::14,19,23,29,30,32,45,71,75,76,79,82,87,89,113,121,129,131,135,138,142,143,144,145,148,154,155,156,165,168,170,182,189,193
Autonomie ::37,57,72,154,155
Avortement ::81,124

B

Banque mondiale ::170
Biens communs ::190
Black Lives Matter ::27,194,195,204
Black Power ::53,183,208
Blackness ::55,56,177,195,204
Blancs ::98,194
Brassage des humains ::14,147
Brexit ::69

C

Cannabis ::81
Caraïbes ::13,52,58,63,64,65,182,184
Charte africaine des droits de l'homme et des peuples ::123,175,199
Charte africaine des droits de l'homme et des peuples, 1981:123
Chartre des Nations unies, 26 juin 1945:115,174
Chefferies traditionnelles ::71
Citoyenneté ::35,39,50,61,66,70,72,77,86,87,88,89,90,93,94,96,97,103,104,111,178
Citoyenneté mondiale ::86,87,92,96
Cohésion politique ::69
Collectivité humaine ::20,24,77,133,134,138,190
Colonialisme ::28,29,54,64,76,90,100,102,106,120,122,176
Commonwealth britannique ::29
Communautarisme ::19,89,151,204
Communauté de destin ::33,79,81
Communauté des États indépendants d'Afrique ::31
Communauté française ::29
Communauté mondiale ::95,118,159,163,167,169,176,180,190,204
Communauté politique ::14,19,23,24,25,27,28,29,30,31,32,40,46,49,50,51,53,63,67,69,71,73,75,77,79,81,82,85,92,94,111,112,113,118,120,121,122,124,125,129,131,133,135,137,138,140,141,142,143,144,145,146,149,152,153,155,156,157,160,161,162,163,166,167,169,170,171,175,176,177,189,193,196
Communauté politique panafricaine ::14,24,25,28,29,30,32,46,49,50,51,53,67,69,71,73,75,77,79,81,82,111,112,113,120,122,124,125,129,

131,132,136,137,138,140,141,142,144,145,149,152,153,155,156,157,160,166,169,170,171,176,177,189,193,196
Compétence universelle ::174,199
Confédéralisme ::37
Confédération des États africains ::31
Conscience politique ::24,26,52,56,70,76,145
Consciencisme ::105
Conseil de sécurité (Nations unies) ::117,118,122,172,173
Contrat politique ::20,75,155,156
Convention internationale sur l'élimination de toutes les formes de discrimination raciale, 21 décembre 1965:177
Cosmo-citoyenneté ::92,95
Cosmopolitisme ::5,14,21,85,86,87,88,89,90,91,92,93,94,95,96,97,98,100,103,106,107,108,109,111,112,113,125,163,193,194,199,200,201,202,203,205,206,207,208
Cour constitutionnelle internationale ::175,202
Cour mondiale des droits de l'homme ::175
Covid-19 ::189
CPI (Cour pénale internationale) ::173

D

Décentralisation ::72,142
Déclaration universelle des droits de l'homme ::88,123
Démocratie ::50,71,74,78,91,93,94,95,96,114,118,122,123,149,155,179,199,201,202,203,206,207,209
Démocratie cosmopolitique ::93,94,199
Démocratisation ::44,71
Désaliénation culturelle ::80
Dessein politique panafricain ::51
Diaspora ::25,26,31,34,35,36,43,51,52,56,59,60,66,77,79,133,135,139,145,148,200
Diasporité ::135,184
Diversité panafricaine ::14
Domination ::13,28,29,34,44,52,56,60,75,76,79,82,85,88,90,102,106,108,110,114,115,117,119,122,125,141,149,152,166,168,172,176,177,178,193,194
Droit cosmopolitique ::91,92,93,191,200
Droit d'établissement ::83,182
Droit international ::5,30,31,32,48,64,85,92,93,115,116,118,129,131,132,133,134,135,137,138,140,141,142,144,147,149,150,159,167,168,169,170,171,179,182,184,190,200,202,204,207,208
Droit mondial ::171,174,193
Droits civiques ::13,24,25,121,133
Droits de l'homme ::50,82,93,116,118,121,123,124,149,152,174,175,177,180,186,188,199,205

E

Égalité raciale ::24,25
Émancipation ::13,20,23,24,28,32,45,46,47,52,57,64,67,68,76,80,86,97,98,102,107,108,110,111,119,122,137,141,146,149,150,176,178,195
En-commun politique ::52,74
Englobalité ::160
Environnement ::14,52,57,63,80,94,189,194
Esclavage ::13,25,33,62,64,76,82,83,89,90,102,147,148,171,188,201
Esclavagisme ::176
Espace public ::20,78,179
État ::15,27,30,31,33,34,37,39,40,41,42,50,51,55,60,66,67,71,72,73,74,85,87,90,93,110,114,115,123,129,131,132,133,134,135,136,137,138,139,140,141,142,143,144,145,146,148,149,151,153,154,163,164,169,171,174,179,181,183,186,193,200,201,203,205,206,208,209
État mondial ::91,171
État mondial panafricain ::171
État noir ::147
État panafricain ::136,140,146
État unitaire africain ::31
État-nation ::55,71,73,85,93,144,183,203
États africains ::13,30,38,67,69,133,136,140,142,144,145,172,174

États-
Unis ::27,28,31,34,37,43,45,53,54,57,60,73,144,145,165,166,173,185,194,203
États-Unis
d'Afrique ::31,34,37,43,57,60,144,145
Ethnie ::72
Être-ensemble ::21,68
Euthanasie ::81
Excision ::81,124,152

F

Fédéralisme ::33,37,40,41,72,91
FMI (Fonds monétaire
international) ::57,170

G

Globalisation ::14,34,53,55,81,95,98,148,168,177,189,194
Globalisation politique ::53,55
Gouvernement ::15,39,41,47,66,67,114,122,129,132,136,137,139,142,171,204,206

H

Haine raciale ::91
Haïti ::23,30,34,66,79,143,200
Homo œconomicus ::94
Homo politicus ::94
Homogénéité raciale ::147
Homosexualité ::81,124
Humanité ::21,37,47,82,85,86,87,89,91,95,96,97,100,113,114,116,118,123,124,159,160,161,163,164,166,167,168,169,170,173,174,176,177,178,182,189,196,204
Humanité globale ::196

I

Identité culturelle ::52,74
Identité nationale ::50,74
Identité panafricaine ::51
Idéologie ::26,48,51,55,57,75,97,101,106,109,111,117,122,177,205
Indépendance ::13,24,28,29,30,34,55,57,64,73,106,116,117,133,187
Innovation
politique ::59,74,125,131,146,168,196
Insécurité ::178,189
Intégration économique ::41,42,45
Internationalisme ::55
Ivoirité ::74

J

Jacobinisme ::72
Juridique ::13,14,31,50,70,73,88,92,101,114,115,116,125,132,133,134,135,137,138,139,140,141,150,151,153,156,157,159,161,162,165,167,169,171,182,184,186,190,193,196,202,208
Justice pénale
internationale ::118,170,173,200
Justiciabilité ::173

L

Laïcité ::82
Libéralisme ::115,118,170
Liberté ::13,20,24,39,41,51,54,55,64,75,77,80,82,91,95,97,99,102,110,111,118,121,123,124,125,129,135,141,145,149,155,156,176,177,178,181,182,193,195,201
Libre circulation ::70,83,180,181,200,205
Lien
politique ::20,52,66,73,95,120,125,131,153,155,161,167,175
Ligue des Peuples noirs ::34,201
Lutte anti-raciale ::28,53
Luttes de libération nationale ::28

M

Marché commun ::43
Migrations internationales ::134,180
Minorités ethniques ::186
Minorités nationales ::186
Minorités noires ::83
Monde commun ::14,85,166,168,208
Monde multipolaire ::166,199
Mondialisation ::14,44,51,70,82,85,89,93,94,95,100,104,109,111,119,121,141,1

44,148,159,168,178,190,194,199,201, 204,206,207,208
Multiculturalisme ::89,143,186,208
Multiethnicité ::74
Multination ::73,138,144,207

N

Nation de l'Islam ::55
Nation noire ::55,147
Nation noire globale ::55,147
Nationalismes ::52,88,202
Nationalité ::27,50,60,63,66,72,83,134,13 5,182
Nègres ::35,183
Négritude ::56,80,99
Négrophobie ::59,60
Néocolonialisme ::76,115,117,122,176
Noirgeoisie ::61
Noirité ::187
Noiritude ::187
Noirs ::13,23,25,26,27,34,54,55,60,79,98, 103,143,183,188,194,200,203,208
Nomadisme ::134
Nouveau Monde ::29

O

Œcuménisme ::162
Office Panafricain des Migrations (OPM) ::182
OMC (Organisation mondiale du Commerce) ::170
ONG (Organisation non gouvernementale) ::140
Oppression ::25,64,98,108,111,149,183
Organisations régionales africaines ::69
OTAN (Organisation du Traité de l'Atlantique Nord) ::57
OUA (Organisation de l'unité africaine) ::30,31,39,45,53,54,55,67,70 ,80,193

P

Pacte international relatif aux droits civils et politiques, 16 décembre 1966:116
Pacte international relatif aux droits économiques, sociaux et culturels, 16 décembre 1966:116
Paix universelle ::91
Panafricanisme culturel ::80
Panafricanisme de gauche ::196
Panafricanité ::30
Pan-négrisme ::23
Parti unique ::71
Pauvreté:73,96,179,194
Peuple ::20,40,51,54,55,59,64,77,79,96,1 05,118,123,146,161,162,171,178,185
Peuple noir ::55,146,178
Peuples africains ::13,14,19,23,25,28,29,31,33, 39,42,44,45,49,59,60,64,66,68,70,76,8 0,81,82,97,102,103,104,108,110,117,1 19,122,125,135,145,146,149,172,178, 182,184,193,194,196
Pluralisme ethnique ::74
Pluralisme juridique ::131,150,151,153,155,156,1 57,194,202
Plurinationalité ::135
Politique ::5,6,13,14,15,19,20,21,24,26,2 7,28,29,30,31,32,33,35,36,37,39,40,42 ,43,44,45,46,48,49,50,51,52,53,54,55, 57,59,60,62,63,64,66,67,69,71,72,74,7 5,76,79,81,82,83,85,86,87,88,90,93,94 ,95,96,97,98,101,102,107,108,109,111 ,113,114,116,117,118,120,122,123,12 4,125,129,131,133,134,135,136,137,1 38,140,141,143,144,145,148,149,150, 151,152,153,154,155,156,157,159,161 ,162,163,165,166,167,168,169,170,17 2,173,176,177,181,182,183,184,185,1 87,189,190,193,194,199,200,201,202, 203,204,205,207,208,209
Polygamie ::151
Population ::15,25,34,57,63,74,78,85,129, 132,134,135,136,137,139,147,171,179 ,181,186
Postcolonialisme ::103,104,105,110,119,2 02,206
Postcolonie ::106
Pouvoir ::20,30,35,39,44,72,81,96,111,11 3,114,117,123,124,132,136,137,141,1 42,144,148,166,193
Prosélytisme religieux ::81

R

Racisme ::25,27,58,82,90,99,102,104,147,176,177,178,184,188,195,196
Racisme anti-africain ::25
Reculturation ::80
Régionalisation ::36,41,72
Régionalisme ::123,175,199
Regroupement panafricain ::32,33,42
Régulation politique ::20
Relativisme ::82,86,111,112,113,116,117,118,119,120,121,123,124,167,191
Relativisme des droits de l'homme ::82
Renaissance africaine ::146
Renaissance de Harlem ::80
Repli identitaire ::14

S

Seconde Guerre mondiale ::88,117,165,172
Sionisme ::25
Société civile ::13,35,43,60,94,149
Société civile mondiale ::94
Société des Nations (SDN) ::164,165
Société politique ::20,81,82,83,87,88,131,165
Sociétés humaines ::13,50,67,73,85,90,111,113,122,123,125,137,143,148,150,161,162,166,168,169
Souveraineté ::15,30,31,36,37,38,40,50,58,63,64,65,72,91,92,106,114,115,125,129,132,133,136,137,140,141,142,143,144,145,146,154,163,165,167,169,171,175,196,200,207
Submersion identitaire ::183
Subprimes ::195
Subsidiarité (principe de) ::73,141,156,201

T

Territoire ::15,34,37,42,55,59,60,92,96,129,132,133,134,135,136,137,139,171
Terrorisme ::189
Traite négrière ::13,26
Transnationalisation politique ::60

U

UA (Union africaine) ::30,31,36,39,66,67,148,193
UE (Union européenne) ::57
Unification politique ::35,36,39,40,142,144
Union des États africains (UEA) ::145
Union des Peuples africains (UPA) ::145
Union douanière ::43
Union économique ::36,43,142
Union Française ::29
Unité africaine ::29,31,38,40,43,45,54,67,70,78,135
Unité continentale ::13,24,30,32,133
Unité nationale ::73
Universalisme:116
Universalisme ::14,21,86,89,93,111,112,113,114,115,116,117,118,119,120,121,123,125,152,163,167,169,172,174,175,193,194,199,202,203,208
Universalisme formel ::115,117
Universalisme substantiel ::115,116,118
Universel humain ::14,119
Utopie ::20,23,40,46,47,48,67,90,96,101,111,159,167,196,199,200,203,204,205,206

V

Valeurs ::45,48,76,81,83,112,116,118,122,123,171,174,175,177,191,201
Valeurs communes ::81,171,174,175,191
Villages ::71
Vivre-ensemble ::20,46,59,67,71,72,73,75,87,143,153,168,170,178

W

Wokisme ::188

Z

ZLECAF (Zone de libre-échange continentale africaine) ::70
Zone de libre-échange ::43

TABLE DES MATIÈRES

SOMMAIRE 11

INTRODUCTION 13

PREMIÈRE PARTIE
COMMUNAUTÉ POLITIQUE PANAFRICAINE, COSMOPOLITISME ET UNIVERSALISME 17

CHAPITRE I
LE PANAFRICANISME, DE L'ÉCHEC HISTORIQUE D'UN « ÊTRE-ENSEMBLE » POLITIQUE À L'UTOPIE DE L'AFRICANITÉ POLITIQUE GLOBALE 23

LE PANAFRICANISME OU LA MISE EN ÉCHEC DE L'IDÉE DE COMMUNAUTÉ POLITIQUE 23
LE PANAFRICANISME, UNE ÉNONCIATION AMBIVALENTE DES BUTS DE L'ÉMANCIPATION POLITIQUE 24
LE PANAFRICANISME DE LA REVENDICATION DES DROITS CIVIQUES ET DE L'ÉGALITÉ RACIALE 25
LE PANAFRICANISME DE LA LUTTE POUR L'INDÉPENDANCE 28
LE PANAFRICANISME DE L'UNITÉ CONTINENTALE 30
LE PANAFRICANISME, UNE PERCEPTION CONTRASTÉE DES FORMES DU REGROUPEMENT PANAFRICAIN 32
LA REPRÉSENTATION POLITIQUE DU REGROUPEMENT PANAFRICAIN 33
LA REPRÉSENTATION ÉCONOMIQUE DU REGROUPEMENT PANAFRICAIN 42
L'AFRICANITÉ POLITIQUE GLOBALE, UNE ALTÉRITÉ POLITIQUE PANAFRICAINE FONDÉE EN UTOPIE 46
L'UTOPIE ET LA POSSIBILITÉ D'UNE COMMUNAUTÉ POLITIQUE PANAFRICAINE 46
LE PANAFRICANISME, UN ENCHEVÊTREMENT D'ÉCHELONS POLITIQUES HÉTÉROGÈNES 51
LES DIASPORAS AFRICAINES, UNE INTRICATION DE COMMUNAUTÉS ET LE DÉFI D'UNE PERSPECTIVE POLITIQUE PANAFRICAINE 51
L'AFRIQUE CONTINENTALE ET LE DÉFI D'UN DESSEIN POLITIQUE PANAFRICAIN 67
États africains et communauté politique panafricaine 67
Organisations régionales africaines et communauté politique panafricaine ... 69
Communautés politiques de base et communauté politique panafricaine 71
LA COMMUNAUTÉ POLITIQUE PANAFRICAINE ET LA PROBLÉMATIQUE D'UN FONDEMENT IDENTITAIRE COMMUN 76
LA COMMUNAUTÉ POLITIQUE PANAFRICAINE, UNE COMMUNAUTÉ D'HISTOIRE ? 76

LA COMMUNAUTÉ POLITIQUE PANAFRICAINE, UNE COMMUNAUTÉ DE CULTURE ? 80
LA COMMUNAUTÉ POLITIQUE PANAFRICAINE, UNE COMMUNAUTÉ DE VALEURS ? 81

CHAPITRE II
LA COMMUNAUTÉ POLITIQUE PANAFRICAINE, UN IDÉAL À ARTICULER AU COSMOPOLITISME 85

PANAFRICANISME ET COSMOPOLITISME, UNE RELATION CONFLICTUELLE *86*
LE COSMOPOLITISME : IDÉE GÉNÉREUSE, MISE EN ŒUVRE DISCRIMINANTE 86
LE PANAFRICANISME, UN ANTI-COSMOPOLITISME ? 97
LE PANAFRICANISME, UNE SINGULARITÉ À L'INTÉRIEUR DU COSMOPOLITISME 98
LA DÉNÉGATION DU PANAFRICANISME AU NOM DU COSMOPOLITISME 101
LA COMMUNAUTÉ POLITIQUE PANAFRICAINE, UN BESOIN À LA FOIS D'UNIVERSALISME ET DE RELATIVISME *112*
LE PANAFRICANISME, UN RELATIVISME HISTORIQUEMENT OPPOSÉ À L'UNIVERSALISME 113
LA COMMUNAUTÉ POLITIQUE PANAFRICAINE, UNE SYNTHÈSE NÉCESSAIRE D'UNIVERSALISME ET DE RELATIVISME 120

DEUXIÈME PARTIE
LA FONCTION DU DROIT DANS LA MISE EN ŒUVRE DE LA COMMUNAUTÉ POLITIQUE PANAFRICAINE **127**

CHAPITRE III
DROIT INTERNATIONAL ET COMPLEXITÉ DU MULTIPLE PANAFRICAIN 131

LA NOTION DE COMMUNAUTÉ POLITIQUE PANAFRICAINE, UN IMPENSÉ EN DROIT INTERNATIONAL AU REGARD DES ÉLÉMENTS CONSTITUTIFS DE L'ÉTAT *131*
LA COMMUNAUTÉ POLITIQUE PANAFRICAINE, UN IMAGINÉ POLITIQUE SANS TERRITOIRE 132
LA COMMUNAUTÉ POLITIQUE PANAFRICAINE, UN IMAGINÉ POLITIQUE SANS POPULATION 134
LA COMMUNAUTÉ POLITIQUE PANAFRICAINE, UN IMAGINÉ POLITIQUE SANS GOUVERNEMENT 136
LA COMMUNAUTÉ POLITIQUE PANAFRICAINE, UN IMAGINÉ POLITIQUE SANS SOUVERAINETÉ 137

LES FIGURES POLITIQUES ET JURIDIQUES POSSIBLES DE LA COMMUNAUTÉ POLITIQUE PANAFRICAINE AU REGARD DU DROIT INTERNATIONAL *138*

LA COMMUNAUTÉ POLITIQUE PANAFRICAINE ET LES LIMITES DU DROIT INTERNATIONAL EN MATIÈRE D'ENCADREMENT DU PHÉNOMÈNE DE L'ASSOCIATION POLITIQUE TRANSNATIONALE 138

LA COMMUNAUTÉ POLITIQUE PANAFRICAINE, UNE ASSOCIATION INTERÉTATIQUE QUI INVITE À REPENSER LA SOUVERAINETÉ 141

LA COMMUNAUTÉ POLITIQUE PANAFRICAINE, UNE ASSOCIATION NON-ÉTATIQUE À VOCATION D'ÉMANCIPATION ÉCONOMIQUE ET SOCIALE 148

LA COMMUNAUTÉ POLITIQUE PANAFRICAINE ET LA NÉCESSITÉ DU PLURALISME JURIDIQUE *150*

LA PROBLÉMATIQUE DU PLURALISME JURIDIQUE 150

LA MISE EN ŒUVRE DU PLURALISME JURIDIQUE DANS LE CADRE DE LA COMMUNAUTÉ POLITIQUE PANAFRICAINE 154

LA SAUVEGARDE DES DROITS ET DES LIBERTÉS 155

LA PRÉSERVATION DU CONTRAT POLITIQUE D'ASSOCIATION 156

CHAPITRE IV

LA COMMUNAUTÉ POLITIQUE PANAFRICAINE À L'ÉCHELLE DE LA SOCIÉTÉ MONDIALE ET DE SON DROIT 159

LA COMMUNAUTÉ POLITIQUE MONDIALE, ÉCHELON ULTIME DE LA COMMUNAUTÉ POLITIQUE PANAFRICAINE *160*

HISTOIRE ABRÉGÉE DE L'IDÉE DE COMMUNAUTÉ POLITIQUE MONDIALE 161

UNE INSTITUTIONNALISATION DÉCEVANTE DE LA COMMUNAUTÉ POLITIQUE MONDIALE 165

LE BESOIN DE RÉTABLISSEMENT DU LIEN POLITIQUE 168

UN DROIT MONDIAL ADAPTÉ À LA FOIS À LA COMMUNAUTÉ POLITIQUE UNIVERSELLE ET À LA COMMUNAUTÉ POLITIQUE PANAFRICAINE *171*

LE BESOIN DE RENOUVEAU INSTITUTIONNEL 171

VALEURS COMMUNES ET LUTTES ÉMANCIPATRICES COLLECTIVES. 175

LA LUTTE CONTRE LE RACISME 176

L'INCLUSION ÉCONOMIQUE ET SOCIALE DE TOUS LES HUMAINS . 179

LES MIGRATIONS INTERNATIONALES 180

L'INCLUSION POLITIQUE DES COMMUNAUTÉS PANAFRICAINES DANS LEURS SOCIÉTÉS D'APPARTENANCE 182

MENACES GLOBALES ET RISQUES POUR LA SURVIE DE L'HUMANITÉ 189

CONCLUSION 193

BIBLIOGRAPHIE 199

INDEX DES NOMS DE PERSONNES 211

INDEX THÉMATIQUE.. 221

Structures éditoriales du groupe L'Harmattan

L'Harmattan Italie
Via degli Artisti, 15
10124 Torino
harmattan.italia@gmail.com

L'Harmattan Hongrie
Kossuth l. u. 14-16.
1053 Budapest
harmattan@harmattan.hu

L'Harmattan Sénégal
10 VDN SICAP AMITIE 3
BP 45034 Dakar-Fann
direction@senharmattan.com

L'Harmattan Cameroun
Tsinga/Derrière polyclinique FECAFOOT
BP 11486 Yaoundé
Jacques.koukam@harmattan.fr

L'Harmattan Burkina Faso
Villa 281, secteur 23 623, rue 14.32
Ouagadougou
zagbie@outlook.fr

L'Harmattan Guinée
Almamya, rue KA 028 OKB Agency
BP 3470 Conakry
harmattanguinee@yahoo.fr

L'Harmattan RDC
185, avenue Nyangwe
Commune de Lingwala – Kinshasa
matangilamusadila@yahoo.fr

L'Harmattan Congo
219, avenue Nelson Mandela
BP 2874 Brazzaville
deunovmikhael@gmail.com

L'Harmattan Mali
Immeuble Mgr Jean Marie Cissé
Aci Hamadallaye
BP 145 Bamako
syllaka@yahoo.fr

L'Harmattan Togo
Djidjole – Maison Amela
face EPP BATOME
02 BP 20680 Lomé
didieramela11@gmail.com

L'Harmattan Côte d'Ivoire
Résidence Karl – Cité des Arts
Abidjan-Cocody
03 BP 1588 Abidjan
harmattan.ivoire@gmail.com

L'Harmattan Bénin
Rue 604, (Immeuble à l'entrée
de la rue UCAO- Cite de Saint-Jean)
Cotonou
stepcorpus@gmail.com

Nos librairies en France

Librairie internationale
16, rue des Écoles
75005 Paris
librairie.internationale@harmattan.fr
01 40 46 79 11
www.librairieharmattan.com

Librairie des savoirs
21, rue des Écoles
75005 Paris
librairie.sh@harmattan.fr
01 46 34 13 71
www.librairieharmattansh.com

www.ingramcontent.com/pod-product-compliance
Lightning Source LLC
LaVergne TN
LVHW011039061026
849535LV00006B/2086
9782336543390